Econo-Globalists 17

官製相場の暴落が始まる

Governments' Market Manipulation

相場操縦《マーケット・マニピュレーション》しか脳がない

米、欧、日 経済

副島隆彦

Takahiko Soejima

祥伝社

官製相場の暴落が始まる

まえがき

今の日本政府がやっていることは相場操縦《そうばそうじゅう》である。すなわち、政府による市場の価格操作（マーケット・マニピュレーション　market manipulation　）である。こんなことを一体いつまで続けられるのか。

法律違反である相場操縦を、金融市場で政府、国家自身がやっている。先進国、すなわち今のアメリカ、ヨーロッパ、そして日本の3つがそろってやっている。①株式と、②債券（金利）と、③為替（円・ドル相場、ドル・ユーロ相場）の政府自身による価格操作と統制が行なわれている。明らかに統制経済（　controlled economy　コントロールド・エコノミー）である。

今のところは、この先進国3つの地域の思うがままである。だからこのあとも円安（1ドル＝116円ぐらいまで）が進み、株高（日経平均1万7000円台まで）が演出される。しかし、はたして金利（国債の値段）までを操《あやつ》ることはできるだろうか。

来年に入ったら、ニューヨークで株式の暴落が起きるだろう。無理やり作ったNYダウ平均株価1万7000ドル台は、1万5000ドル台まで落ちるだろう。

アメリカのFRB（米連銀準備《リザーブ》制度理事会）のジャネット・イエレン議長は、金融政策における〝タカ派〟の本性をついに露《あら》わにした。金融緩和《クオンティティティブ・イージング》をこの10月でやめる、と終了宣言した（7月9日）。世界的に強いドル、すなわちドル高、株高演出の政策を強行しつつある。同時に「金利を徐々に上げる」と言う。はたしてそんなことができるのか。

「量的緩和をやめることなんか、できるものか。イエレンを痛めつけてやれ」という動きがニューヨークで起きている。アメリカにも、企業経営者たちが本業ではない〝金融バクチ〟で会社の利益を捻出《ねんしゅつ》している者たちがたくさんいる。経営者たちは金利が少しでも上がると資金繰《ぐ》りに響く。

実は、アメリカの経済政策（財政政策《フィスカル・ポリシー》と金融政策《マネタリー・ポリシー》の2つで経済政策《エコノミック・ポリシー》）の本当の主役はイエレンではなくて、米財務長官《トレジャリー・セクレタリー》のジェイコブ・ルーだ。真犯人は、こっちなのだ。私たちは騙《だま》されている。いつもいつも、白髪の老婆のイエレン議長の、顔と声明文だけをニューズで見せられて、囮《おとり》作戦（レッド・ヘリング　red herring ）に引っかかってい

日経平均株価の推移（直近5カ月）

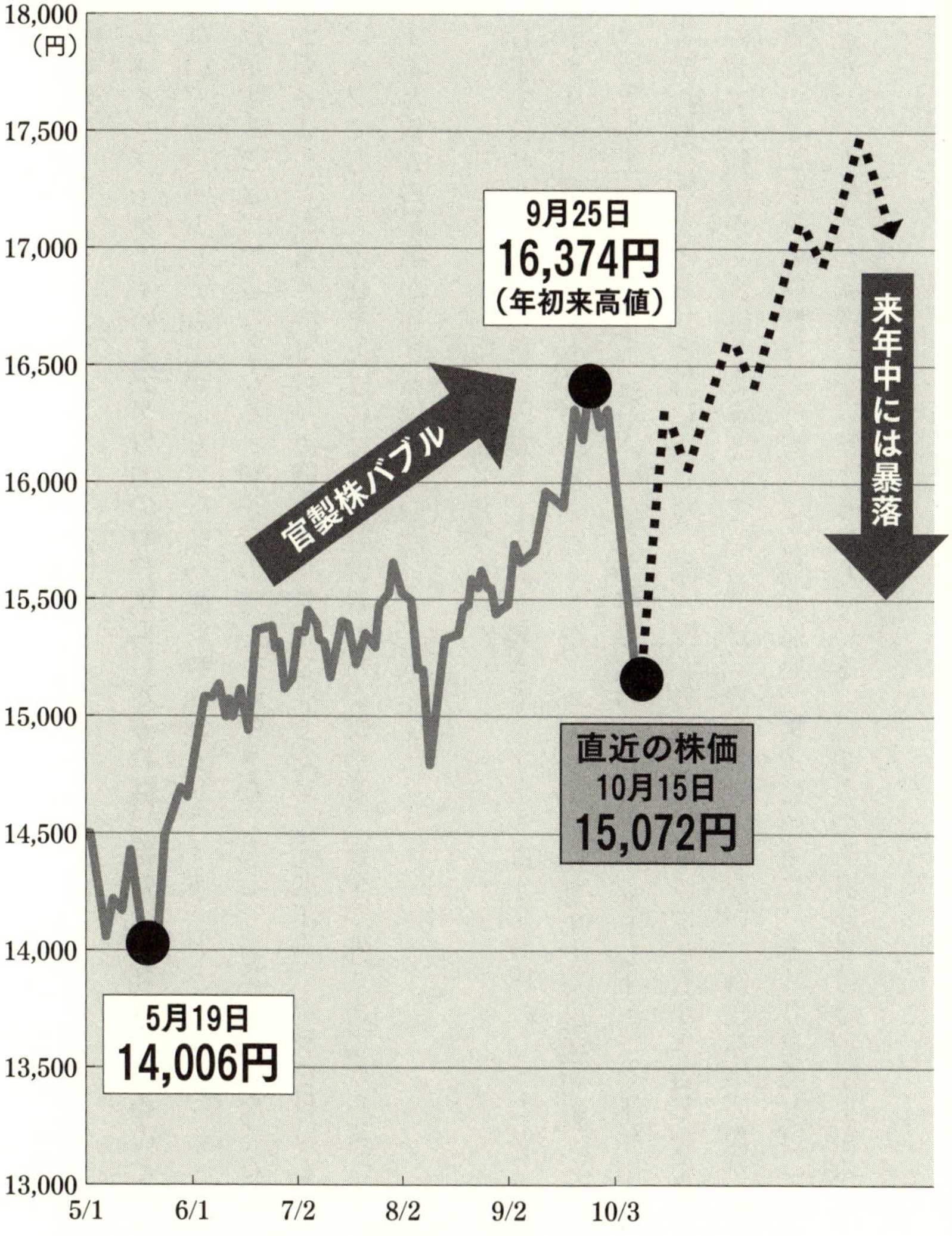

ボロボロの大借金の財政赤字を隠して、大恐慌突入を回避するために、米、欧、日の政府は相場操縦をする。

るのである。
ジェイコブ・ルー率いる**アメリカの財務省にしてみれば、絶対に金利を上げることはできない。**金利が少しでも上がると、巨額の米財政赤字（ファイナンシャル・デフィシット）を返済することができなくなる。利子分の支払いができなくなる。予算が組めなくなる。だからイエレンが言う「アメリカ経済を正常化させるために金融市場に金利を付ける」とは、ウソである。金利を上げれば企業経営者たちが嫌がる。資金が株式市場から逃げる。するとと株式の暴落が起きるはずなのだ。

日本では8月20日から急に円安・ドル高が起きて、1ドルは110円になった。2003年4月の、ブッシュ・小泉《こいずみ》の時とそっくりだ。イエレンは10月末で金融緩和策（じゃぶじゃぶマネー）を全面停止（終了）して、「政策金利（短期金利、FFレート）を来年中には（相当の時期に）上げる」と言い出した。米、欧、日の先進国3つは、もがき苦しむように今のデフレ経済から脱出しようとしている。が、できるはずがない。財政赤字の額が巨大すぎる。イエレンの判断はどう考えても筋が悪い。慎重に慎重に、そろりそろりと「金利が上がっても株式が暴落しない」ようにしている。真犯人の米財務省は金利が上がると困

ＮＹダウ平均株価の推移(直近5カ月)

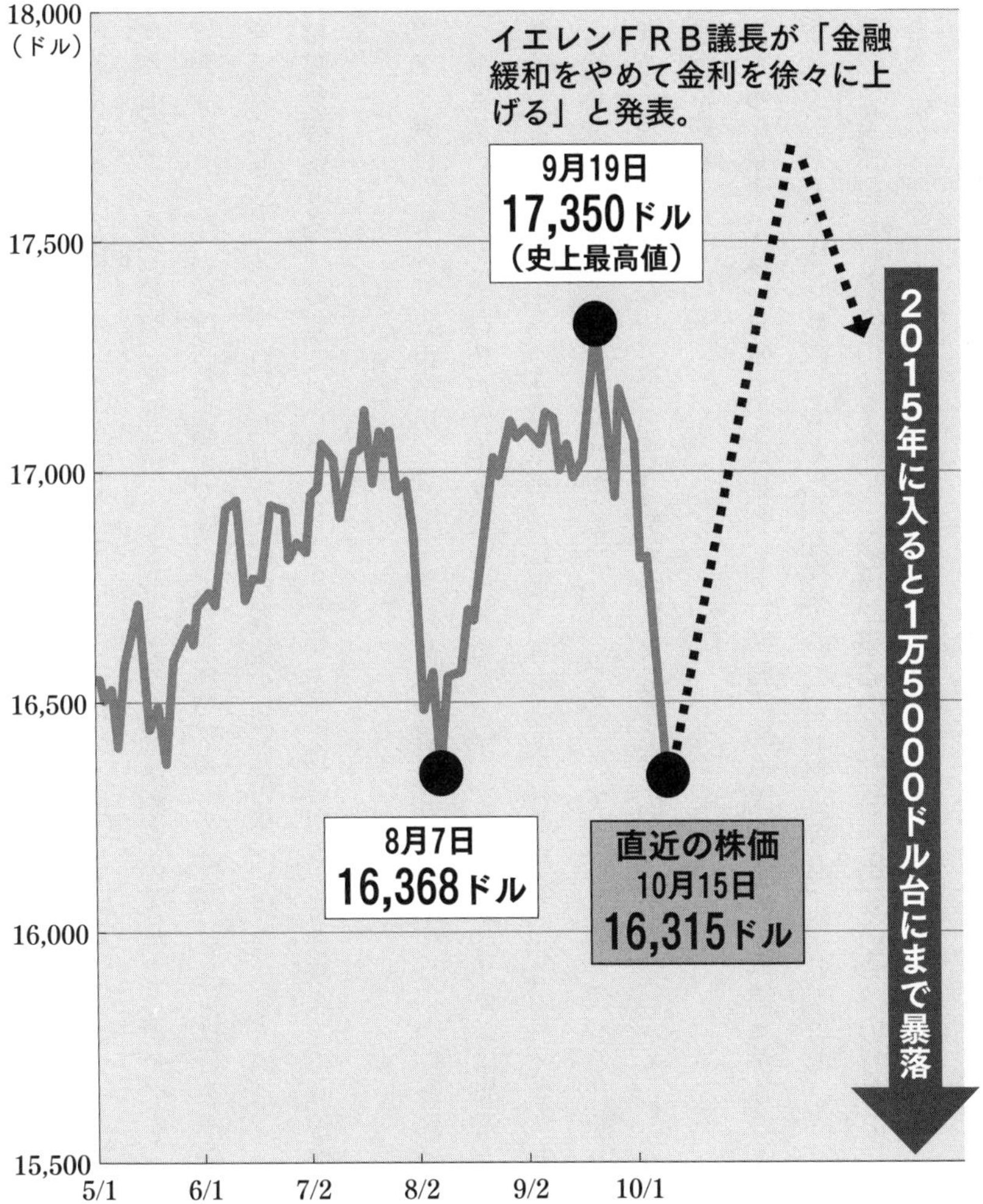

10月９日からの続落で分かるように、ニューヨークではビクビクものの高値相場が続いている。アメリカは世界中から資金を計画的に流入させている。

る。日本財務省も同じだ。相矛盾《あいむじゅん》した愚《おろ》かな政策に突っ走っている。

アベノミクスの安倍晋三《あべしんぞう》首相が、いくら「デフレ経済からの脱却」と言っても、できるわけがない。今年いっぱい年末までは、〝官製《かんせい》株バブル〟で株高にして投資家や経営者たちを浮かれ騒がせる。それで12月中旬に消費税の追加増税（10％へ）を決める。だから**来年は株が暴落する。**どれだけＧＰＩＦ《ジーピーアイエフ》（年金積立金管理運用《かんりうんよう》独立行政法人）の弾《たま》が保つかである。

アメリカは、アメリカ市場に、ヨーロッパからの資金と新興国や日本の資金も吸い上げて、掻《か》き集めることで自分だけ生き残ろうとする。イエレン（アメリカ）は異常な金融緩和策をやめて、形上《かたちじょう》だけ正常な経済に戻ろうとする。しかし内心はビクビクものである。今のような超低金利（ゼロ金利）で、やっとのことで経済を回している仕組みが、いつまでも続くわけがない。彼ら自身が死ぬほど分かっている。それでもデフレ（不況）と低金利は続く。

だから年末までは、日本でも低金利（ゼロ金利）を原因とする株式値上がりの浮かれ騒ぎが続く。それを安倍政権自身が〝相場操縦〟で、価格操作して吊り上げる。

私は、資産家と投資家の皆さんに、**暴落が来るので利益が出ている今のうちに、ガラが**

ＦＲＢ、今年10月に「量的緩和を終了」宣言

写真／ＡＦＰ＝時事

米議会上院銀行委員会でイエレンＦＲＢ議長は、「量的緩和終了10月のスケジュールが変わることがないのか」との質問に「それには大きなサプライズが必要ね」と答えた。

2014年７月15日

来るまえに上手に売り逃げてください、と助言する。

金融・経済の本が、書店の棚にトンと並ばなくなった。金融本の書き手たちが読者の信用を失《な》くして全滅したのだ。私はただひとり、金融予測本を書いて世に問い続ける。

2014年10月

副島隆彦《そえじまたかひこ》

目次

2章

相場操縦《マーケット・マニピュレーション》しか脳がない米、欧、日の政府　33

４章 時代は「金融からエネルギー」へ 195

装幀／中原達治

1章

2015年の金融予言

——株、為替、債券、金《きん》(ゴールド)、不動産はこう動く

① 株の動き 日本株は1万7000円超えを目指す

日本の株は、300円、400円の乱高下を続けながら、年末に向けて上げ続ける。1万7000円台で動くだろう。

そのために安倍政権(アベノミクス)は、GPIF《ジーピーアイエフ》(年金積立金管理運用独立行政法人)という公的年金の資金を使って株の吊り上げをやり続ける。そのたびに、アメリカのゴールドマン・サックスたちが日本株に売りを仕掛けておいて、下落させて利益をアメリカに持ち去る。下がったらまたGPIFの年金資金で吊り上げる。これの繰り返しだ。

すべては2014年12月中に、消費税の追加増税(10%へ)を決定、宣言するためである。そのために株式の相場操縦、すなわち日本政府自身による株価の操作をする。だから年内は株が上げ続けるので、利益を出したらうまい具合に、いいところで売って逃げるべきである。

NY《ニューヨーク》の株(ダウ平均株価)は、すでに1万7000ドル台になっている。が、そろそろ株式暴落が起きることを個人投資家たちが恐れている。それでもアメリカ政府(米財務

ＮＹダウ工業平均株価の推移(2013年〜)

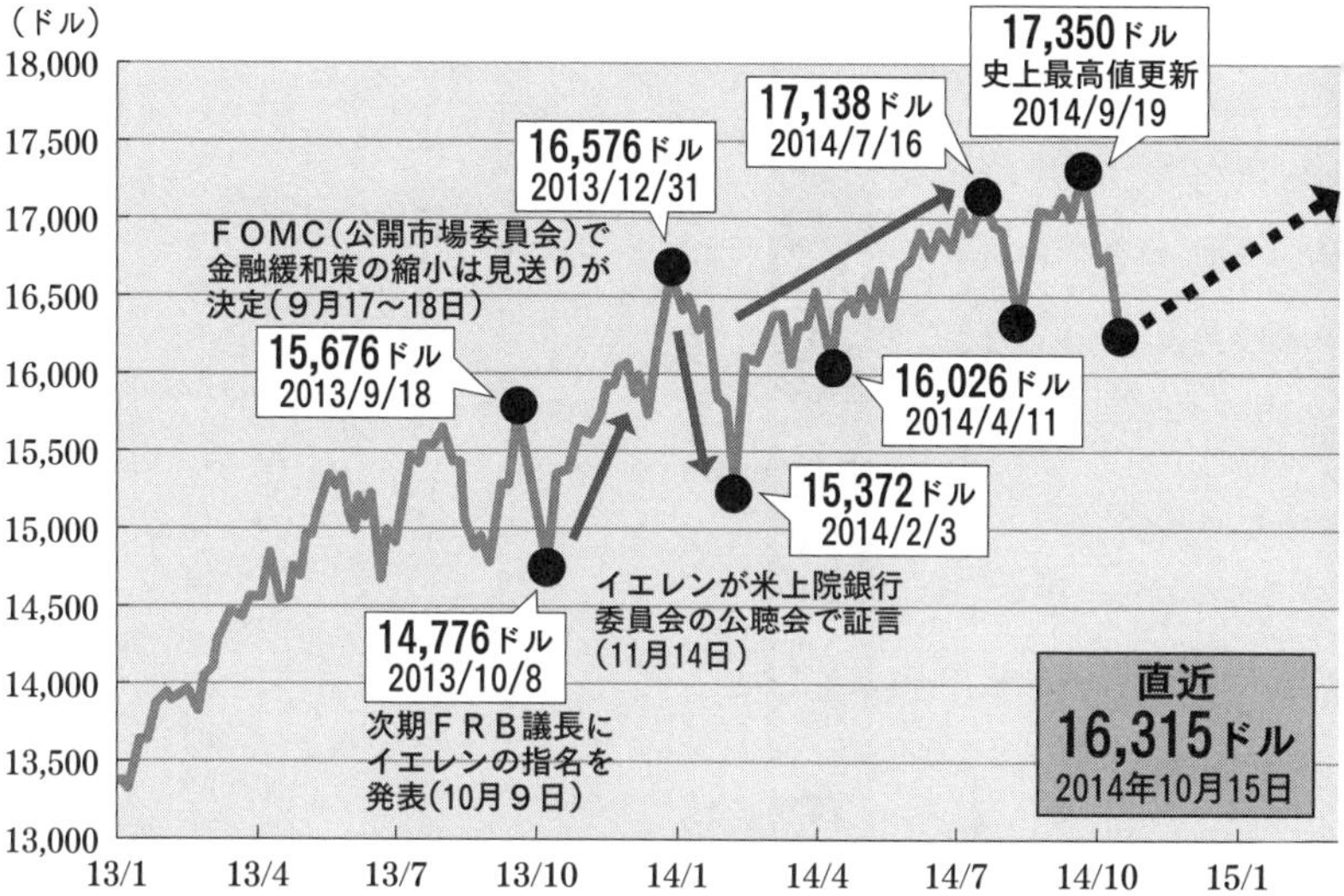

債券(米国債)の暴落から目を逸らさせるための株高

出所：Yahoo! FINANCE

日経平均株価の推移(2013年〜)

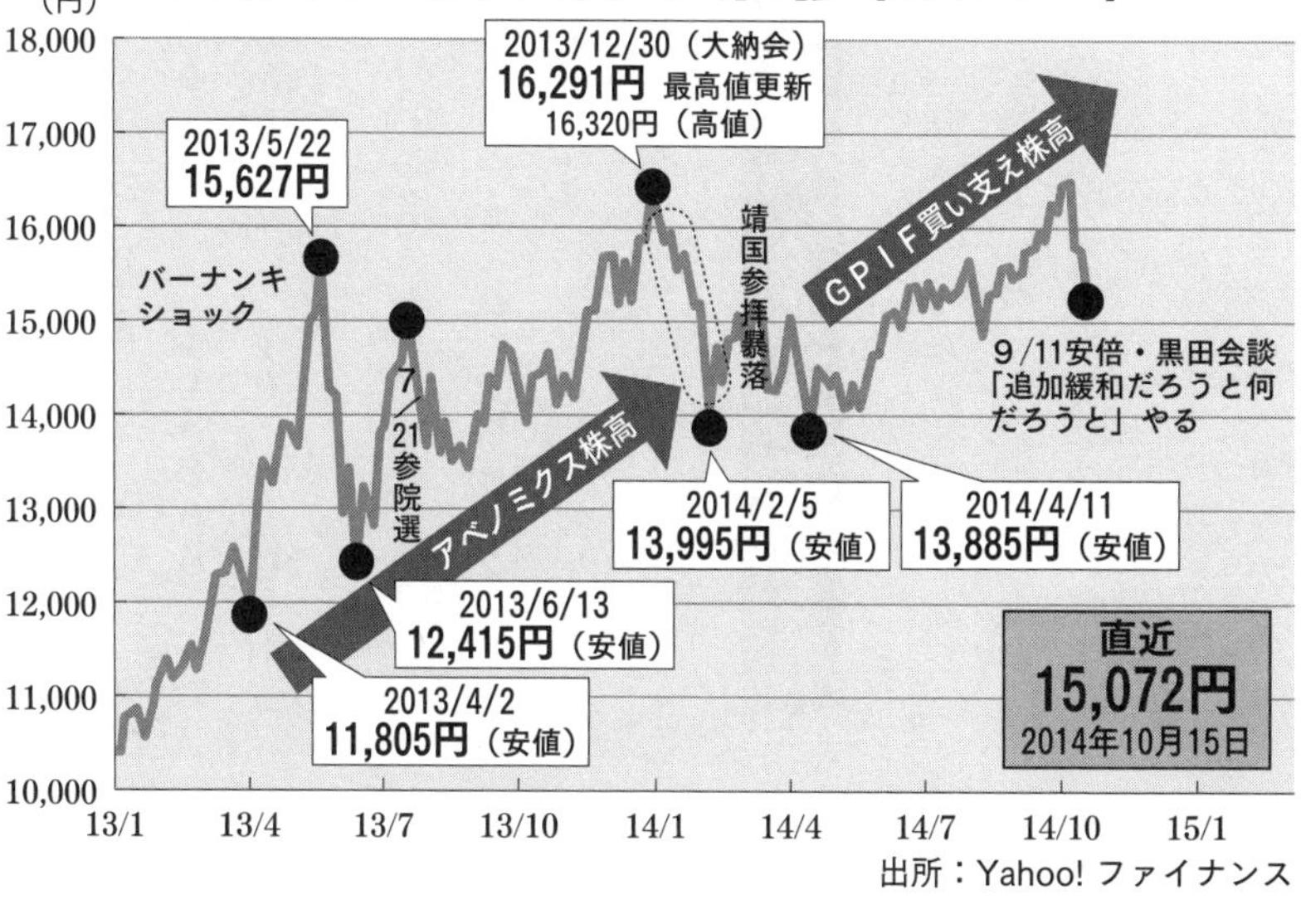

出所：Yahoo! ファイナンス

省）は、景気回復のフリをしなければいけないので株価の吊り上げを続ける。そして、1万7350ドル（9月19日）の最高値を超す高値を続ける。それでも1万8000ドルに届くことはない。P19の株価の上昇線の動きから見て分かることだ。1万7000ドル台でグズグズと揉《も》み合いが続く。

アメリカ国民の7割が、株を自分の資金（個人資産）の中に組み込んでいる。だから、株価を下落させることは、アメリカ国家の危機につながる。だから株の大暴落はなかなか許容できることではない。そうなると2015年の終わり頃まではNY株価の高い状態を続けるだろう。

② 円・ドル相場はどうなる 1ドル＝110円台を維持

為替相場は10月1日に1ドル＝110円になった。この動きはズルズルとこのあとも、今年いっぱいは続く。途中、何回か踊り相場を作りながら116円ぐらいまで行くだろう。それはアメリカ政府の命令（世界的なドル高政策）でもあり、安倍政権とアメリカ政府の密約（合意）によるものである。

ドル・円の為替相場（直近の３年）

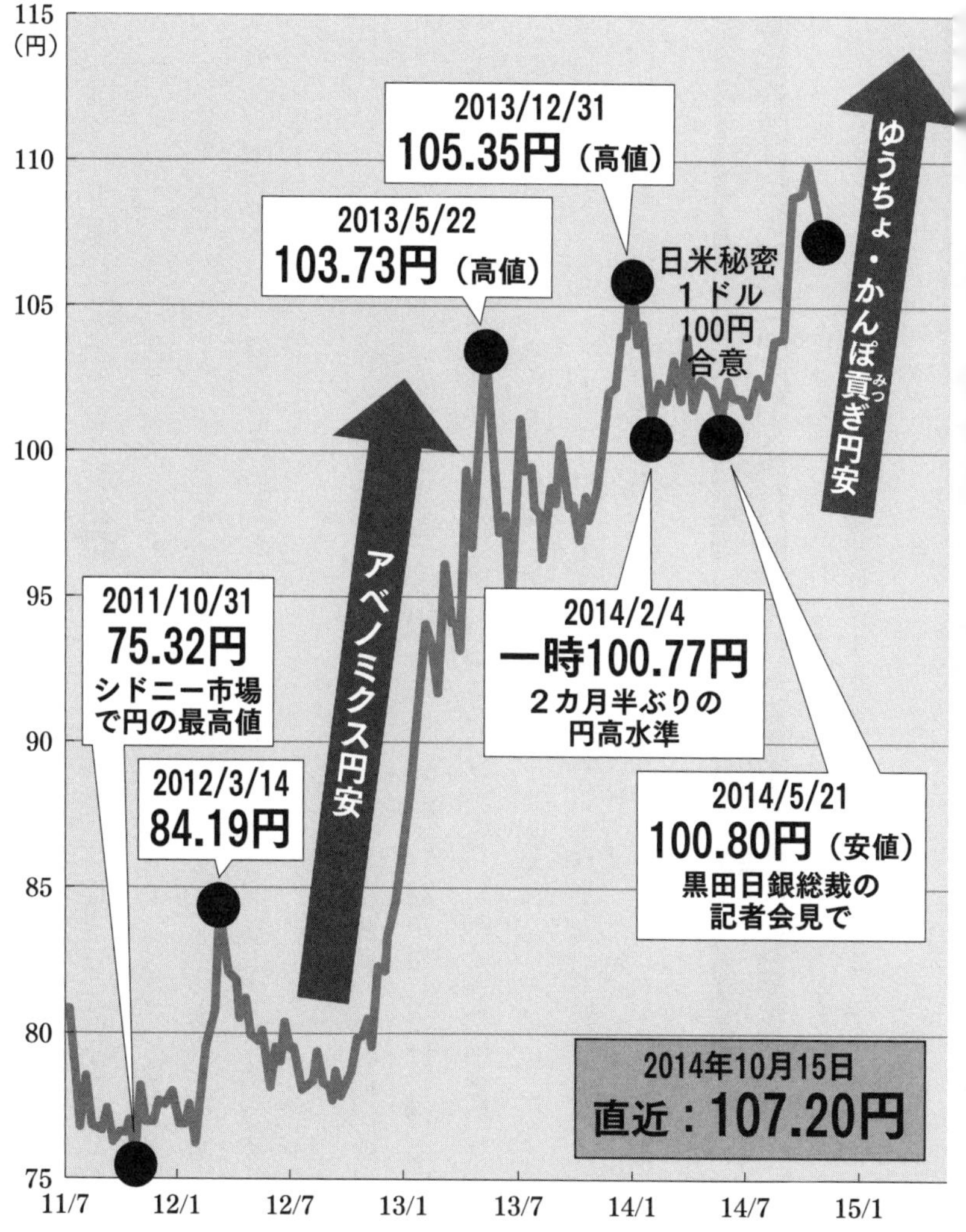

出所：Yahoo! ファイナンス

　真実は、８月から、ゆうちょ・かんぽの資金で米国債を買ったから円安になったのだ。

1ドル＝100円からすれば、20円近くの急激な円安は、表面上は「輸出企業に利益を出させる」というものである。たしかに輸出企業の決算の数字はよくなる。だが為替リスクは大企業の場合、ほとんどが現地生産（子会社の外国法人化）しているので、あまり意味がない。それよりも、輸入品の値段がどんどん高くなるので国民生活にとっては災《わざわ》いである。

為替のＦＸ《エフエックス》取引で儲《もう》けたい人は、このあともデイトレーダー的に、超短期の取引（日《ひ》計《ばか》り）で「円安トレンドは変わらない」を信念として儲け、利益を出し続ければよい。ただしトレンド（潮目、風向き）が急激に変わりそうになったら、バクチ奕《う》ちとしての本能と勘を働かせて、急いで逃げなければいけない。円・ドル相場は、いつ値戻しするか分からない。それでも1ドル＝110円台を今後も維持する、と日米密約合意で決めているようだ。来年も引き続きこの動きが続く。

③債券（金利）について 米も日も低金利が続く

10年ものの日本国債の利回りは、現在0・489％（10月15日現在）である。

日本10年もの国債の利回り（直近２年）

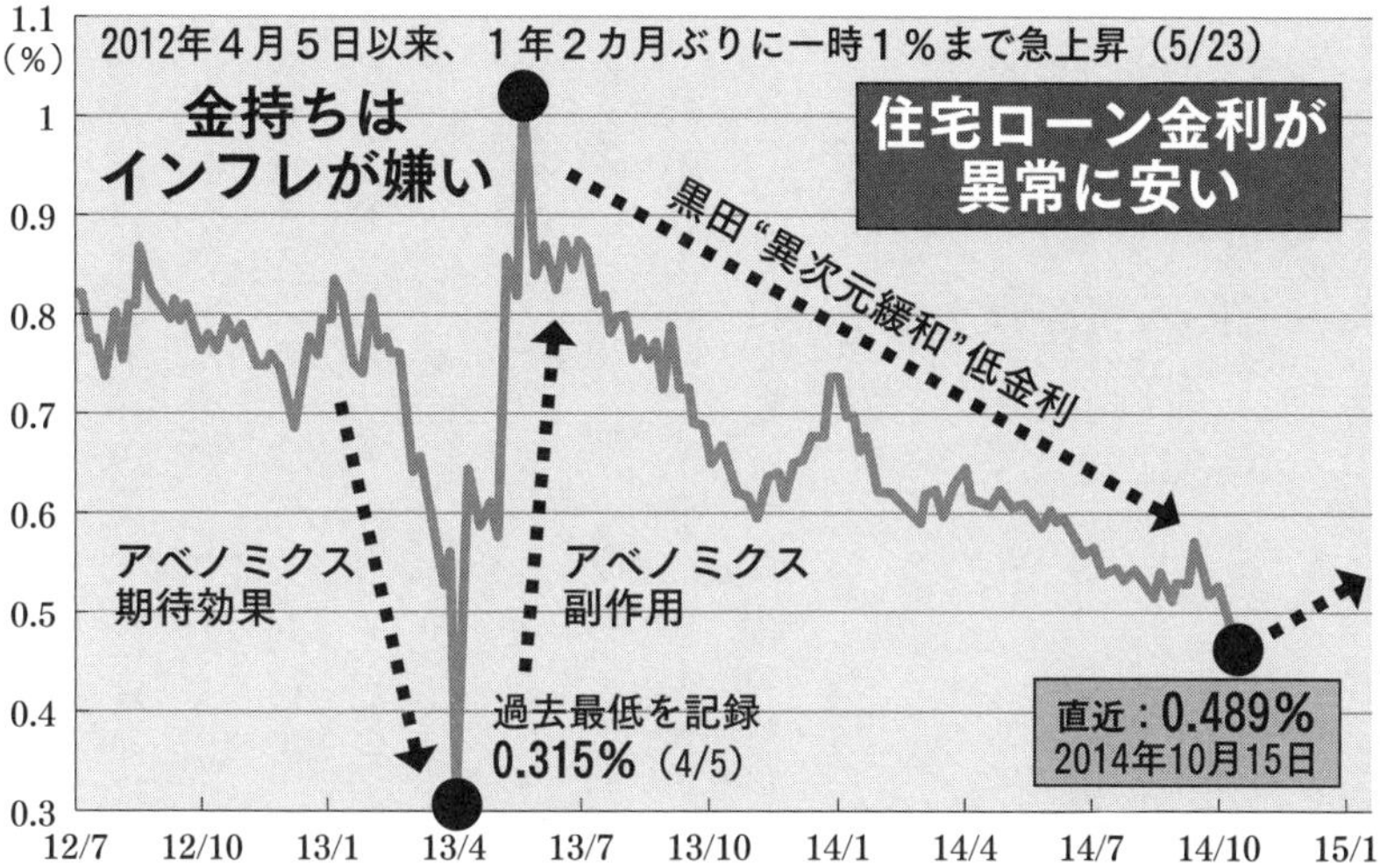

日本国債の下落（＝金利の上昇）が少しだけ来年起きる

出所：財務省のデータから作成

米国10年もの国債の利回り（直近２年）

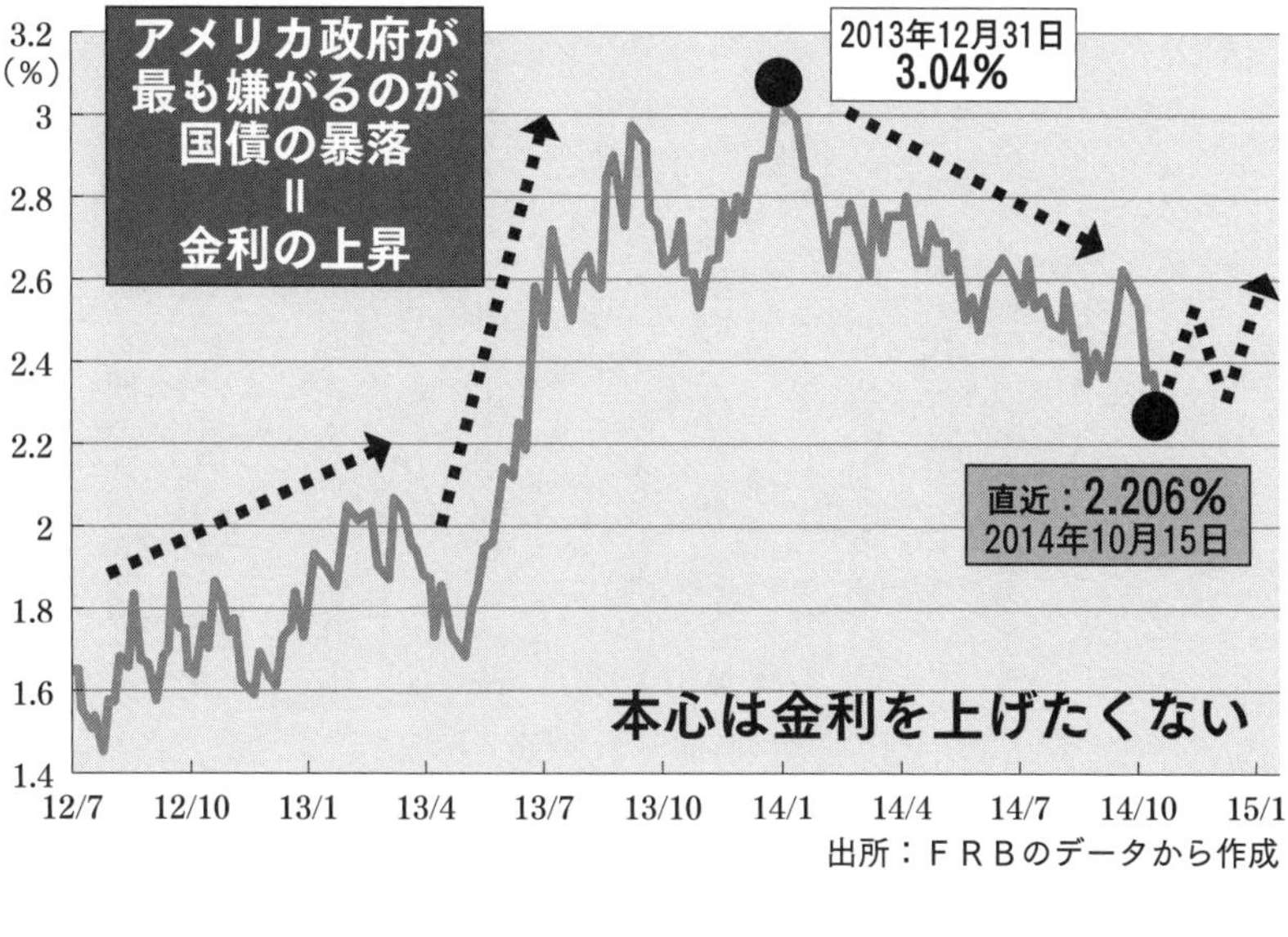

出所：ＦＲＢのデータから作成

長期金利の上昇がさかんに言われている。だから日本の国債値段（長期金利の利回り）も、やがて1％を超して、1・5％、2％にまで上がってゆく、と考えられている。しかし私はそうは考えない。金利は1％割れの低いまま、このあとも続く。

アメリカでイエレン Janet Yellen FRB議長が「金融緩和（じゃぶじゃぶマネー）を10月で終了して、来年（2015年）中には政策金利《せいさくきんり》（1年以内の短期金利、FFレート）に金利を付けて2％ぐらいにする」と発言している。これがアメリカの出口戦略（exit strategy ＝ 脱出作戦）と呼ばれるものだ。

だが、実際にはできない。金利を上げることはできない。なぜならば、政策金利の値上げは、すぐに長期金利（国債の利回り）を突き上げて、アメリカ政府の支払い利息が上がってしまうからだ。アメリカ政府の出口戦略＝脱出作戦は失敗する。

イエレンは見せかけであり、〝真の犯人〟であるジェイコブ・ルー Jacob Lew 財務長官にしてみれば、今でさえ19・4兆ドル（2014年末、1ドル＝100円で2000兆円）もの米連邦政府《フェデラル・ガヴァメント》（アメリカ中央政府だけ）の累積財政赤字（債務上限《デット・シーリング》）がある（左のグラフ参照）。だから、わずかでも金利が上がったら、利払いができなくなる。故《ゆえ》にとてもではないが金利の上昇、すなわち米国債を下落させることはできない。

米国債の発行上限
(debt ceiling)《デット・シーリング》の推移

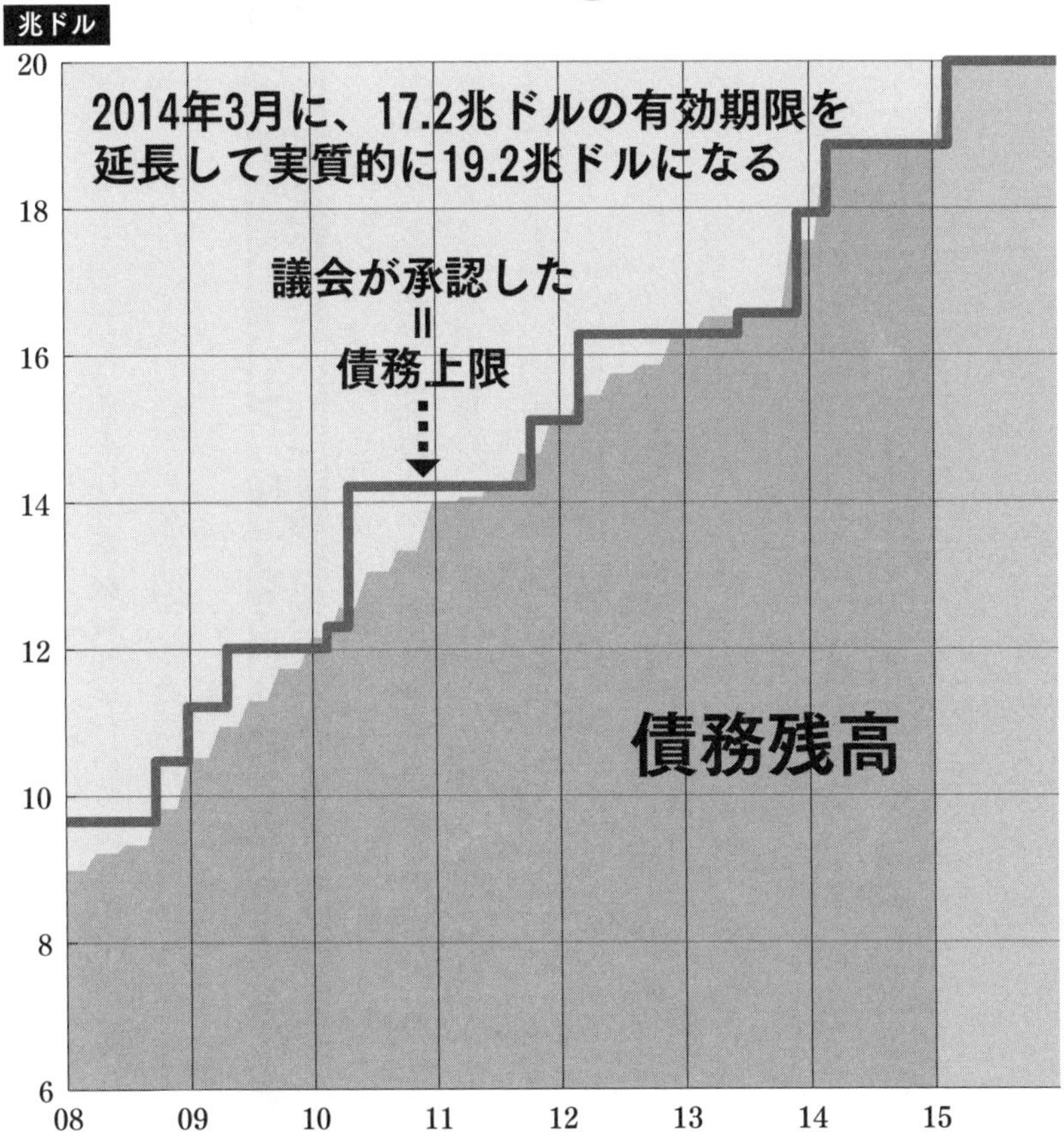

出所：ＦＲＢ・Economic Research のデータから作成
ただし、債務残高の数字は2013年６月まで

アメリカ連邦政府(だけ)の財政赤字の巨額さが分かる。

　このままアメリカが債務上限を引き上げていけば、2015年末には20兆ドル（2200兆円）に達する。その時、アメリカは借金の踏み倒しらしきことを宣言するだろう。

だから、イエレン議長がさかんに「金融緩和をやめて金利を市場に付ける」というのは大嘘である。ただひたすら、この点を証明するために、今回のこの本は書かれている。

④金（きん）の値段 「1グラム4000円割れ」が買い時だ

〝金殺し《きんごろ》〟はまだまだ続く。金はドルから殺され続けている。

金《きん》は1グラム4000円（東京商品取引所＝TOCOM《トコム》の卸《おろし》の値段）を切ったら、ただちに買いである。現在は4200円台をうろうろしている。

この動きはもう1年以上変わらない。NY金《きん》（国際金）は、1オンス（トロイオンス。約31グラム）がついに1200ドルを割った（10月3日、1192・9ドル）。恐ろしい勢いで今も〝金殺し〟計画が実行されている。

ところが激しい円安が起きているので、日本国内の金《きん》は下落しない。1円円安になると金は1グラムあたり40円値上がりする。だから円安と金の下落が互いに相殺《そうさい》されて、奇妙な感じで1グラム4200円台という国内金の値段は変わらない。

NY金＝COMEX《コメックス》金 価格の推移(直近3年)

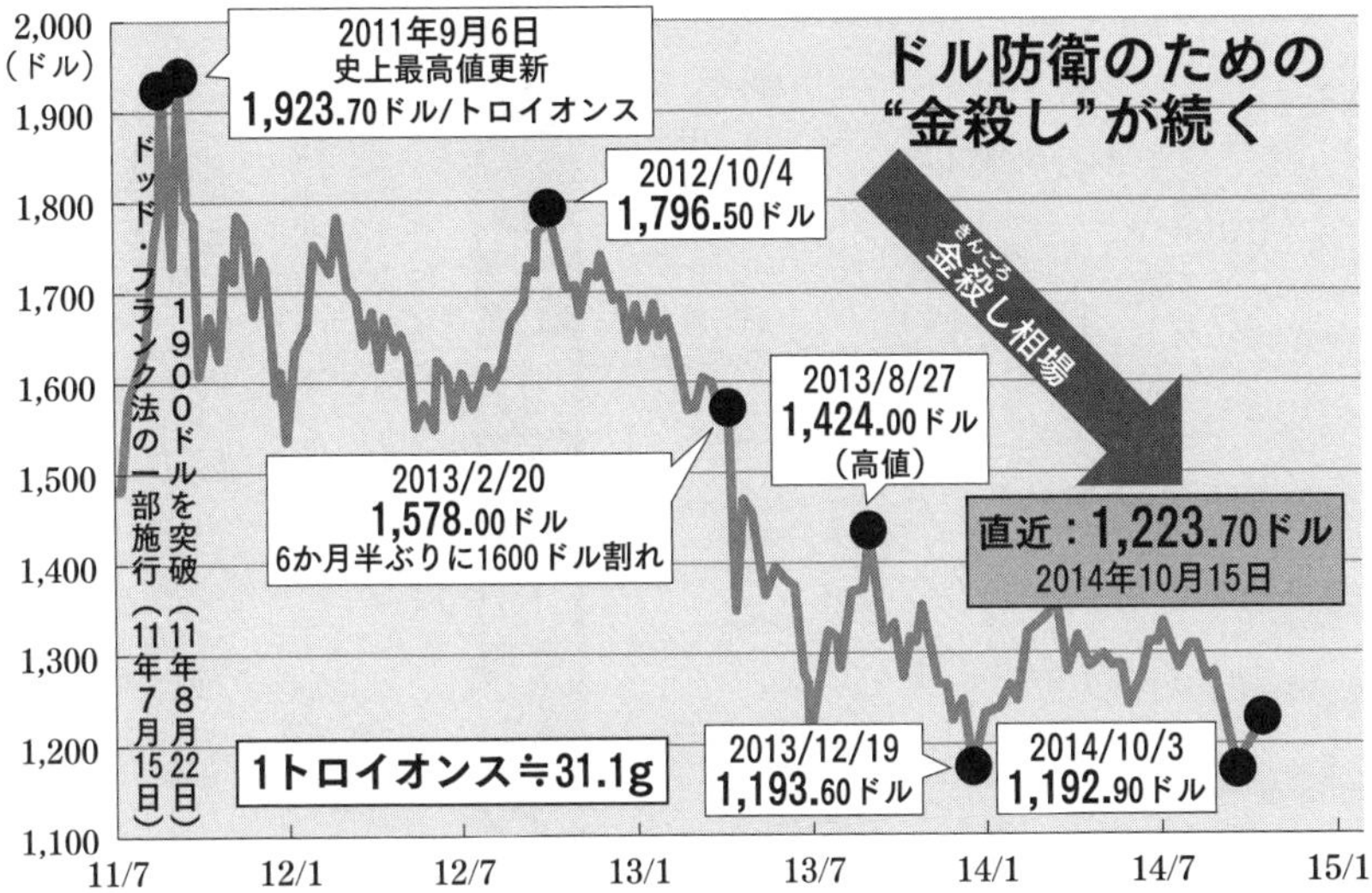

出所：COMEXの期近値

国内金《きん》の1グラムの価格(直近3年)

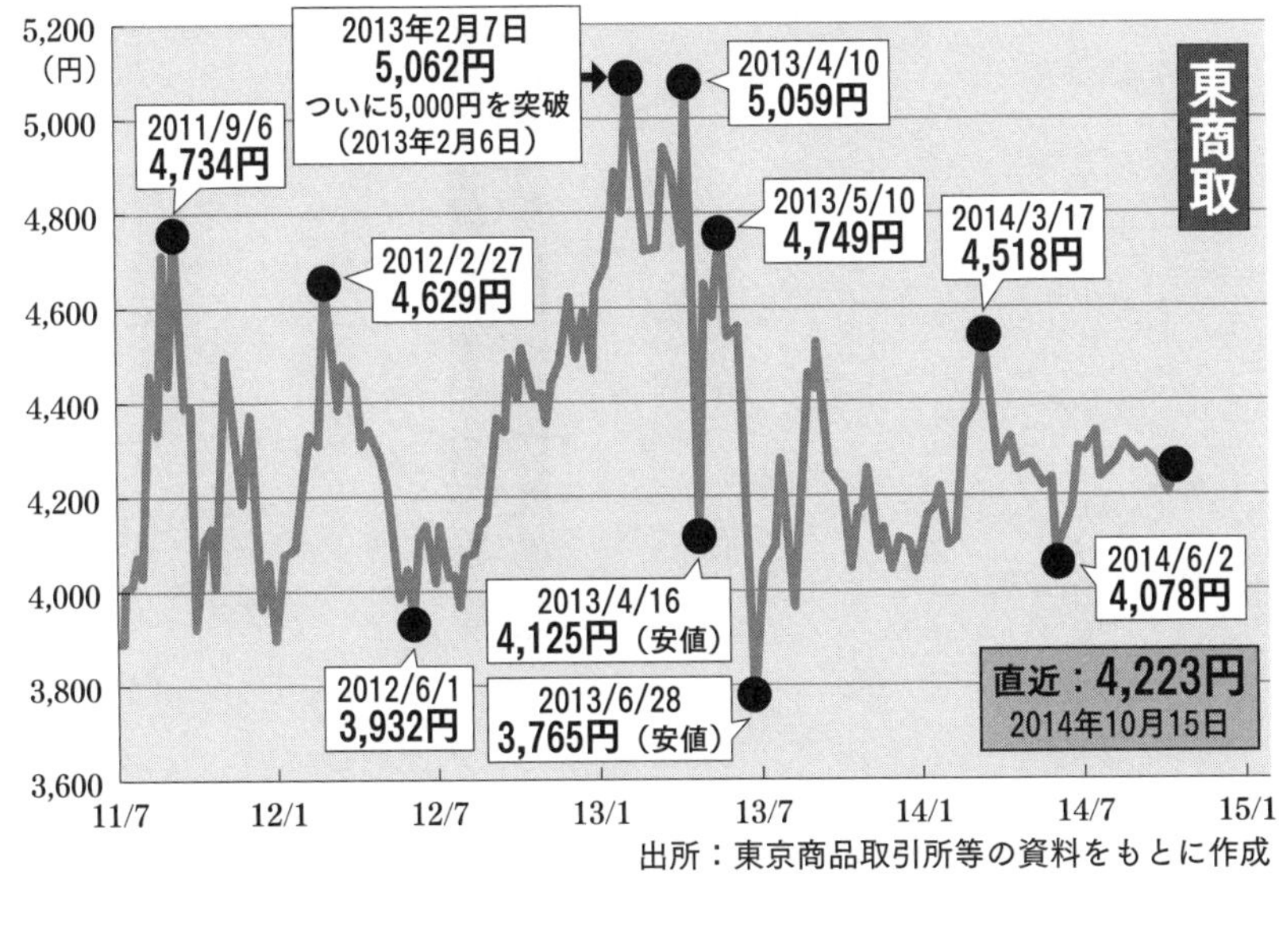

出所：東京商品取引所等の資料をもとに作成

だからこのあと、ＮＹの金《きん》がどっと大きく崩されて1オンス1150ドルとかになったら、資金に余裕のある人は金を買い増すべきである。そして来年、あと1年を耐え忍んで、再来年の金の再上昇を我慢強く待つべきである。

金については、私はいよいよ持久戦、すなわち長期保有の態勢に入った。

⑤不動産価格の動き

日本の地価は下落。国交省の嘘つき

真実は、全国の土地・住宅の値段はさらに下がっている。実際の取引価格では、激しい勢いで下落が続いている。とくに太平洋岸では、昔からの大きな港町を中心に海抜30メートル以内（以下）での住宅や土地の値段が、さらに下落している。太平洋岸の東北地方から関東、中部、四国、九州に及ぶまで、大地震による大津波の恐怖感（実際には、あと50年起きないだろう）に駆《か》られて、人々が海辺の町から待避している。だから日本の不動産価格が上昇することはない。

ところが、9月19日に、国土交通省が出した「都道府県基準地価」では、「地方の地価は1・9％の下落。それに対して都市部（3大都市圏）は0・8％の上昇」というインチ

地方都市は全国どこもシャッター通り

写真／時事通信フォト

この写真のように、全国どこに行ってもシャッター通りだ。地方都市の大きな駅前であっても、駅が見えなくなった距離にある商店街は、すべてこんな感じだ。

これらの商店の２階で老人夫婦が寝たり起きたりしながら暮らしているのだろう。これが今の日本です。

キの数字を発表した。

たしかに2020年の東京オリンピックを控えて、東京の湾岸部だけは異常な数でタワーレジデンス（高層鉄筋アパート）をどんどん建てている。日本国の表玄関であり、外国人の目に触れやすい東京の中心部だけ、不動産価格を吊り上げようとしている。ここだけ財政資金も投入されている。

ところが日本全国は地方都市を含めて、駅前商店街までがガラガラして人がいない。いよいよ「シャッター通り」がひどくなって、不動産市場は死んだも同然になっている。

ところが前述した土地の基準価格（国土交通省が主宰）を無理やり、市場実勢を無視して吊り上げたのは、税金を取りたいからだ。面白い理由づけとして、「もう20年以上も地価は下がり続けた。そろそろ上がってもいいのではないか」と言う。「ずっと下げ続けたのだから、このへんで上げましょう」と、およそ不動産市場の専門家が言うべきではないことを言っている。そのために不動産鑑定士という、役人の手先の奇妙な士《さむらい》商売（国のお免状商売）の人たちが飼われている。

不動産価格を実情に合わせて下げられない本当の理由は、税金をこれまでどおり取りたいからだ。固定資産税は地方税である。国税ではない。固定資産税や都市税を実勢価格に合わせ引き下げたら、県庁や市役所の予算が減って、行政側が困るからだ。だから地価の値下がりを隠蔽《いんぺい》する。政府が税金を取りたい一心で、不動産市場が歪《ゆが》められている。

ＲＥＩＴ《リート》（Real Estate Investment Trust　不動産投資信託）には手を出してはいけない。あそこで宣伝している「利回り」はウソである。不動産ファンドたちがレバレッジ（投資倍率）を5倍ぐらい掛けた上でのバクチの利回りである。

2章

相場操縦《マーケット・マニピュレーション》しか脳がない米、欧、日の政府

●イエレン発言「緩和をやめて金利を上げる」は大ウソだ

イエレン議長は「緩和マネーをやめて、市場に金利を付ける」と言うが、企業経営者たちが嫌がる。経営者たちは、金利が少しでも上がることを嫌う。なぜなら、現在抱えている銀行からの借金への返済の支払いが増えるからだ。金利がわずか0・5％（年率）上がるだけでも不愉快でたまらない。どんな企業（法人、会社）にとっても、今の低金利のほうがいい。金利が1％も上がったら、毎月の返済資金が1000万円（10万ドル）ぐらい、すぐに上昇する。

今のような、ほとんど〝ゼロ金利〟に近い超《ちょう》低金利に慣れきってしまっている投資家や経営者たちにとっては、自分が抱えている借金（借入《かりいれ》金、融資金）が増えるのは不愉快でしょうがない。プロのバクチ奕《う》ち（大型の個人投資家）たちは、投資資金（バクチの金《かね》）をどこからか借りてきて投入している。貸《か》し株・借《か》り株の世界だ。その資金繰りが少しでもきつくなることを本気で嫌がる。「プライム・ブローカー」と呼ばれる資金の出し手たちから日歩《ひぶ》の増額を要求されるのがイヤだ。ギリギリまで借りてポジションを作っているので、金利が上がると逆回転（リワインド）が起きて、ポジション（持ち高）を解消されてしまう。

話し込むイエレンとジェイコブ・ルー

写真／Andrew Harrer／Bloomberg

本当はジェイコブ・ルー財務長官が矢面《やおもて》に立って財政赤字の問題を説明して財政政策《フイスカルポリシー》で解決すべきことだ。それをイエレンの中央銀行からのジャブジャブマネーで賄《まかな》っている。主客転倒であり、ヤラセの劇だ。

たとえば100億円（1億ドル）の借入金で金融バクチを張っている者たちは、金利が1％上がると1億円の返済残高が増える。その分を、相場の儲けから捻出《ねんしゅつ》しなければいけなくなる。だから不愉快なのだ。イエレンがハトからタカ（緊縮派）に転じたようだ、と怒っている。

イエレン議長が「私が政策金利（FFレート）を来年には上げる、と言っているのにどうも市場は理解してくれない（反応を示さない）ようね」と言ったので、市場すなわち金融バクチ奕ちたちは一斉に不愉快になった。「イエレンめ。何をいい気になっているんだ」という反応を示した。

現在のアメリカで起きている重要な対決のシーンは、ここにある。日本人はこのことが分かっていない。「イエレン議長が、従来のハト派（dove《ダヴ》）の立場からタカ派（hawk《ホーク》金融引き締め）に転じた」という経済記事だけは伝わってくる。そのことの意味が分からない。このアメリカの政策転換は日本に強く影響するのである。アメリカは金融緩和をやめる、と言っているのに、日本にはまだ金融緩和を続けろと言っている。おかしいだろう。

緩和から引き締めへ――アメリカは政策を転換した。と書けば、私たちは何かしら分かった気になる。しかしこのことの本当の意味が実感で分かる人は少ない。真実は、アメリカは政策転換などしていないのだ。イエレンを使って見せかけのパフォーマンス（演劇）をやっているだけだ。

もっと分かりやすく書くと、アメリカには企業経営者たちの中に、自分の本業ではない“金融バクチ”で会社の利益を捻出している者たちがたくさんいる。日本にも、かつてはそういう豪気で豪快な経営者たちがいた。しかし彼らのほとんどは金融投機で失敗して、退場して消えていった。このように会社の経営不振を金融投資で穴埋めして、賄《まかな》っているタイプの経営者たちにとっては、資金の借入金利《しやくにゆう》が少しでも上がるのはきわめて不愉快なことだ。ただでさえ火《ひ》の車《くるま》なのに。

日本でも、自己資本ではなくて、借入金（他人資本と言う）で危ない金融投資をやっている人たちは身にしみてこのことが分かるはずである。金融の世界は、すべて金利で動いている。金利の上げ下げで、投資の世界の調節はできてしまう。賭場《とば》の胴元《どうもと》（金主《きんしゆ》）が「これより信用（貸し）の掛け目を上げます」と言ったら、その博奕場（鉄火場）は大騒動になる。外《よそ》から借りてきたカネでバクチをすることの恐ろしさと言えば、日本人でも分かるだろう。このことが投資家ならブルブル震えるほど、分かる。だから金利なんか上げられないのだ。

かつて金融市場で大損してひどい経験をした人なら、身につまされて分かる。借りたカネの、さらに数倍の借金を作ってしまったら、もう人前には出られなくなる。約束したカネを返せなくなったら人格破綻者である。すべての信用を失う。

だからアメリカFRBのイエレン議長が「緩和をやめて金利を上げる」と言うことが、どれくらい容易なことではないかということを私たちは知るべきなのである。だからイエレン発表は騙《だま》しのおとり(レッド・ヘリング。ニシンの燻製《くんせい》)なのである。

●0・1%の金利上昇で2兆円の支払い義務が増える米政府

次のブルームバーグの新聞記事が重要である。

> **FOMC:低金利「相当な期間」維持表明・出口戦略で新指針**
>
> 米連邦公開市場委員会(FOMC《エフオーエムシー》)は9月16、17両日開催した定例会合後に声明を発表し、資産購入が終了した後も事実上のゼロ金利政策を「相当な期間」維持する方針をあらためて示した。その上で前例のない6年にわたる緩和策からの出口戦略《エグジット・ストラテジー》で新たな指針も示した。

FOMC（連邦公開市場委員会）のメンバーたち（2014年）

インフレ容認（覚悟）で金利を付ける＝タカ派（ＦＯＭＣで反対票）
金利を上げるのに慎重＝ハト派（ＦＯＭＣで賛成票）

	名前	役職		利上げについて最近の発言
委員長	ジャネット・イエレン Janet L. Yellen	ＦＲＢ議長	ハト派のふりをして本当はタカ派	「景気回復後も緩和的な金融政策を維持する必要がある」
副委員長	ウィリアム・ダドリー William C. Dudley	ニューヨーク連銀総裁	ややハト派	「経済がそれに耐えられるか確信を得てから利上げを実施するべきだ」
委員	ラエル・ブレイナード Lael Brainard	ＦＲＢ議長	ハト派？	公式発言なし。ポール・ボルカー元ＦＲＢ議長の代理人
委員	スタンレー・フィッシャー Stanley Fischer	ＦＲＢ議長	ややハト派	
委員	リチャード・フィッシャー Richard W. Fisher	ダラス連銀総裁	超タカ派	「2015年春に最初の利上げを望む」
委員	ナラヤナ・コチャラコタ Narayana Kocherlakota	ミネアポリス連銀総裁	タカ派からハト派に変身	「利上げの開始は、非常に慎重に注意深くしなければいけない」
委員	ロレッタ・メスター Loretta J. Mester	クリーブランド連銀総裁	タカ派だったが今はハト派	
委員	チャールズ・プロッサー Charles I. Plosser	フィラデルフィア連銀総裁	超タカ派	「利上げは遅すぎるよりも早すぎるほうがいい」
委員	ジェローム・パウエル Jerome H. Powell	ＦＲＢ議長	ややハト派	
委員	ダニエル・タルーロ Daniel K. Tarullo	ＦＲＢ議長	ハト派	
投票権のない委員たち Alternate Members	チャールズ・エヴァンス Charles L. Evans	シカゴ連銀総裁	超ハト派	「利上げには忍耐が必要だ」
投票権のない委員たち Alternate Members	ジェフリー・ラッカー Jeffrey M. Lacker	リッチモンド連銀総裁	タカ派	
投票権のない委員たち Alternate Members	デニス・ロックハート Dennis P. Lockhart	アトランタ連銀総裁	ハト派	
投票権のない委員たち Alternate Members	ジョン・ウィリアムズ John C. Williams	サンフランシスコ連銀総裁	ややハト派	「利上げの時期を決めるのは指標次第だ」
投票権のない委員たち Alternate Members	クリスティン・カミング Christine M. Cumming	ニューヨーク連銀第一副総裁	ハト派	
投票権のない委員たち Alternate Members	エスター・ジョージ Esther George	カンザスシティー連銀総裁	タカ派	「いくつかの指標は、金利がゼロ以上であるべきことを示している」
投票権のない委員たち Alternate Members	ジェームス・ブラード James Bullard	セントルイス連銀総裁	タカ派	「（ＦＲＢは）2015年の第１四半期末に利上げを行なうだろう」

９月17日のＦＯＭＣ（連邦公開市場委員会）で、緩和政策の終了とゼロ金利政策をどこまで続けるか（いつ利上げするか）について、投票が行なわれた。この時、今年の投票権を持つ10人の委員のうち、２人が「利上げ開始には『相当な期間』が必要」というイエレン議長の声明に対して反対票を投じた。

この表では、それぞれの委員たちの発言を調査して、早く利上げをするべきだという意見の委員をハト派（dove＝ダヴ）、じっくり慎重に考えるべきだとする委員をタカ派（hawk＝ホーク）に分けた。元ＦＲＢ副議長のアラン・ブラインダー（プリンストン大学教授）の「ウォールストリート・ジャーナル」への寄稿文も参考にした。

> イエレン連邦準備制度理事会（ＦＲＢ）議長は、会合後に記者会見し、「労働市場はまだ完全には回復していない」と発言。「職を得たくて見つけられない人がまだ多過ぎる」と述べ、「インフレは委員会の目標である２％を下回っている」と付け加えた。７月の声明では「委員会の中長期的な目標にやや近づいた」と指摘していた。
> 米金融当局者によるフェデラルファンド（ＦＦ）金利誘導目標の、２０１５年末時点の予想中央値は１・３７５％へと、今年６月の予想１・１２５％から上方修正された。当局者の来年の金利見通し引き上げに投資家の関心が集まり、米国債は値下がりし、株式相場は伸び悩んだ。Ｓ＆Ｐ５００種株価指数は前日比０・１％高の２００１・57で終了。10年物米国債利回りは３ベーシスポイント（bp。１bp＝０・01％）上昇し２・62％。
> （ブルームバーグ　２０１４年9月17日　傍点は引用者）

この記事から分かるとおり、イエレン議長は、はっきりと「金利は上げられない」と言っている。「資産購入が終了したあともゼロ金利政策を続け（るのであり）、ゼロ金利をやめて政策誘導金利（ＦＦレート）の金利を上げるのには『相当な期間《コンシダラブル・タイム》』がかかる」と言っている。

つまり金融緩和（量的緩和）をやめたあともイエレンは、金利を本当は上げたくないのである。上げるに上げられないのだ。それなのに、FF《エフエフ》レート（政策金利、短期金利）はこのあとすぐに、予想値が当局者のアナウンスメントで誘導されて、「予想年率1・375%」にはね上がってしまった。つまりイエレンが言っていることと実際にやっていることは食い違っているのだ。

なぜなら財務省のジェイコブ・ルー長官たちにとっては、金利がほんのわずかでも上がることは嫌なことだからだ。政府金利がたった0・1%上がるだけでも、連邦政府の財政赤字の利払い義務額が2・1兆円（200億ドル）かさんでしまう。

私たちが日本から見ていると、「イエレン議長が金利を上げる、上げると言っている」というように教え込まされ、そのような情報だけが流れる。ところが、タカ派（すなわち金融の引き締め派）に態度を変えたと言われているイエレン議長は、誘導金利である政策金利がほんの少しでも上がることにビクビクしている。一体、アメリカの政策当局者（権力者たち）は何に脅《おび》えているのか。

彼らは短期金利（政策金利）のほうは、2%ぐらいまで上げたいと思っている（P73のグラフを参照）。ところがそれに連動して長期金利（10年ものの米国債の利回り《イールド》）がほんのわずかでも、それにつられて上がることにドキドキしているのだ。

ＦＲＢ（アメリカの中央銀行）が金融政策として金利を誘導して決められるのは、ＦＦレート（かつての公定歩合。１年以内の短期の資金）だけである。短期金利しか動かせない。長期金利であるところの国債の値段については、いくらアメリカの権力者たち（アメリカ政府）であるといえども、自分勝手にいじくって誘導することはできない。長期金利は自然利子（ナチュラル・インタレスト・レート）だからである。人為では動かない。

繰り返すが、０・１％でも長期金利が上がってしまうと、アメリカ財務省（こっちが本当のアメリカ政府）が血相を変えて嫌がりだす。米議会の一部であり議会に責任を負っているＧＡＯ《ジーエイオウ》（ガヴァメント・アカウンティング・オフィス＝連邦政府会計監査局。２００４年にガヴァメント・アカウンタビリティ・オフィス＝政府会計検査院に名称を変更した）が、とたんに悲鳴を上げて「そんな予算案作りは認められない」と怒り出す。

アメリカ政府で予算を編成するのはＣＢＯ《シービーオウ》（コングレッショナル・バジェット・オフィス）である。このＣＢＯ（議会予算局）は、日本で言えば財務省主計局《しゅけいきょく》である。ここの最高責任者がジェイコブ・ルー財務長官である。彼はこのＣＢＯ局長あがりだ。日本では主計官と言って、一人の主計官が予算の10兆円ぐらいを担当する。防衛省やら農水省やらの、1年間の大きな出費や経費をすべて一人で取り仕切る。

日本のこの主計官の下で働く「計算士」たちが、アメリカではバジェット・アクチュアリ budget actuary という職員たちである。計算士と呼んでもいい。彼らが細かく帳尻を合わせなければいけない。CBO《シービーオウ》（議会予算局）には1万人ぐらいの職員がいて、ワシントンDCの郊外の、秘密の建物で朝から晩まで細かいお金の数字をいじくっている。たった2兆円などとは言えない。もしこの帳尻を合わせることができなければ、アメリカの予算原案作りは爆発して壊れてしまう。

このCBOの予算計算士《バジェットアクチュアリ》たちの仕事を監視《オーディット》して監査する仕事が、前述したGAO《ジーエイオウ》（米会計検査院）である。このGAOはアメリカ議会の議員たちの国政調査権の権限に所属しており、厳しい目付役や監査役として目を光らせている。だから、政府金利がほんのわずかでも上がったら、細かい予算の計算の帳尻が合わなくなる。

●日本が「米国債買い」で年間30兆円を貢いでも、焼け石に水

アメリカの国家予算は総額で4兆ドル（440兆円）ぐらいある。このうち一番困って

いるのが、日本でもそうだが、健康保険などの医療と福祉の、お金の不足分を賄《まかな》う仕事である。

もしアメリカ長期金利が、短期金利（FFレート）の上昇の突き上げを喰らって、今の2・5%から3%台の3・5%にまで上がると1%の上昇である。前述したとおり、アメリカの財政赤字は来年には19・4兆ドル（2200兆円）となることが決まっている。そうすると、これの利払い分が1%増えるわけだから、22兆円増えることになる。

いくらアメリカといっても、22兆円（2000億ドル）の借金が急に増えてしまうと、それをどこからか穴埋めして、手当てするのは大変なことである。だから、たとえ日本から毎年、1年あたり30兆円をふんだくって（これが日本による米国債買い）持ってきても、金利が上がらない今でさえ、なかなか大変なのだ。アメリカの財政赤字は爆発寸前なのである。

だから「(市場に）金利を付ける」という話は、イエレンが勝手にホラを吹いている、ヤラセと騙《だま》しの詐欺的な行動である。国民の注意をわざと巨額の財政赤字から逸《そ》らして、論点のすり替えをやっているのだ。だから本当の犯人、すなわち真犯人はジェイコブ・ルー財務長官なのだ。

これを前述したとおり、英語で「レッド・ヘリング」（囮《おとり》作戦）と言う。探偵小説の中で、真犯人であることがバレないように、警察の捜査を上手にすり抜け（ミスディレクション。Misdirection　犯人のすり替え）るために論点のすり替えをやる。イエレンが何を言おうが、この女は、偽《にせ》の、仮の犯人なのだ。イエレンは自《みずか》ら進んで仮の犯人となり、市場参加者たち（投資家）を騙すための攪乱《かくらん》（コンフュージョン）戦術をとっている。

このようにアメリカ政府（米財務省）は、金利が少しでも上がることがものすごく嫌なのである。それなのに、イエレンFRB議長は、いけしゃあしゃあと何食わぬ顔で、「今の超低金利状態から脱出するのが正しい考えである。本来の正常な経済の運営のためにはそれなりの金利がなくてはいけない」という盗人猛々《ぬすっとたけだけ》しい態度である。

お前たちが、2008年11月から「リーマン・ショック」の直後の激しい嵐を受けて、この違法政策（量的緩和政策《クオンティテイティブ・イージング・ポリシー》 Quantitative Easing と言う）を始めたのだ。あれがQ《キュー》E1《イーワン》であった。そこから逃げ出そうと思って恥知らずな行動に出ている。今は、2012年9月から前任のバーナンキ議長が始めたQE3《キューイースリー》からの脱出、終了、出口を求めてイエレンたちがのたうち回っている。脂汗《あぶらあせ》を流しながら必死で「ゼロ金利はおかしい。おカネには金利が付いて当たり前」などという居直った態度だ。自分たちでゼロ金利にしたのに。

ところがアメリカは金利を上げるに上げられない。前述したとおり、金利が上がりだすと、財務省が作る国家予算の作成と資金繰《ぐ》りに、とたんに支障を来《きた》すのである。

●イエレンFRB議長が凝視する「ダッシュボード」とは?

次の新聞記事が今のニューヨーク金融業界の雰囲気をよく伝えている。

イエレン氏の計器盤、加速の兆し

……………「イエレンのダッシュボード(計器盤)」。労働経済学の専門家であるイエレン氏は、あらゆる雇用指標を組み合わせて雇用環境の精査を試みる。その数「24指標」(このことをカンザスシティー連銀のエコノミストが言い出して話題になっている)ともいわれ、離職率はその一つだ。

9月5日発表の雇用統計の一連の指標で、非農業部門の前月比雇用者増加数(事前予想は22万5千人程度)と、失業率(同6・1%程度)という定番の2指標は改善が見込まれる。しかし焦点はそこにとどまらない。

「ニュー・ケインジアン」の正体は「マネタリスト」である

写真／ＡＦＰ＝時事

ケインズ主義（ケインジアニズム）の裏切り者であるイエレンたち「ニュー・ケインジアン経済学者」たちの正体はマネタリスト（お金の量一点張り）である。金融政策（中央銀行がやる。金利と通貨量を調節する）と財政政策（財務省がやる）をごちゃまぜにした報いが、やがて彼女たちを襲う。

例えば通常の失業率を指す「U3」に対し「U6」と呼ばれる広義の失業率だ。正社員になりたいがパートに甘んじている人などを含めた失業率で、7月時点は12・2%だ。通常の失業率に比べ高止まりしており、今後の低下ペースに注目する必要がある。………将来のインフレと結びつく。………FRBは今秋の量的緩和終了から利上げ開始まで「かなりの期間」(コンシダラブル・タイム)を置くと強調している。

(日本経済新聞　2014年9月4日)

この記事から分かるとおり、ニューヨークの金融業界で「イエレンの24個の計器盤」が話題になっている。イエレンは、この24個の経済指標のうちの雇用者数と失業率の2つの統計数値をものすごく重視している。それで2番目の失業率(U3《ユースリー》)が6・1%にまで低くなった。だから、このことを理由に「景気は回復している」という旗頭《はたがしら》に立てた。だからデフレの脅威は去った、ということにした。そこで量的緩和からの「出口戦略」(エグジット・ストラテジー、脱出作戦)を実行すると決断した。

ここでの「出口戦略」exit strategyとは、戦争開始のあと、海外(外国)にいる自国の軍隊をどのようにして撤退、撤収(エヴァキュエイション)させるか、ということだ。攻めるのはいいが、いつ、どのように軍隊を引き揚げさせるか、が常に問題なのだ。このように出口戦略（脱出作戦）というのは、軍事学《ミリタリー・スタディ》から生まれた言葉だ。攻撃よりも無事に軍隊を引き帰らせるほうが重要なのだ。優れた戦略家《ストラテジスト》だったら、いつも真っ先にこのことを考える。

ＦＲＢ自身の出口戦略は、米国債とＭＢＳ《エムビーエス》（不動産担保証券。住宅ローン担保証券。大銀行が抱えているボロクズ債のこと）の買い上げを、そろりそろりやめる（毎月１００億ドル、１兆円ずつ買い上げを減らしてきた）ということだった。イエレンはＵ３（失業率）の６・１％という数字を、この決断の科学的根拠とした。この数字にすがりついた。「完全雇用が達成された」と。ところがアメリカの景気は回復していない。ちっとも好況感はない。インチキの相場操縦による株価のつり上げだけだ。

ニューヨークで話題になっているこの「イエレンの24個のダッシュボード（計器盤）」、すなわち「24個の計器（インディケーターズ　indicators）」と呼ばれる経済指標のすべてが改善していると判断したことが、出口戦略の根拠となっている。

ダッシュボード（計器盤）とは、運転台、操縦席の目の前に見える24個の計器類のことだ。ところが問題なのは、そのうちの一つである「Ｕ６《ユーシックス》」と呼ばれる広義失業率（離職率）の数字が、少しも改善されていなかったことである。その数値が12・2％もある。記事にあるとおり、「U3に比べて高止まりしている」。

このU6は、単なる離職率というようなものではない。いわゆる非自発的《ひじはつてき》失業率（アンインテンショナル・アンエンプロイメント・レート）と呼ばれるもので、本当のことを言うと、会社から転職を勧《すす》められている仕事のできない能力不足の社員（従業員）たちの割合のことである。この非自発的失業（者）率というのは、一昔前は（1980年代までは）「フォースド・アンエンプロイメント・レート」（強制的解雇率）と呼ばれていたものである。それが今は柔らかく「転職促進失業率」となっている。

●「失業率改善」の嘘

日本では「非自発的失業（率）」と言うと、すぐに「会社の都合による失業（離職）」などと故意に間違って考えられている。「非自発的失業」だったら、すぐに雇用保険（失業保険）金がもらえる、というふうに考えられている。

会社員（従業員）のクビ切り（解職）、人員整理問題は、ものすごく微妙な問題を含む。日本では、「あまりにも仕事ができないので、会社にいてほしくない（周《まわ》りもそう思っている）、がしかし、しっかり居《い》ついている人々」の割合を算出する数字はない。だがアメリカでは、この「Ｕ６」の中に表われている。みんな知っている。この「Ｕ６」という「不必要人材」のことを優しく表現しているのだ。この数字のことが理解されない。

この「Ｕ６」の数字が、企業にとっての限界的な雇用者の率であって、会社にとって望ましくない雇用人口が存在する割合を示している。

それが12・２％もあるという事実を隠すために、イエレンが自分は貧しい人々にやさしい政策をやっているふりをしていることが、アメリカ庶民層にまでバレかかっている（本当は失業率は低下していない、とバレている）、というのが今のアメリカの空気《ニューマ》なのだ。実際には「もうやめる」どころか緩和政策（じゃぶじゃぶマネー）を続けない限り、このＵ６が減るどころか、もっと上昇してしまうのだという事実を、わざと見ないようにしている。

だからイエレンは、操縦席（運転台）にいて、自分の目の前のダッシュボード（計器類）をしっかり見ないで、運転（景気の舵取り）をしているという重要な議論が今、アメリカでなされているのだ。先の新聞記事では、「Ｕ６は……広義の失業率で、正社員になりたいがパートに甘んじている人などを含めた失業率」などと、あいまいな書き方をしている。

真実のアメリカの失業率はU6（12・2％）のちょうど倍の25％である。アメリカ国民もほとんどそのように、うすうすと気づいていて、みんなでブツブツ言っている。

日本の失業率もインチキ統計をやって、たったの4・0％である。本当は倍の10％ぐらいある。特に若者の就職率が悪い。就職できないのだから、失業者（率）にも含まれない。日本でも、老人介護や医療介護のような「みんながやりたがらない仕事」しか求人募集がない現実を、みんな口に出さないけれども知っているのと同じことだ。この老人介護の仕事の離職率はものすごく高い。このことも、若者の就職率が本当は50％ぐらいしかない厳しい現実と相俟《あいま》っている。

この「イエレンのダッシュボード」という議論は、イエレンが自分の福祉《ウェルフェア》・（厚生）経済《エコノミクス》学の学者としての信念や良心に基づいて政策判断をしているのではないことを暴露してしまった。イエレンは見せかけの決定者なのであって、真犯人である米財務省の言いなりになって、表面上だけ「量的緩和をやめる」と大々的に宣伝して明るくふるまい、人々に希望を持たせようとしている。だから裏口で量的緩和（別の国債の買い上げ）と似たような政策をコソコソと実施しようとしていることを示している。

そして金利については、しつこく説明したとおり、上げられるわけがないのである。米国債をＦＲＢが買うのをやめたら、買い手がなくなって札割《ふだわ》れを起こして米国債の値段がもっと下がる。そうしたら米財務省は、売れない米国債を売るために優遇金利を付けなければいけない。一気に米国債市場は沸騰《ふっとう》して、買い手は付くけれども金利の激しい上昇を引き起こす。

イエレンとジェイコブ・ルーが一番恐れているのは、市場の急激な変動だ。自分たちの思うように政策誘導（穏《おだ》やかな統制）ができていればいい。それを「ソフト・ランディング」（誘導の成功）と言う。それに対して自分たちの予期に反した激変を「ハード・クラッシュ」hard crash と言う。

ちなみに「ハード・ランディング」という英語はない。ないものはない。日本の相当の金融専門家でも、この ×ハード・ランディングを平気で使う。そんなものはないのだ。軟着陸（ソフト・ランディング）の反対は、激しい地上激突だ。墜落だ。日本人はかなりの有識者でも胴体着陸か何かのつもりで ×ハード・ランディングと使っている。胴体着陸なんかできるわけがない。私は長年、このことを不思議に思っている。在日生活の長いヘンな外国人エコノミストが、この ×ハード・ランディングをわざと使ったりする。日本人をバカにしているのだ。

●「市場との対話」とは「政策誘導」のことだ

イエレンたちは、今もまるで自分たちが「市場との対話」を十分やっているフリをしている。これを「フォワード・ガイダンス」と言う。本当は政策誘導である。政府の思いどおりに政策誘導をして、金融市場のほうを慣れ親しませて飼いならして、激しい変動が起きないようにしている。日本では、このフォワード・ガイダンスを畏《おそ》れ入ったことに「時間軸効果」などと呼んでいる。財務省の意図、意思を市場が遅れて察知し、理解してくれるということらしい。

あくまで真犯人は、財政の責任者であるジェイコブ・ルー財務長官である。それなのにまるで中央銀行のイエレン（こっちは金融政策しかできない）が、財政政策までも、どちらも合わせてすべて経済政策（エコノミック・ポリシー）をやっているように見せかけている。

イエレンは陽動《ようどう》作戦で使われている囮《おとり》そのものである。みんなFRB議長などという、中央銀行の総裁でしかない、正確（正式）には政府の代表ではない立場の人間にだけ関心が向かうように計画的に仕組まれているのだ。

騙されているのはアメリカ国民だけではない。世界中の、それこそ金融市場のプロの取引員《トレイダー》たちまでが、この大本営発表のようなＦＲＢの会議（ＦＯＭＣ《エフオウエムシー》政策決定会合）の声明文が出るたびに、一喜一憂して踊らされて、訳の分からない無意味な説明を、知ったかぶりしてあれこれ評論《コメント》している。

大事なことは、今からもう6年前の２００８年9月15日に起きたリーマン・ショックという「ニューヨーク発の大恐慌突入」があったあと、アメリカ政府が金融機関を救済してしまったことにある。その年の暮れ（11月から）に、本当はリーマン・ショックでアメリカの大銀行、大証券、大保険（ＡＩＧ《エイアイジー》など）が軒並み倒産（破綻）したことの尻拭《しりぬぐ》いを、ＱＥ《キューイー》（クオンティテイティブ・イージング、量的緩和）と称してアメリカ政府・国家が全部泥をかぶって救済してしまった。

あの時に、アメリカの民間大銀行たちが金融大バクチの果てに異常に積み上げた隠れ借金（簿外の負債。ヒドゥン・デット。おそらく50兆ドル＝５５００兆円ぐらいある）の一部、20兆ドル（２２００兆円）ぐらいが政府部門および中央銀行に移ってしまったのだ。この大きな事実を認めないで、今に至っている。

すべてが八百長のインチキ政治である。だから辻褄《つじつま》が合わないはずなのだ。できもしないくせに、「金融緩和をやめる」と言い、ついでに先制攻撃で「市場に金利を付ける」と言って周りを振り回すのである。

イエレンとジェイコブ・ルーにしてみれば、米国債が信用をなくして買い手が付かなくなって、一気に暴落を始めて（これがハード・クラッシュ。地上激突）値段がつかなくなり、それで金利が急激に上がりだすことが一番恐ろしい。国債利回り《イールド》が３％、４％どころではなく10％、15％に跳ね上がってしまうことが一番怖いのだ。

そうなったら、まるで新興大国のインドやトルコやブラジルが最近やったように、政策金利を急に10％に上げたことと似ている。金利を10％に上げないと、世界中の金持ちたちが資金を引き揚げる（その国の国債を一斉に売却する）からである。「10％の金利がもらえるのなら、仕方がない。あと暫《しばら》く資金を置いておいてやるか」ということになる。今もまだ世界覇権国《ヘジエモニック・ステイト》（世界帝国《ワールド・エムパイア》）であるアメリカ合衆国だって、明日は我が身なのだ。

そして、さんざんボロクズ債券とボロ国債を買い取った揚《あ》げ句《く》に「ＦＲＢの資産売却プログラム」というコトバで言い表わされる行動が起きる。現在４・４兆ドル（４８０兆円）まで膨《ふく》らんでしまったＦＲＢのボロクズ総資産勘定を自然に少しずつ減らすことな

米国債暴落（金利の上昇）に張って、アメリカ政府と対決してきた男

写真／Bloomberg

債券投資（国債相場）で大失敗しても不敵な顔《つら》構《がま》えのビル・グロース。がんばれ。

ど、どうせできなくて、やがて資産（債券類）の投げ売り、売却を始めなければならなくなる時が来る。その時が大問題である。その時がアメリカの信用崩壊である。私が作ったコトバで言えば、「ドル覇権の崩壊」である。それまで、あと2年だろう。

それを阻止するためだったら、彼らは何でもやる。そのための今の不可解なイエレンたちの行動なのである。

●「債券王」は、なぜ敗北したのか

イエレン議長にとっての、市場での好敵手（ライバル）は、ピムコ社（PIMCO。パシフィック・インベストメント・マネジメント）のビル・グロース Bill Gross であった。彼はこの30年間、ずっとアメリカの〝債券王〟（ボンド・キング）として国債と債券市場で、金利商品の市場で一番大きな年金資産を動かしてきた。

ビル・グロースはP60以下で述べるとおり、5年前から米国債の暴落（金利の急上昇）が起きることを確信して、債券市場（ボンド・マーケット）で、先物《さきもの》で米国債を売り持ち《ショート・ポジション》し続けてきた。

なぜならば、アメリカ政府にはこんなにも膨大な量の公債発行（米国債以外の50州と40

「個人投資家も大手トレーダー（年金運用者）も国・政府も、同じ金利で動いている」の表

1	**個人投資家** 株式やＦＸで**2000万円**の元手（原資）でバクチ（投資）をやって	株が**25％**上がったら、ＦＸは**１円の円安**で（レバレッジ25倍）	➡ **500万円**の儲け
2	**機関投資家** 債券《ボンド》ディーラー １人で運用額**１兆円**（ポジション）の年金資金を運用	（米ＦＦレートの）予想利率**1.125％**が**1.375％**に上がった。→利幅**0.25％**（25ベーシスポイント）で	➡ １年間で**25億円**の利益（運用成績）を稼ぎ出す
3	**ピムコ** PIMCO 債券運用会社 **220兆円（２兆ドル）**の預かり資金を運用	年間（平均）**５％**の利益（利回り）を出してきた	➡ １年間で**10兆円（1000億ドル）**の利益
	このうち**33兆円（300億ドル）**を**ビル・グロース**が運用してきた	米国債が暴落しないので損を出した	➡ ビル・グロースは辞職、独立。まだまだ米国債を先物で売り続ける
4	**日本の財務省** **1039兆円**の累積財政赤字（＝国債の発行残高。地方を含まない）	10年もの国債利回り＝利払いが**0.1％増**で**１兆円**の支払い増になり	➡ 金利が**１％**上がると**10兆円**の債務が増える。消費税を**２％**上げても**５兆円**の税収しかない
5	**アメリカ財務省** **19.4兆ドル（2134兆円）**の連邦債務（財政赤字）の利払いという重荷	長期金利が**１％**上がるたびに**21兆円**の利払い増になり	➡ 年間**440兆円（４兆ドル）**の予算案が組めない→財政破綻する

（副島隆彦が作成した）

大都市の地方債 municipal bond《ミューニシパル ボンド》を合わせると、約60兆ドル＝7000兆円あるだろう）がある。やがてこれらが償還《しようかん》（リデンプション）できなくなって、当然、金利（利回り）が跳ね上がることを予測してきたからだ。そのように彼は相場を張ってきた。ところがイエレンとジェイコブ・ルーの一連のマニューバー（maneuver 陽動作戦）に引っかかってビル・グロースは負けた。完敗である。

このビル・グロースが主宰する「トータル・リターン・ファンド」の投資元本《がんぽん》（集めた資金）3000億ドル（33兆円）の大半が、ずっとショート（先物での売り）に回っていることが、イエレンとジェイコブ・ルーにとっては頭の痛いことであった。だから一連のイエレン発表なのである。ビル・グロースとのガチンコの対決をアメリカ政府はずっとこの5年間やってきたと言える。

イエレンは金利を上げる気などサラサラないのに、「上げる。上げる。そのうち上がる」と言い続けた。これに債券市場が振り回されてビル・グロースの負けとなった。この9月25日に、ビル・グロースは不敵な笑い顔を浮かべながら、ピムコ社を去った。ピムコ社内で長年、自分が手塩にかけて育てた幹部社員たちとの遠慮のない怒鳴り合いのあとに出て行った。ビル・グロースにしてみれば、アメリカ政府の支離滅裂な政策誘導と、自分たち

この世で一番大きな金額

今もある世界中のデリバティブの想定元本＝7京円（710兆ドル）

大銀行の総資産とデリバティブ取引残高（2014年現在）

		総資産	デリバティブ取引高
1	ＪＰモルガン・チェース	250兆円 （2.5兆ドル）	6800兆円 （68兆ドル）
2	シティバンク	190兆円 （1.9兆ドル）	6000兆円 （60兆ドル）
3	ゴールドマン・サックス	90兆円 （0.9兆ドル）	5450兆円 （54.5兆ドル）
4	バンク・オブ・アメリカ	200兆円 （2.1兆ドル）	5450兆円 （54.5兆ドル）
5	モルガン・スタンレー	80兆円 （0.8兆ドル）	4500兆円 （45兆ドル）
6	ドイツ銀行	263兆円 （2兆ユーロ）	7500兆円 （55兆ユーロ）
7	三井住友銀行	162兆円 （株式時価総額 5.7兆円）	――
8	三菱東京ＵＦＪ銀行	258兆円 （株式時価総額 7.9兆円）	――
他	⋮	⋮	⋮
	合計	――	7京円 （710兆ドル）

各銀行の財務諸表等から副島隆彦が作成

2008年にリーマン・ショックが大爆発した時から、クレジット・デリバティブの取引量は今なおまったく減っていない。大銀行の総資産の、それぞれ30％ぐらい抱えている。最近は「ダークプール」という相対《あいたい》取引で傷口を広げている。やがてこれらが爆発する。

の都合のいいようにルール・ブックそのものを急に変更してしまう数々の違法なやり方に腹の底から怒っただろう。

ビル・グロースはピムコ社を去って、小規模な新しい投資会社に移ったらしい。運用資産規模は10分の1になったという。彼を長年信頼し、信奉してきた年金資金の管理者たちの一部も、ピムコから離れてビル・グロースのあとについてゆくだろう。彼が移転した先のジャナス（二双面《にそうめん》・ヤヌス神）・キャピタル・グループは、ニューヨーク市場での株価が9月26日に1日で43％上がった（株式時価総額で9億ドル増えた）。今もなお債券王であるビル・グロースは、これからも米国債を売り崩してゆくショート・ポジションを、その投資規模は10分の1ぐらいになっただろうが、これからも続けてゆく。

彼の「トータル・リターン・ファンド」は、前述した3000億ドル（33兆円）から2000億ドル（22兆円）まで急減した。

これらの資金の主要な出し手は、例えば「世界最大の年金基金」と呼ばれてきたカリフォルニア州（人口4000万人）の公務員退職者年金基金である「カルパース」CalPERSを筆頭とする、他の州の年金ファンド（年金資金の運用会社）たちである。ちなみにピムコ社は運用資産2兆ドル（220兆円）を持っている。ピムコの親会社は、欧州アリアンツAllianzであり、アリアンツこそは欧州ロスチャイルド家の現在の旗艦《フラッグシップ》と呼ばれてもいい大金融会社である。

イエレンとルーにしてみれば、ビル・グロースからボロクズ化している米国債の実態を見抜かれて、彼らが市場の原理で襲いかかってくることを阻止せねばならない。彼ら市場原理主義（マーケット・ファンダメンタリズム）の敵対者を次々に撃破して潰してゆかなければならない。このことが、彼女の声明文の訳の分からなさの本当の裏の真実である。

ビル・グロースが追いつめられた原因は、米国債（その中のT-Bill《ティービル》）の暴落を企画して先物の売りを仕掛けているからだ。だが米国債が下落を始めるには、①ヨーロッパからのトリガー（引き金）が必要だ。STEP《エスティーイーピー》と呼ばれる先物での債券売りの高速ロボットが動き出す。ヨーロッパの、とりわけスペインの国債が崩れ出す。その次に、②NY《ニューヨーク》で下落する。それがドミノ・リアクション（あるいはドミノ・チェーン）を起こして連鎖する。それからカリフォルニア州に本拠地を置く③ビル・グロースたちが仕掛ける。

だが実は、①の段階で、スイス政府のFSA《エフエスエイ》（連邦パブリックサービス・エイジェンシーFinancial Public Service Agency　スイスの金融市場監督局＝FINMA《エファイエヌエムエイ》）が動き出す。スイス政府は、アメリカ政府（とりわけSEC《エスイーシー》証券取引委員会）と今も激しくぶつかっている。

それはこういうことだ。アメリカの大金持ちたちが5万人ぐらいスイスのプライベット・バンク（12ある特殊な金持ち相手銀行。国王や独裁者、各国の有力政治家たちも秘密で預けている）に資産逃避（タックス・ヘブン）している。この所得税逃れの富豪たちの口座を開示せよ、と米SECはスイス政府に要求し続けている。すでにアメリカ大金持ち層で、スイスの秘密預金を放棄して外国に逃亡した者が3万人ぐらいいる。そうしないとアメリカ国内で国税庁（IRS《アイアールエス》、内国《ないこく》歳入庁）に逮捕される。

スイス政府は「アメリカ市民1000人だけの口座は開示する。これは取引だ」という態度だ。もしアメリカ政府が、これを呑まないと、スイス政府も追いつめられた猛獣（『窮《きゅう》鼠《そ》猫を嚙む』）で、米国債暴落を故意に容認する（放ったらかしにして見過ごす）という態度を先述したスイス金融監督庁FSA自身がやる、ということだ。

ドイツやスイスは、アメリカ政府（財務省、FRB）自身が絡んでやっている不正操作（相場操縦《マーケット・マニピュレーション》）を知っている。だからスイスはアメリカと取引《ディール》をしようとしているのだ。

日銀の黒田東彦《くろだはるひこ》総裁にとってみても同じことである。たとえば、アメリカのヘッジファンドである「ヘイマン・キャピタル・マネジメント」Hayman Capital Management のカイル・バス Kyle Bass という人物がいる。彼もまた、ビル・グロースたちと同じく5年間も日本国債の暴落のほうに掛け金を積み続けている。このことが黒田東彦にとって一番嫌なことであり、このNYの逆張り（コントラリアン。ヘソ曲がり）の債券トレーダーたちが自分にとっての敵対者である。この日本国債の市場価格の下落を目指した投機（スペキュレーション）もまた、ニューヨークの債券市場（ボンド・マーケット）の中心的な関心事のひとつである。

日本は、今も日銀が、毎月7・5兆円ずつ日本国債を買っている。これを来年もさらに100兆円規模で続けざるを得なくなりそうだ。大変なことだ。こうしないと、日本財務省が自分の予算（年間100兆円弱）を組めなくなっているからだ。それとアメリカさまへの貢《みつ》ぎカネを調達しなければいけない。

●日銀は、さらに100兆円の国債を抱え込む

P130でも後述するが、9月11日に、安倍首相が黒田総裁を官邸に呼びつけた。そして「来年（2015年）も緩和を続けてやれ」と命令したようである。黒田はふてくされ

ながら、その後の記者会見で、なんと「追加緩和だろうと何だろうと躊躇《ちゅうちょ》なくやる」と吐き捨てるように言った。本当に「何だろうと」と言ったのだ。黒田は安倍首相に対して、怒っている。ここまで自分は忠誠を誓って前代未聞の〝異次元緩和〟の「日銀借金（引受け）倍増」をやったのに、と。

この2014年末（12月）で270兆円まで、計画どおり、日銀の帳簿（貸借対照表）の総資産の額は、ボロクズ国債で満杯状態になる。なんとそれをさらに来年、100兆円ぐらい積み増すということだ。ということは、来年末には370兆円、すなわち3・3兆ドルになる。世界帝国アメリカのFRBのボロクズ総資産残高は現在で4・4兆ドルだから、日銀が来年末に抱えることになる3・3兆ドル（370兆円）の巨額さが分かるだろう。

日本は今やボロ雑巾《ぞうきん》のようなヨレヨレの大借金国家である。日銀が刷った紙キレのお札（紙幣）で、これまた紙キレの日本国債（財務省が発行）を買って、お札（日銀券）を財務省に渡して、それで国《くに》の1年間の経費（出費、支出）の実にちょうど半分の50兆円を手品（打ち手の小槌《こづち》）のように作って賄《まかな》っている。こんなバカなことをいつまで続ける気か。正気の沙汰ではない。日本の財政（国の収入）のボロボロ状態がはっきりと見える。

一体、いつまでこの天《てん》をも恐れぬ国家行動をとりつづけるつもりか。このことを指して、アメリカ帰りの浜田宏一《はまだこういち》イェール大学教授は「アメリカのノーベル経済学賞を受賞した、ほとんどすべての超一流経済学者たちが、この新しい経済学を支持している。だから日本もそれに従うべきだ」と言い続けたのである。彼は竹中平蔵《たけなかへいぞう》に操《あやつ》られたプロパガンディスト（伝道者）である。

彼ら今のアメリカの現役（存命）の経済学者たちは、このニュー・ニューエコノミクス（新・新経済学）が自分たちの神様になり、信念の中心になっている。「中央銀行がいくらでも（無制限に）国の借金を引き受けていい」理論を神棚に飾って日夜、拝《おが》んでいる。

ところがドイツは、アメリカが押し付けるハイパー・インフレ容認の経済政策に対して、強いアレルギーを示している。

だから後掲《こうけい》する記事のとおり、ドイツはウォルフガング・ショイブレ財務大臣が、イェンス・ヴァイトマン連邦銀行（ブンデス・バンク）総裁とともに新規の赤字国債の発行と中央銀行による引き受けを止めてしまった。ドイツ国民は、第一次世界大戦後（1919年から）の激しいハイパー・インフレーション（レンテン・マルク）の猛威を今も記憶している。「1億マルク」というお札が本当に刷られたのだ。だから、今の土砂降りのような通貨発行（お札の大増刷）と、国債の大増刷を認めようとしない。

おそらくアメリカがどれだけ圧力をかけても、ドイツ人はこの場面では譲歩しないだろう。さすがドイツは根性が据《す》わっている。バカな指導者たちを頭に戴《いただ》いている日本とはえらい違いである。次の新聞記事にあるとおりだ。


ドイツが来年には新規国債ゼロに、1969年以来初

ショイブレ独財務相は9月9日、来年には1969年以来初めて、新規の国債発行がゼロになる、との見通しを明らかにした。

一方で、欧州連合（EU）の安定成長協定の達成にはまだほど遠い、とも主張。ドイツが今後も財政の健全化努力を続けることは正当化される、との認識を示した。

同相は、ドイツは、引き続き安定化政策を遂行するとし「それ以外の道を歩めば（自国内だけでなく外国からの）信頼感の危機につながる」と強調。シリアやウクライナ、イラクの政情不安や、アフリカでのエボラ出血熱流行など問題が山積するなか「（信頼感の危機は）今の欧州に最も不要なものだ」と述べた。

失業率が相対的に低く、経済も安定的な成長が続いているドイツでは、税収が過去最高水準

主要各国の10年もの国債の利回り（2014年）

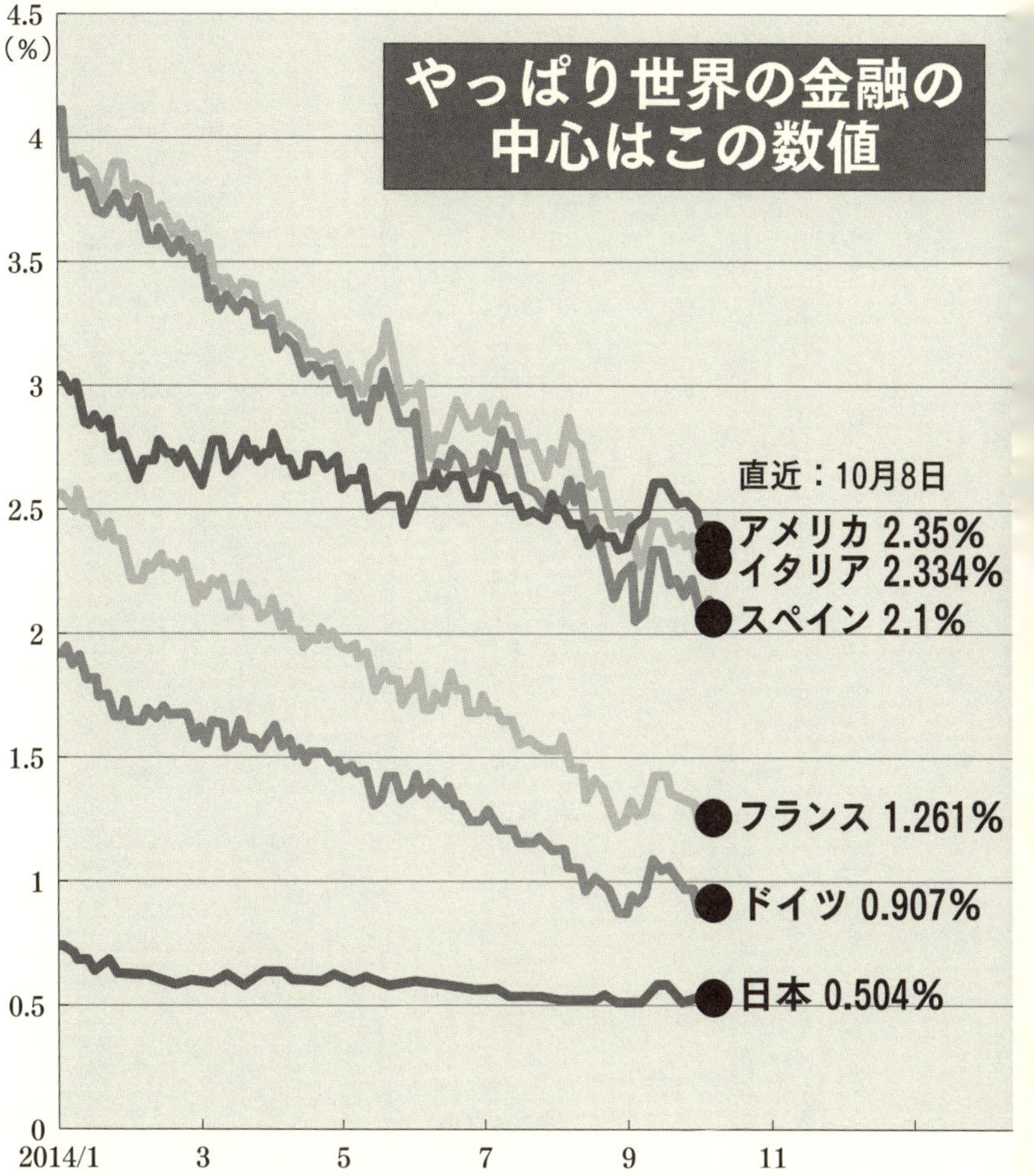

出典：ブルームバーグのデータをもとに副島が作成

国債利回り＝長期金利が上がり出したら、世界はさらにデフレ不況。新興国と貧乏国は相変わらずの高金利（10%ぐらい）のインフレ状態。

に増加した。同時に、低金利を背景に、債務返済コストは低下している。来年の歳出規模（国家予算）は3000億ユーロ（40兆円）と見込まれているが、新規の国債を発行することなく、賄える見通しになっている。

（ロイター　2014年9月9日）

この5日前の9月4日に、ヨーロッパで大きな動きが起きた。ヨーロッパ中央銀行（ECB）のマリオ・ドラギ総裁が、政策金利を過去最低（0・05％）に引き下げる、と発表した。と同時に、EU28カ国の中のさらに18カ国が参加するユーロ通貨圏《ゾーン》の、民間銀行からECBへの預金金利をマイナス0・2％にする、という恐ろしい「マイナス金利」を始めた。

これは「ヨーロッパ中央銀行に、銀行は理由もなしにお金を預けるな」ということだ。預けたら利息（管理手数料）を取るゾ、という天地がひっくり返るような政策の発表である。ヨーロッパの金余り《かねあま》（銀行の中だけで鬱血《うっけつ》状態になっている）もひどいものである。このようにドイツはしっかりしている。さすがに〝ヨーロッパの機関車〟である。

ＥＣＢ、追加利下げ　政策金利を０・０５％に引き下げ

欧州中央銀行（ＥＣＢ《イーシービー》）は、９月４日の理事会で、ユーロ圏18カ国の政策金利を、現行の年０・１５％から、０・０５％に引き下げることを決めた。民間銀行がＥＣＢにお金を預ける際の金利も現行のマイナス０・１０％からマイナス０・２０％に引き下げる。物価が下がり続けるデフレに陥るのを防ぐため、過去最低金利を更新する追加利下げに踏み切った。

ＥＣＢはさらに、ＡＢＳ《エイビーエス》（不動産担保証券）などを買い取って民間銀行に資金を供給する金融緩和策を、10月から始めることも決めた。ドラギ総裁は理事会後の記者会見で、「国債などの資産を幅広く買って大量のお金を市中に流す量的緩和について議論した」ことを明らかにした。

ドラギ総裁は、「今回の利下げで政策金利が下限に達し、これ以上の調整は不可能」との認識を示した。このため、金融市場の注目は、ＥＣＢがいつ量的緩和に踏み切るか、に移る。

（ロイター　２０１４年９月４日　傍点は引用者）

この記事にあるようにヨーロッパは、ドイツを除いてさらにデフレ不況が続いているということだ。ＥＣＢは、民間銀行がＥＣＢに預ける時の金利を「マイナス０・２％」にすることに決めた。

マイナス金利（ネガティヴ・インタレスト・レート negative interest rate と言う）とは、預金に金利を付けるのではなくて、逆に預金者から手数料を取るという、きわめて奇妙な理屈である。これは、アメリカではすでに20年前から見られる現象である。ゼロ金利を通り越してマイナスのお金の世界が出現している。利潤率（利益率）に暗黒面（ダークサイド）が出現したかのようだ。

ヨーロッパの中央銀行であるＥＣＢに民間銀行が預け入れる預金は、超短期の資金として、銀行間の決済資金（帳尻合わせ）として使われている。インターバンク市場で、無担保で融通し合う時にも超低金利が使われてきた。しかし、これがマイナス（ネガティヴ）になってしまうと、一体、この先、何が起きるか。

日本では日銀が、毎月７兆円から８兆円（国債発行額の７割）長期国債を買い続けている。これで日銀は日本最大の国債保有者となった。しかも最近のニューズでは、日銀はついに「マイナス金利」の国債買いにまで手を染めたようだ。新聞記事を載せる。

各国の短期金利(＝政策誘導金利)

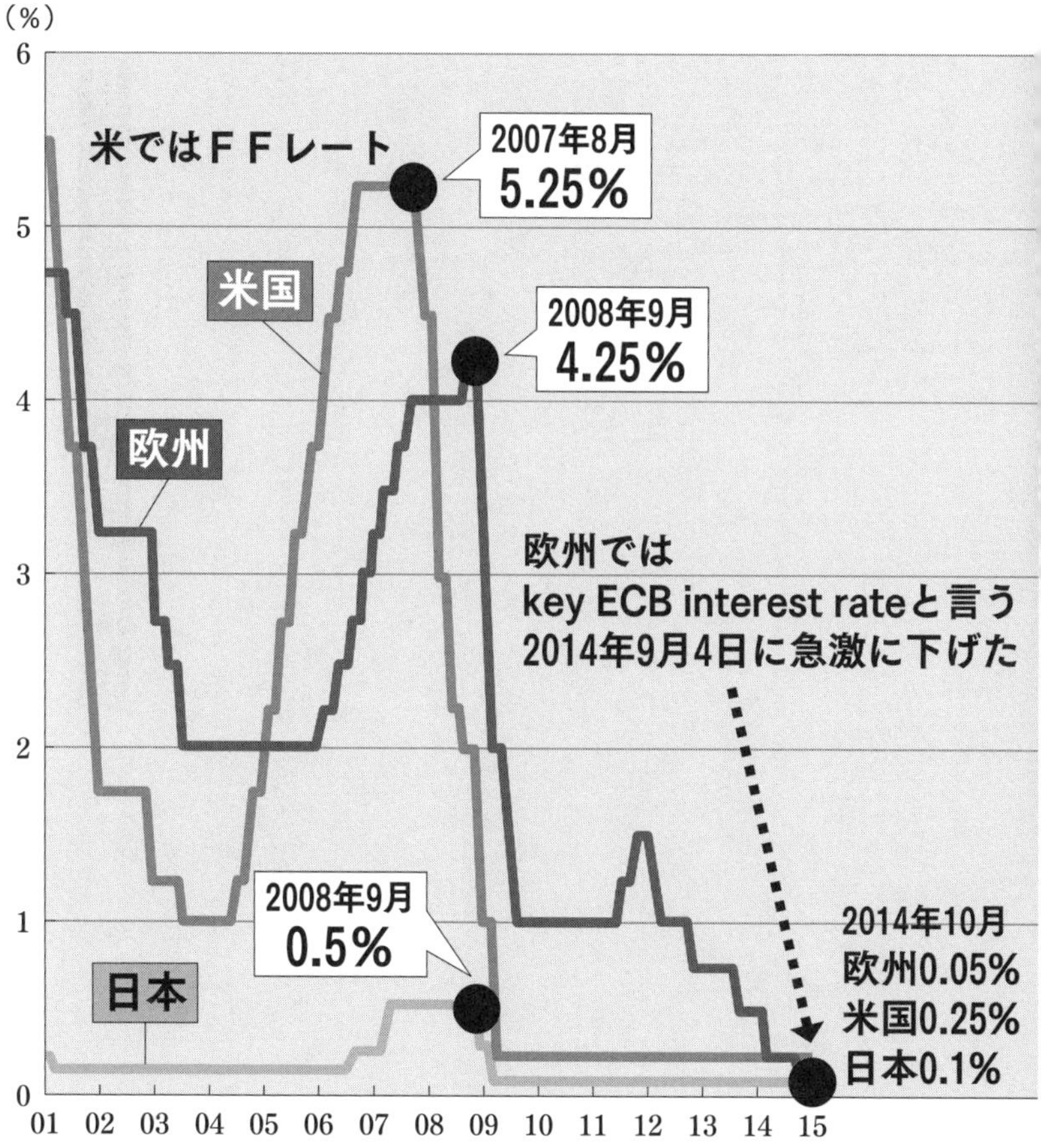

出所：各中央銀行の発表

リーマンショック（2008年９月）の直後から米と欧は、ご覧のとおり急激に政策金利を下げた。そうしないと、あの時の金融危機（信用崩壊）を収束できなかったからだ。

欧州（ＥＣＢ）も、ついに日米と並んで“ゼロ金利”に沈んだ。イエレンはこの金利をなんとか上げる、と宣言したが、さあ、できるかな。

日銀、初のマイナス金利　短期国債買い入れ

日銀は9月9日、大規模な金融緩和策の一環として、初めてマイナス金利で市場から短期国債を買い入れた。マイナス金利は購入額が償還額を上回る状態を指す。買い入れた短期国債を満期まで保有すると日銀が損をする。主要中銀では異例の対応といえる。損失覚悟で市場にマネーを供給する意思を示した格好だ。

通常の状態では、売買する国債の金利はプラスだ。例えば、金利1％で国債を買い入れた場合、満期まで持ち続ければ購入額に対して1％の利益を得られる。一方、マイナス1％の金利の場合、満期まで持ち続ければ買い入れ額に対して1％の損失が生じる。

9月9日時点の新発3カ月物短期国債の基準金利はマイナス0・004％だった。ここで入札を実施すれば損をする可能性が高まるので、日銀は入札を見送る手もあった。だが、日銀はあえて入札を実施し、ある大手金融機関が「日銀への売却に応じた」という。

（日本経済新聞　2014年9月9日）

このように、日銀はなりふりかまわない。自分たちが損をしてでも〝じゃぶじゃぶマネー〟を続けている。

●「資本主義の死」以後の世界

最近、水野和夫《みずのかずお》氏の『資本主義の終焉と歴史の危機』（集英社新書、2014年3月刊）が評判を取った。書名にある「終焉」とは、すなわち死のことだ。この本が書くとおり「金利ゼロ＝利潤率ゼロ（あるいは2％以下）＝資本主義の死」となるようである。それからあとの世界は一体どうなるのか、を私たちは考えなければならなくなった。このマイナス金利問題が公然と、まずヨーロッパでまさしく現然として出現したのである。

長期金利だって非常に低い。さらにそれを押し下げるかたちで、短期金利がゼロを通り越してマイナスにまでになってしまったということだ。資金が長期で寝込む長期金利のほうが高くて、短期金利は低くなければいけない。

現状は長期の固定したお金のほうが、金利が安くなって、短期で流動性の高い資金ほど金利が高くなってしまっている。逆転している状況だ。国債利回り（利息）を財務省が抑えたいものだからゼロ金利なのだ。

イギリスに古くから重要な格言（決まり文句）がある。「ジョン・ブル（立派なイギリス紳士）はどんな苦難にも我慢ができる。しかし年利2％（2分の利子）以下の金利には、我慢がならない」というものだ。ジョン・ブル　John Bull というのは、イギリス人魂《だましい》を体現していて、金儲けもやる立派な男たちのことである。アメリカならアンクル・サム Uncle Sam と言う。

どうやら利率2%というのが鍵《かぎ》のようだ。前述した水野和夫著『資本主義の終焉と歴史の危機』には、P14で「1700年から1900年まで」ちょうど200年間続いた「イギリス3%永久国債」という記述がある。500年前の16世紀（1500年代）から、世界一大繁栄したジェノヴァとオランダは、利潤率の低下＝金利の下落で苦しんでいる。今のアメリカ、ヨーロッパ、日本の運命を先取り（前例）している。

これだけ大不況が続いて、金利が低い時代が続くと、イギリス人やアメリカ人でもほとほと嫌になるだろう。日本の資産家層も銀行利息がほとんどゼロ円で、泣きたくなっているはずである。1000万円銀行預金して、1年定期で利息が4万円では泣けてくる。先進国は、今や世界中どこでも超低金利であえいでいる。はたしてここから意識的、計画的に、政府の決断ひとつで脱出して、それで高い金利を付けられるようにする、などということができるか。できるはずがない。

FRBには、中央銀行としての当然の権限として、景気調節のための短期金利（FFレート）の上げ下げの権限はある。だからイエレンが「FFレートの金利を上げる」と、それとなくおずおずと言った。だがしかし、これが長期金利（国債の値段）のほうに跳《は》ね返って、長期金利までグイッと上がってしまうと、今度は米財務省のほうがギャーと泣き叫んでしまう。アメリカ政府の本当の主役は財務省なのである。日本も同じことだ。だから金利は上げられない。「上げることでインフレ対策になる」などと今や言い訳にもならない。アメリカもヨーロッパも日本もデフレ不況のまま続いてゆくのだ。

繰り返すが、それなのに、まるでイエレンFRB議長が景気舵取りの全責任者のような扱われ方である。このこと自体に騙しと見せかけがある。

アメリカ連邦政府が抱えている巨額の累積財政赤字の問題から国民の目を逸《そ》らせるために、アメリカも、ヨーロッパも、日本も、政府（権力者）はわざと株価を吊り上げ、円安（ドル高）を演出し、国民の消費が伸びているというウソの発表をして景気が回復しつつあるような虚妄を計画的に作り出している。消費税を上げて消費はひどく落ち込んだ。実質賃金は下がって、国民は必需品以外の消費なんかする余裕もない。

日本の財政赤字のひどさと、それを覆《おお》い隠そうとする安倍政権の国民騙しの政策には、ほとほと愛想が尽きる。国民に本当のことを言わないで、「デフレからの脱却」ができつつあるような幻想を抱かせ、そのための株高・円安を、自ら相場操縦を行なって違法で卑《ひ》怯《きょう》な価格操作を行なっている。許し難《がた》いことだ。

●2015年、世界史は大きく転換する

だから今年（2014年）中は、株の乱高下ぐらいはあるだろうが、大きな事件は起きないだろう。それよりも、私が呼ぶところの〝実質の世界皇帝〟であるデイヴィッド・ロックフェラーが、今年6月11日で99歳になった。ということは来年、2015年6月で満100歳である。来年、100歳で亡くなること（あるいは、あと1年）を見越して、そのときに人類の歴史（世界史）が転換する。新しい世界が始まる。そのときに大きな動きが起きる。

大財閥のデイヴィッド・ロックフェラーが、一生懸命支えている政治家がヒラリー・クリントンである。「アメリカ初の女性大統領」とか言われている。私は3年前までは、ヒラリーが次の大統領だろうと、各所で書いてきた。だがヒラリーが2017年からの米大統領になると、どうも世界にとってよくないと分析した。彼女の後ろにはアメリカの軍事強硬派がついている。

このヒラリー派と対立しているのがオバマたちである。オバマとチームを組んでいるジ

“ダビデ大王”世界皇帝は、101歳(2016年)まで生きるかも

この人が死なないと世界は
次の段階に進まない。

写真／Stephen Lovekin

（上）孫でデザイナーのアリアナ（長男の長女）の期間限定ブティックでのデイヴィッド・ロックフェラー（99歳）。2013年11月４日 in New York City

（右）ようやく歩行器で人前に。最近の姿（今年の３月４日）。なかなかしぶとい。

写真／Noam Galai

ヨゼフ・バイデン副大統領が、穏健な路線の世界政治を行なっている。彼はＣＦＲ《シー・エフ・アール》 Council《カウンシル》 on《オン》 Foreign《フォーリン》 Relations《リレイションズ》（外交問題評議会）派と言って、ＣＦＲは日本の経団連《けいだんれん》のような大企業の経営者たちの集まりである。ここは「オフショア・バランシング」という理論で動いている。

オフショア・バランシングは、世界中の各地域（リージョン）を、そこの国々の間で対立させてバランス（均衡《きんこう》）をとらせる。アメリカはオフショア（海の外側）から、世界各地を上手に管理する。そうすることで、アメリカから軍隊を外国に出すことなく、それぞれの地域を安定させるという理論である。バイデンたちはこのオフショア・バランシングで動いているのである。

私はこれでいいと思う。大きな戦争はしない、という考えだ。アメリカは10万人とかの地上戦（ＧＩ《ジーアイ》、グラウンド・インファントリー）を海外に派遣するのはイヤなのだ。そのお金も、もうない。だからジョゼフ・〝ジョー〟・バイデンが次の大統領選に出て、２０１６年11月には大統領になるだろう。ただし、１期４年間だけだろう。バイデンは大統領になるとき、すでに74歳だ（今年の11月で72歳）。大統領が終わるときには78歳になる。しかし元気な男だからもつだろう。彼は何とか〝じり貧〟のアメリカを支えて安定した政策を実

来年から次の大統領選（2016年11月）の競争が始まる

写真／AFP＝時事

写真／Gustavo Caballero

孫が生まれてgranny《グラニー》（おばあさん）になったヒラリー・クリントン。最近はパンツスーツ姿しか見なくなったけど、大丈夫かな？

行する。

バイデンは、ハリー・トルーマン（第33代大統領）みたいな男で、泥臭い政治家だ。穢《きたな》い、嫌なことも全部引き受けて実行する。しかし、あまりにも陰のある、裏のある、あくどい政治はやらない人である。アメリカ帝国の衰退という現実を見越しながら着実に動いているオバマとバイデンの路線が正しい。

それに対して、ヒラリーがなぜこれほどに、アメリカの世論調査では断トツ1位で、次の大統領と言われるのか。アメリカの主要な人物たち、有名人や実力のある人間たちでヒラリーを応援している人は誰もいない。それなのに日本と一緒で、アメリカでも大手のメディアが操られているから、「ニューヨーク・タイムズ」の世論調査では、「ヒラリーが断トツで大統領候補1位」と出る。世論上の人気が高いぶん、どこかで失墜して、ヒラリーの人気は急激に落ちるだろう。

今は、次に載せる、こういう記事ばかりである。


「イスラム国」が英国人殺害　国際社会は態度硬化

イラクとシリアの一部を支配するイスラム過激派ISIS「イスラム国」は、9月13日、英国人の援助関係者デービッド・ヘインズ氏とされる男性の首を切断して殺害する映像をインターネット上に公開した。欧米人の殺害映像は米国人2人に続き3人目。米英は強く反発、イスラム国への対抗姿勢を強めている。国際社会は「イスラム国」に対抗する動きを強めている。
（日本経済新聞　2014年9月14日）

戦闘員が全部で3万人とも言われる「イスラム国」ISISとは何者なのか？　今年の6月10日に突如出現して、イラク北部の都市のモスルを制圧した。このモスルは、この時までに、すでに2005年ぐらいから〝クルド国（クルディスタン）の仮の首都〟と呼ばれていた都市だ。そして、たった10日後の6月20日には、首都のバグダッド近くにまで進撃して迫ってきた。このIS《アイス》（イスラム国）という狂暴な集団は湧《わ》いたように出てきたのか。おかしな連中である。

彼らの本部（本拠地）はシリア東部のラッカという都市である。それなら、このラッカをどうしてアメリカ政府は爆撃しないのか。「有志連合《ゆうし》」Coalition《コアリシヨン》 of《オブ》 the《ザ》 willing《ウイリング》という米と欧州の白人国家が「地獄の門まで追いたてる」と決めて、殲滅《せんめつ》（駆除）すると言っている。ところが実際には大した攻撃もしないで放ったらかしにしている。何かおかしいのだ。

●本当はアメリカのヒラリーたちが操っているＩＳＩＳ（「イスラム国」）

オバマは、ヒラリーたち軍事進攻派の手に乗るのが嫌である。それでも空爆《エアレイド》だけではダメということになると、また5万人とかの地上軍（ＧＩ《ジーアイ》部隊）を派遣しなければ済まなくなる。せっかく2012年末で、米軍部隊をすべてイラクから撤退させたのに。またぞろ米軍の海外派兵である。オバマは、このようにしてヒラリーたちネオコン派（好戦派、強固なイスラエル支持派）の策略に乗りたくない。ところが現状を見ていると、せっかく中東・アラブ世界（地域《リージョン》）が落ち着いた、と思ったら、あちこちで次々と火を噴いている。

ＩＳ《アイス》「イスラム国」は、きちんとした国家・政府ではないので話し合いの対象にならない。奇怪な傭兵《ようへい》部隊（mercenary《マーシナリー》）である。一体、どこから軍資金と武器食糧が供給されているのか、が分からない。

このＩＳ《アイス》の正体は、セラフィー Salafi（Salafist　セラフィスト）と呼ばれる、イスラム教世界に出現した、新興の若者の集団生活運動として生まれた団体だ。彼らセラフィーの資

ＩＳＩＳ（「イスラム国」）とは何者なのか

写真／２点ともＡＦＰ＝時事

（上）トヨタの真新しいランクルーザーで進撃する兵士たち。この新車はどこから陸揚げされたのか。サウジアラビアかイスラエル以外にないだろう。このサウジとイスラエルが「イスラム国」の資金源だ。背後でヒラリーたち軍事強硬派が操っている。

（左）10月３日に公開された映像。イギリス人の人質であるアラン・ヘニング氏を処刑しようとしている。

金源と武器の供給源は、サウジアラビア（とりわけワッハーブ派という暴力的な宗派）とイスラエルである。P85の写真のように、白い真新しいトヨタのランドクルーザーで車列を作って、ISの兵士たちが進撃している。あのトヨタの新車は、一体どこの港から陸揚げされたのか。サウジアラビアか、あるいはイスラエルのハイファ Haifa 港しか考えられない。

ヒラリーたちは、アメリカが世界覇権国《ヘジエモニックステイト》として今のまま生き残るためには、世界戦争を始めるしかないと、今も頑張っている。だからISISを北イラクに出現させて、残虐な首切りの映像などを世界中に流すことで、それに対して「対テロ戦争」として彼らを潰すと言う「有志連合」がイラク北部とシリアに爆撃をして、ふたたびアラブ世界が戦乱になることを画策している。

ヒラリーたち軍事強硬派の言い分、主張は本当に簡単だ。それは、アメリカ帝国は自分たちの会計帳簿（金融財政状態）が、ものすごい赤字状態になっていると知っていることだ。この赤字を隠し込むために裏帳簿、そのまたさらに裏帳簿と、帳簿が何重帳簿にもなっている。この借金がぶくぶくと膨《ふく》らんでしまい、借金を消す、償却する write off《ライト オフ》 することが、もうできなくなっている。だから戦争をやるしかない。これがヒラリーたちの考えだ。

５０００年の人類の歴史の中で、ずっと「帝国が戦争をしてきた」ことの本当の理由は、隠された巨額の借金があって、それが帳簿上に載っているのでその帳簿ごと全部燃やしてしまうためだ。もうボロボロになってしまっている帳簿を焼いて消してしまうために大きな戦争をする。それが帝国というものの運命である。だからヒラリーたちは戦争を仕掛ける。世界大戦を起こさせることで、アメリカが生き延びようとする。破れかぶれの理論であるが、もしヒラリーが大統領になったら、その可能性は、決して小さくない。

しかし今の世界状況をじっと仔細《しさい》に見ていると、人類は愚かではないので第三次世界大戦を選択しないだろう。それよりはアメリカ合衆国の没落、衰退を世界中が見守っている。

やはり、来年6月で１００歳を迎えるデイヴィッド・ロックフェラー氏の死を待って、それで世界史（人類史）が転換する。その時から新しい世界（体制）が始まる、ということになるだろう。それは１９０１年1月22日、イギリスのヴィクトリア女王が死去して、その日が大英帝国のピークであり、その日から大英帝国の没落が始まったことと同じだ。

私はこの理論、自説を15年以上唱えてきたから、今さら私が宗旨替《しゅうしが》えして、この世界歴史観の考えを変えるわけにはいかない。

私が断定するところの〝実質の世界皇帝〟であるデイヴィッド・ロックフェラー（1915〜）を中心かつ最高権力者とする現在の世界政治体制という考え方は、私ひとりのものではない。案外、日本国内で相当に広まっている。私の本など絶対に読まないようにしている人たちの間でも、この「デイヴィッド・ロックフェラーの死を契機に、世界史が変わる」という理論は密《ひそ》かに隠れて信奉されて、信頼されているようである。

だいいち、この〝ダビデ大王〟とも呼ばれるデイヴィッド・ロックフェラーに目をかけられ、育てられ、薫陶《くんとう》を受けた日本の政・官・財の各界のトップたちが500人ぐらいいるのだから、彼らがそのように信念として持っている考えだ。私は、この人々に嫌われこそすれ、大事にされたことはないので、遠慮なく「この世の大きな真実」を書き続ける。

おそらく安倍晋三首相自身もそう思っているのではないか。菅義偉《すがよしひで》官房長官たちでも、誰が本当の世界実力者で世界権力者か、ということを肌で知っているだろう。日本の権力者たちは、世界権力者たちと会って話して知っているのである。だから彼らは私の理論を分かっているはずだ。

首相夫人の安倍昭恵《あきえ》さんが、3年前にお会いした時、はっきり私にこう言った。

「うちの主人も先生の本を読んでいます。とくにあの写真集を」と。
この〝写真集〟とは、私と私の弟子である中田安彦《なかたやすひこ》君（副島国家戦略研究所研究員）が書いて編集した『アメリカ権力者図鑑』（2011年刊）と『世界権力者図鑑最新版』（2013年、ともに日本文芸社刊）である。知らない人は、ぜひ読んでほしい。

●世界皇帝の後継者は、あの男⁉

ダビデ大王は、自分の〝一族の嫁《よめ》〟であるヒラリー・ロダム・クリントンが可愛くて仕方がない。なぜヒラリーが嫁なのかと言うと、夫（配偶者《スパウズ》）であるビル・クリントンの実父（本当の父親）は、ウィンスロップ・ロックフェラーと言って、アーカンソー州知事をしていた人でデイヴィッド（二世の五男）の兄で四男である。だからビル・クリントンも父を継いでアーカンソー州（というテキサス州の隣の貧乏な州）の知事をしていた。この事実は、アメリカ国民で経営者層から上のしっかりした男たちは皆、知っている。ただあまり公《おおやけ》では話したがらないだけだ。

だから、世界皇帝デイヴィッドが死んだあと、そのあとを継ぐのは誰か、という問題がある。デイヴィッドの息子たちは凡人たちであるから、ロックフェラー財閥の後継者にはなれない。ということは、案外、ビル・クリントン元大統領その人が後継者ということになる。この考えが最近、アメリカの本物の男たちの間で囁かれている。そうなると、その人の奥様が、米大統領になることが一番座《すわ》りがいい、ということになるのだ。世界帝国とはそういうものなのである。

だから、来年2015年からの大統領選挙は、ヒラリーとバイデンの一騎打ち（民主党内での指名争い）になるだろう。米民主党と対立する共和党の大統領候補は、大した人物は誰もいない。共和党は初めからサジを投げていて政権を取る気がない。どんどん衰退してゆくアメリカの舵取りをさせられて、文句ばっかり言われて、穢《きたな》い仕事をたくさんしなくてはならなくて（外国支配やカネをふんだくること）、責任だけ取らされて、ちっともいいことはない、と考えている。だから野党《オポジション・パーティ》のままでいいと思っている。

だからヒラリーたちは、アメリカの軍産複合体《ぐんさんふくごうたい》（ミリタリー・インダストリー・コンプレックス。軍と軍事産業界）と一緒になって、何とか世界中で戦乱を起こそうとしている。人道主義的介入《ヒューマニタリアン・インターヴェンション》とか「アラブの春」とか「デモクラシーのためのレジーム・チェインジ（体制転覆《てんぷく》）」とかを唱えて、各国の戦争勢力を煽動《せんどう》している。

ヒラリーが2011年に『フォーリン・アフェアーズ』誌に論文を書いた。それは「軸足《ピボツト》をアジアに移す（ピボット・トゥ・エイシア）」だった。すなわち、東アジアにアメリカの軍事力を移動させる、と言い出した。日本を含む極東《ファーイースト》でも、中東《ミドルイースト》と同じような複雑な形をした戦争を起こしたいのだ。

それに対して、オバマとバイデン、それにジョン・ケリー国務長官、チャック・ヘーゲル国防長官たち穏健派は、「戦争をするべきでない」という考えだ。

一番、最新の東アジア情勢は、中国の習近平《しゅうきんぺい》国家主席とオバマ大統領が密《ひそ》かに連絡を取り合って、北朝鮮の暴発（保有する4発の核兵器を発射するゾと言い出すこと）を抑え込んだことである。今の北朝鮮（金正恩《キムジヨンウン》体制）は、習近平を怒らせている。だから中国からの軍事支援と食糧支援が細《ほそ》っている。

習近平としては北朝鮮に対して、今のような時代遅れの強硬な独裁国家をいい加減やめさせたい、と思っている。今のミャンマー（ティエン・セイン体制）のように軍事政権をやめて、世界に門戸を開き、資本主義を導入して世界中の企業に進出してもらう。そしてどんどん経済開発を推し進めて、国民生活を貧乏から救い出すべきだ、と考えている。

だから習近平とオバマは、韓国の朴槿恵《パククネ》大統領も中に入れて、中国～アメリカ～韓国の三国の連携で北朝鮮の体制を壊して、徐々に韓国に合併させようとしている。これで「南北の統一」もできる。なんと習近平が韓国を訪問したのは7月3、4日である。北朝鮮が保有している、きっとオンボロの4発の核兵器（核弾道ミサイル）のうち2発は北京を狙っている。私は、このことを自分の中国研究本で8年前から書いている。「まさか、そんなことがあるのか」「中国は北朝鮮の支援者《パトロン》ではないか」という反応で、私の理論と情報は相手にされなかった。しかし事実だ。

習近平は、核兵器で自分たちを狙っている北朝鮮に怒っている。当然だ。だからオバマとも話し込んで北朝鮮を韓国に吸収させ、徐々に統一させようとしている。私は、この策《さく》は極めて正しいと考える。

それに対してヒラリーたち軍事狂暴派は東アジアでも戦争を起こしたいから、北朝鮮の軍人たちの上のほうをネオコンの思想やある特殊な宗教思想でおかしくして、自分たちのほうに手なずけている。

●「日本はアメリカに譲歩せよ」

日本の安倍首相は、生来の、持ち前の右翼体質のために、なんと北朝鮮の高官たちとずっと「拉致問題」を口実にして話し込んできた。安倍政権は7月7日に、ジョン・ケリー国務長官が岸田文雄《きしだふみお》外相に直接、「日本は勝手な動きをするな。安倍首相の訪朝（北朝鮮訪問）をアメリカは許さない」と言った。これで今、日本政府（安倍政権と外務省）は、孤立して深刻に困ったことになっている。

日本国民には、こういう世界基準（ワールド・ヴァリューズ World values と言う）での大きな政治や外交の動きの真実はまったく伝えられない。相当な有識者や知識人たちでも、この大きな驚くべき政治の動きを知らないし、気づいてもいない。

オバマから見たら日本の安倍首相は、自分よりもずっと下のアメリカの保護国《ほごこく》（client《クライアント》 state《ステイト》）＝属国の代表に過ぎない。だからオバマの安倍晋三に対する態度は、常に次のようなものだ。まず英文で書く。

Obama "You（日本）should make consessions about agriculture, trade, service to financial regulation, market access i.e. TPP. In exchange, We（アメリカ）will help you（日本）deal with China."

「（安倍よ）日本はアメリカに譲歩しなければいけないよ。農業、貿易、サービス各種、それから金融規制から市場アクセスまで。すなわちTPPの交渉で譲歩しなさい。そうすれば、私たち（アメリカ）は、お前が中国と折衝する時に助けになってあげるよ」というものである。これがアメリカの日本への態度の基本の基本だ。このことを私たちは理解すべきだ。このオバマも国内ではヒラリー（派）との対立、対決では必死なのである。

オバマもヒラリーも所属する米民主党の中に、バーニー・サンダースという急進リベラル派（左翼だ）の上院議員（無所属だが民主党と院内会派を組んでいる）がいて、実におもしろい発言をしていた。ヒラリーに向かって、

"Do you dance with Neo-Nazi in your pants suit?"

「ヒラリーよ。あなたは（ウクライナのキエフ政権を握っている今の）ネオナチたちとダンスをして仲良く楽しんでいるのか？　その（老女たちしか着ない）パンツファッションで（すなわち、スカートを穿《は》かなくなった歳で）」と言ったのだ。

このきついジョークがアメリカで最大級のヒラリーへの攻撃だろう。やや女性差別、年齢差別の感じもあるが、それをこんなに上品に言ってのけてこそ、本当の知性というものだ。

さぁ、ヒラリーとバイデンの闘いが来年（2015年）から始まる。ただしヒラリーがどうも病気がちなのが気になる。ロックフェラー家の嫁《よめ》としての厳しい任務をきちんと果

安倍首相の「拉致問題解決の訪朝」の大騒ぎは、8月に突如、消えた

写真／時事

安倍政権・菅義偉《すがよしひで》官房長官・外務省は、対北朝鮮政策を間違ったようだ。

写真は「国家安全保障局」(2014年1月7日発足) の看板を持つ谷《や》内正太郎《ちしょうたろう》局長、菅官房長官、安倍首相（左から）。

たせるかどうか。

●ＩＭＦ＝世銀《せぎん》体制を大きく変える新銀行

これからの世界は何と言っても、ＢＲＩＣＳ《ブリックス》の新興五大国の動きにかかっている。次の「ＢＲＩＣＳ開発銀行」の設立の話は重要である。このブリックス開発銀行とは、これからの「新しい世界銀行（ニュー・ワールドバンク）」だからだ。これで現在のＩＭＦ《アイエムエフ》＝世界銀行の体制が終わってゆく。

ＢＲＩＣＳ開発銀設立で合意＝均等出資、本部は上海―首脳会議

ブラジル、ロシア、インド、中国、南アフリカの新興5カ国（ＢＲＩＣＳ《ブリックス》）首脳会議が、7月15日、ブラジルのフォルタレザで開かれ、途上国などの発展を支援するＢＲＩＣＳ開発銀行の設立で合意した。金融危機の際に資金を融通し合う１０００億ドル（11兆円）規模の外貨準備基金《フォーリン・リザーブ》の創設も決定した。世界銀行や国際通貨基金（ＩＭＦ）に近い役割を持たせ、欧米主導の国際金融システムに対抗する。

開催国ブラジルのルセフ大統領は、「約2年間にわたり議論を重ねた開発銀設置にめどが付

BRICS《ブリックス》開発銀行の設立に合意
新しい世界銀行の誕生だ

ブラジル・フォルタレザで第６回首脳会議が開かれた（2014年７月15日）。ここで、新興国を支援する「ＢＲＩＣＳ開発銀行」の設立が決まった。左からロシアのプーチン大統領、インドのモディ首相、ブラジルのユセフ大統領、中国の習近平国家主席、南アフリカのズマ大統領。

これがあと数年で新しい世界銀行（ニュー・ワールドバンク）になってゆく。仮の本部は中国の上海に置かれる。カザフスタンのアルマトゥが有力な本部になるという説がある。

き、歴史的な決定だ。大きな一歩を踏み出した」と手応えを語った。

開発銀の資本は当初、500億ドル（約5・5兆円）で5カ国が均等に出資だった。最終的には1000億ドル規模への拡大を目指す。上海に本部を設置し、初代総裁はインドから出す。南アには、開発銀行アフリカ地域センターを設置することを決め、各国のバランスに配慮した。

（AFP＝時事　2014年7月16日）

特別インタビュー

副島隆彦が現役ファンドマネージャーに聞く
「金融バクチの現場から見た〝官製相場〟の秘密」

ここから「副島隆彦の緊急・特別インタビュー」として、金融バクチの最前線で活躍するファンドマネージャーの生々《なまなま》しい告白を掲載する。インタビューに応じてくれたのは、前著『帝国の逆襲』（2013年11月、祥伝社刊）にもご登場いただいた石原勉氏《いしはらつとむ》（ただし、石原氏の業務に支障を来《きた》さないよう仮名とした）である。

石原氏は大学院で金融工学《ファイナンシャル・エンジニアリング》を修め、外資系金融法人に勤務する日本人ファンドマネージャーだ。日本株のトレーディングの現場で、秒刻みで金融相場と格闘する日々を送っている。特に日本株の動きの裏側に精通している。私、副島隆彦が金融のプロにロング・インタビューすることで、アベノミクス〝官製相場〟の、国民の目には決して見えない実情を読者にレポートする。

（副島隆彦）

■日本は金融のプロでも未体験の領域に突入した

副島　石原さんは金融業の現場にいるプロとして、今の日本経済の状況をどう見ていますか。まず、このことからうかがいます。

石原　黒田東彦日銀総裁の〝異次元緩和〟ではありませんが、すでに「異次元」と言いますか「未体験ゾーン」に突入している、というのが実感です。8月20日からの急激な円安基調で、10月1日に1ドルが110円を記録したのはご承知のとおりです。日経平均株価は4月11日に1万3885円という2014年の年初来安値《ねんしょらい》を付けました。が、9月18日にはもう1万6000円台に乗りました。1週間後の9月25日には年初来高値の1万6374円を付けた。最安値から最高値までの間、半年も経《た》っていません。

その後、反落して1万5000円台を割りました。これは外国人投資家たちの利益確定売りと、ヘッジファンドが先物で売りを仕掛けたせいです。それでもアベノミクス開始（2012年12月）以来、日本株は高値を更新しています。

巷《ちまた》のニュースは、「為替が円安に振れて輸出産業が潤《うるお》った。その結果、株も上がった」と伝えました。しかし私に言わせれば、それは重要な事実を見逃した日本人の浮かれ騒ぎに過ぎません。

どういうことかと言うと、**日本企業の輸出数量は増えていない**のです。財務省が発表した8月分の貿易統計速報を見ると、1カ月間の輸出総額は5兆7060億円で、対前年同月比では1・3％のマイナスです。輸出は「増えていない」どころか、減っているわけです。

同じ貿易統計で、今年の1月から6月までの、半期分の数字もあります。それによると昨年の同半期と比べて、日本円は対ドルで8・5%も円安（ドル高）になりました。それなのに輸出量は0・2%の減少です。通常、為替相場で自国の通貨が安くなれば、輸出産業にとっては価格競争力が高くなるので、輸出増につながっていいはずです。ところが、1ドルが100円から110円と10円も円安になっても、輸出数量が増えていない。

その代わり円安は輸入コストを押し上げます。製造業では原価（コスト）に直接、響きます。日本企業は生産拠点を国外に移してコスト削減《さくげん》に努めていますが、この円安による原材料や燃料の価格上昇には対処できていません。メイド・イン・ジャパンはコスト増で値段が高くて、輸出しても売れない。日本は新興国との価格競争で負けている。

それにもかかわらず株価が上がっている。これを日本政府は「景気回復」と囃《はや》し立てますが、私は声を大にして「NO《ノー》」と言います。

これまでの経済常識で考えれば「円安」と「株高」はリンクします。ところが、ここに輸出量のマイナスが反映されていません。しかも輸入コストのほうが日本経済を直撃しているのですから、「株高」の材料（原因）を見つけようにも見つからない。

私はトレーディング・ルームで日本の株価の変動を凝視しながら、しょっちゅう感じます。「この相場は作られている」と。まさしく副島さんの言う「官製相場」です。昨年、副島さんと対談した時、私は「日本株でアクティブ運用をけしかける声は、アベノミクスの成長戦略に絡《から》んでいるのではないか」と申し上げました。すると副島さんが、すかさず「それはGPIF《ジーピーアイエフ》のことでしょう」と答えられたので、プロとしては恥ずかしい話ですが、ああそうなのか、と納得した次第です。

今でこそ、金融のプロならGPIFのことを知らない人はいません。しかし副島さんはプロではないのにもかかわらず、1年以上前に「官製相場」とGPIFの連動を見破っていた。その眼力《がんりき》には脱帽します。

（副島隆彦注記）私は2013年秋、『帝国の逆襲』（祥伝社）で石原氏と対談し、このGPIFを使った株価吊り上げに言及した（P175にその対談の一部を掲載した）。この時、石原氏は「GPIFの運用委員の一人が、かなり前から『株式市場でアクティブ運用（ベンチマークと呼ばれる運用目標よりも高い利益を出そうとする投資の手法）をやるべきだ』とアナウンスしていた」という重要な証言を残している。

あれから1年以上を経《へ》た今、GPIFについて、あらためて石原氏に聞いてみよう。

■「日本株への積極投資」を煽《あお》るGPIF委員の実名

副島　私はこの本のP183に、GPIFの運用委員会の顔ぶれを一覧表で載せます。石原さんは昨年、「運用委員会の委員の一人がアクティブ運用を積極的に推進している」と教えてくれた。ただ、「委員の一人」ということで、氏名が明らかになっていません。もういいでしょう。日本株のアクティブ運用を煽動《せんどう》してきた「委員」とは、ズバリ誰なのですか。

石原　その人物は、**米澤康博《よねざわやすひろ》さん**。日本橋《にほんばし》にある早稲田大学大学院ファイナンス研究科の教授で、今年の4月からGPIFの運用委員会の委員長に就《つ》いています。

日本証券経済研究所という財団法人の研究員を振り出しに、筑波《つくば》大や大阪大、横浜国立大で教鞭《きょうべん》を執《と》って、現職の早稲田には9年前の2005年に着任しました。共著や編著ばかりですが、『金融の新しい流れ』（2002年、日本評論社）や『年金運用と債券投資戦略』（2003年、東洋経済新報社刊）、『新しい企業金融』（2004年、有斐閣刊）、『証券市場読本』（2006年、東洋経済新報社刊）といった本を出していますね。

米澤さんの専門は、まさに年金資金の運用（ALM《エイエルエム》＝アセット・ライアビリティ・マネジメントを使った年金の資産運用分析）です。彼がいつから日本株のアクティブ運用を唱《とな》えてきたのかは忘れました。少なくとも早稲田の教授になった9年前か8年前には言っていたと思います。早稲田で学んだ私の知人が直接、聞いたそうです。

この米澤さんが運用委員長になって、ＧＰＩＦを実質的に握りました。**ＧＰＩＦの実態は昔の年金福祉事業団です。「官による財テク」と呼ばれ、悪名高い「グリーンピア事業」**などで2兆円の大損を出した。その結果、２００1年には消えてなくなりました。これに取って代わったのが、8年前の２００６年に設立されたＧＰＩＦというわけです。

ＧＰＩＦがスタートした8年前から、米澤さんは運用委員会の委員でした。ＧＰＩＦの組織図を見ると、理事長の下に審議役がいて、さらにその下に管理部、企画部、運用部などが枝分かれして置かれている。しかし運用委員会は、別働隊と言うべきか、理事長直《ちょっ》轄《かつ》ではありません。むしろ理事長と同格のような扱いです。ちなみにＧＰＩＦの理事長は、日銀から天下った三谷隆博《みたにたかひろ》さんです。

米澤さんがＧＰＩＦを握った、とお話ししましたが、運用委員会の権限がどんどん強化されている気がします。本来、年金資産の運用目標や受託先機関（投資顧問会社や金融機関）を決めるのは理事長の専権事項で、運用委員会は助言を与える位置づけに過ぎなかった。ところが、この夏から運用委員会の〝お墨付き〟がなければ理事長が勝手に動けなくなったと耳にしました。理事長の三谷さんは立派な人で、リスクの高い運用にずっと反対した。社内でも話題になったので覚えているのですが、事実だとすれば、いったいどんな力が働いたのか。

（副島隆彦注記）石原氏が言う「運用委員会の権限強化」は事実である。次に掲げるロイターの記事が証拠である。

GPIF、理事長決定に運用委員会の事前承認制導入＝基本ポートフォリオ策定で

年金積立金管理運用独立行政法人（GPIF）は8月8日、基本ポートフォリオ策定にあたり、理事長の決定前に運用委員会の承認が必要と明記した資料を公表した。これまでも運用委員会での議論を経た上で理事長が意思決定を下していたが、必ずしも委員会の承認は必要ではなかった。

8月5日に開かれた運用委員会で資料が配布された。それによると、2013年12月の閣議決定で「運用委員会について、資金運用の重要な方針等について実質的に決定できる体制を整備する」とされたことを受け、ガバナンス強化の一環として対応した格好だ。
（ロイター　2014年8月8日。傍点は引用者）

副島　このロイターの記事に「運用委員会が資金運用の方針を実質的に決定できるという閣議決定を受けて、理事長は運用委員会の承認を得なければならなくなった」ことが書かれています。閣議決定ですから、すなわち政府（国《くに》）の意思が、大きく上からGPIFを動かしている。各論部分では、128兆円の年金資産を運用するための「基本ポートフォリオ」策定の場面で、運用委員会が理事長に優越することになったわけですね。それで今年から、GPIFは「日本株への投資比率を高める」と、公然と言い出した。政府自身がGPIFに命令して、日本株買いを行なわせている構図がよく見えています。安倍政権が「株価連動政権」と呼ばれる所以《ゆえん》です（P130以降で詳述した）。

石原　そうですね。実はGPIF運用委員会の権限を強化しようと画策したのは、ある政府の審議会なのです。それは「公的・準公的資金の運用・リスク管理等の高度化等に関する有識者会議」という長ったらしい名称の会議です。その座長は現在、政策研究大学院大学教授の**伊《い》藤《とう》隆《たか》敏《とし》さん**です。この審議会が「GPIFの運用の見直し、ガバナンス改革」

を、経済再生担当大臣の甘利明《あまりあきら》に進言して、現在のように運用委員会の権限が強くなった。

審議会には、この伊藤さんの下に6人のメンバーがいますが、なんとそのうち3人はGPIF運用委員と重複しており、当然、米澤さんもこの有識者会議に参加している。ですから〝お手盛《ても》り〟の感が拭《ぬぐ》えません。

伊藤さんといえば、ハーヴァード大学でPh.D（博士号）を取った経済学者で、構造改革論者です。消費税増税もTPPも積極推進する発言をしています。来年からは、コロンビア大学教授になる予定だそうです。私には竹中平蔵さんと同じ〝アメリカべったり〟の匂いがしてならない。いつでしたか、テレビ番組で伊藤さんが、ハーヴァード時代の同級生に元米財務長官のローレンス・サマーズがいると得々《とくとく》としてしゃべっている姿を拝見しました。

（副島隆彦注記）伊藤隆敏と竹中平蔵は、一橋大学経済学部を同時に（1973年）卒業した同期である。彼らが大学時代にどんな関係だったのかは知らないが、教室で顔を合わせていただろう。この2人が奇妙なことに、ともに安倍晋三の経済政策のブレーンに

なっている。伊藤隆敏は第一次安倍政権で、経済財政諮問会議の民間議員だった。竹中のほうは今、成長戦略の政策を提言する産業競争力会議のメンバーである。

副島　伊藤隆敏なる人物は、経済学者としては、はるかに竹中平蔵を凌《しの》ぐ業績を残していると言われます。ハーヴァードで、１９７２年にノーベル経済学賞を取ったケネス・アロー Kenneth Joseph Arrow に学びました。ラリー・サマーズがハーヴァードでの〝ご学友〟という点では、竹中も共通しています。が、竹中平蔵はその人脈（雅子妃の指導教官であるジェフリー・サックスも含む）のおかげで、財務省（当時は大蔵省）に食い込んだだけであって、「学問的業績」と呼べるものはないに等しい。ただの銀行員上がりだ。論文盗用（佐々木実《ささきみのる》著『市場と権力』２０１３年5月、講談社刊）で有名です。

　これでやっと分かりました。私は、伊藤隆敏がずっと日銀の金融政策を批判してきたことや、「インフレ・ターゲティングを導入せよ」とか「（高額医療の）混合診療に門戸《もんこ》を開放すべきだ」、「ＴＰＰへの参加が重要だ」といった彼の主張を読んできた。竹中平蔵と同格の、アメリカの手先代表の大悪党だと判定します。学者然として物腰が柔らかい分だけ、なお性質《たち》が悪い。組織暴力団でも組織の頂点に立つ大親分は、好々爺《こうこうや》で腰が低いものです。

伊藤隆敏は大蔵省の派遣で、1994年の8月から2年半、シニア・アドバイザーとしてIMFに行っている。そのあと、大蔵省で副財務官を務めた。アメリカで洗《ブレイン・》脳《ウオツシユ》されて日本に帰ってくる「アメリカの手先」の典型的なパターンが見て取れます。

石原 その伊藤隆敏、米澤康博の2人が率先して、声をそろえて「日本株への積極投資」を推進している。伊藤さんは、なんとブルームバーグの取材に「(運用資産のうち)株式は50%で、内外(日本株と外国株をという意味だ)おおむね半分ずつ保有するのが妥当だ」とまで答えています(2014年2月17日の記事)。「内外(の株式を)半分ずつ」持つわけですから、つまり年金資金での日本株の保有比率を25%にまで上げるべきだということです。そうなるとGPIFのポートフォリオは激変します。

■新しい株価指《インデックス》数に手を染めた

副島 この2人のワルに比べたら、厚労相になって厚生労働省に乗り込んでいった塩崎恭久《しおざきやすひさ》など、かわいいものです。頭が悪い分だけ、ただの「安倍相手のご学友の使いっぱし

ＧＰＩＦの資産構成は、これからこうなる

	運用資産	基本ポートフォリオ		2014年6月末現在の資産		運用委員会の見直しで（予想）
1	日本株	12%	↗	17%（22兆円）	↗	25%
2	国債	60%	↘	53%（68兆円）	↘	40%
3	外国株	12%	↗	16%（20兆円）	↗	20%
4	外債（大半が米国債）	11%	→	11%（14兆円）	↗	15%
5	短期資産	5%	↘	2%（3兆円）	↘	0%
	合計			128兆円		

資料：ＧＰＩＦの発表から作成。数字は分かりやすいように概数で示した

り」です。厚労官僚たちは塩崎に「言うことを聞け」と恫喝《どうかつ》されて、きわめて不愉快だ。
石原さんは日本株の先物《さきもの》取引（「日経225先物」が代表）のトップ・プレイヤーです。そこで質問します。あなたの目から見て、GPIFのポートフォリオをどう分析しますか。

石原　今年の6月末現在、GPIFの運用資産は総額で127兆2627億円です。このうち国内株式（日本株）が21兆9709億円あり、全体の17・26％を占めています。最も多いのは国内債券（国債と財投債）で67兆9102億円（53・36％）。これ以外に外国株式が20兆3353億円（15・98％）、外国債券が14兆0726億円（11・06％）となっています。
しかしGPIFが自ら定める「基本ポートフォリオ」は、国債60％、日本株12％、外国株12％、外債（ほとんどが米国債）11％、短期資金5％です。これに照らし合わせれば、運用委員会が国債を減らした分を、日本株と外国株と外債に回したことが分かる（P111の表を参照）。日本株買いにこれから拍車がかかることは間違いありません。だから無理やりでも日経平均株価を押し上げる。しかも伊藤さんは「外為法を改正しなくても、日銀法40条の規定で、国際協力を目的に日銀が外国債券を購入することができる」と公言して憚《はばか》らない人ですから、おそらくもっと米国債の購入に動くでしょう。

私の仕事は市場《マーケット》という海を泳ぎ回る回遊魚《かいゆうぎょ》のようなものですから、国のマクロ経済政策に口出しできる立場にはありません。でも、回遊魚だからこそ見えることがある。

今年の1月から「JPX400《ジェイピーエックス》」(JPX日経インデックス400)という新しい株価指数《しすう》が東証に導入されました。株価指数と言えば、これまでは「日経平均」と「TOPIX《トピックス》」(東証株価指数)の2種類でした。しかし日経平均は225銘柄の平均であるため、株価の高い銘柄の変動に影響される。また、TOPIXのほうは全銘柄を対象としますから、業績の振るわない赤字企業なども包括してしまう。つまりそれぞれに弱点があるわけです。

この弱点をカバーしようとして、日本取引所グループと日本経済新聞社が手を組んで開発したのがJPX400ということになっています。このJPX400を後押ししているのが日本政府であることは言うまでもありません。400とは銘柄の数そのものですが、その銘柄は①過去3年間の営業利益の合計と、②時価総額、そして最近流行《はやり》の③ROE《アールオウイー》(自己資本利益率、Return on Equity)の3つの指標を基準に選ばれます。学校にたとえれば通知表から〝成績優秀者〟を選抜したようなものですね。

ただ、私は「ROE病」と言うのですが、このところ日本の投資家はROEしか見ていないと言っていいほど〝成績優良銘柄〟に目を奪われている。たしかにROEは、資本効率を計る上で有用な面もあります。しかしROEは、借入を増やすことで、意図的に高めることができる。つまり「財務レバレッジを高めることを正当化する指標」とも言えるのです。「ROE病」にかかった投資家たちは、投資で重要な大局観を失っています。

GPIFも、当然このJPX400に資金を入れました。ところがGPIFが日本株でベンチマークとするのはTOPIXなのです。ということは、やはりGPIFは、リスキーなアクティブ運用に舵を切った。だが、優良銘柄に投資するだけで運用益が出るほど、市場は甘くはありません。

（副島隆彦注記）ここで石原氏が言うROEとは、1株あたりの利益を1株あたりの株主資本（自己資本）で割った数字のことである。「株主資本利益率」とも言う。株主資本は企業のバランスシート（貸借対照表）の、「純資産の部」から少数株主の持ち分と新株予約権などを除いた金額のことだ。だからROEは、簡単に言うと企業の収益性を示す指標である。

■GS《ゴールドマン・サックス》は日本の株式市場から撤退しようとしている

副島 このままGPIFが暴走して、ポートフォリオを見直して運用資産の25%まで日本株に振り向けたら、今の総資産128兆円で計算すると32兆円になります。もう常軌《じょうき》を逸《いっ》している。今でさえ安倍政権の命令で人為的に〝官製株バブル〟を生み出しているのに、まだやる気か。私はこの本で、投資家たちに「官製相場は暴落するから、いいところで売って逃げなさい（脱出作戦）」と助言しました。石原さんはどう思われますか。

石原 相場を張り続ける身としては、いつも自戒の意味も込めて「強気で張るにしても、いつかは下がるという考えを残すべきだ」と言い聞かせています。常に出口戦略《エグジット・ストラテジー》を持て、ということです。攻めるのは容易《たやす》いが、退《ひ》くのは大変です。退く（撤退する）ことを知ることこそは相場師の極意ですね。暴落は、いつか必ずやってきます。

日本株に関して言いますと、すでに外資は撤退の準備を始めました。ゴールドマン・サックスとドイツ銀行が、日本から引き上げる動きを見せています。

彼らは「プライム・ブローカー」と言って、ヘッジファンドに取引の決済や資金貸付などのサービスを提供します。分かりやすいのは株の空売り（ショート・ポジション）で、貸株《かしかぶ》を用意してくれる。この時、貸株手数料として、取引額の40ベーシス・ポイント、つまり0・4%が発生します。1億円のショートでしたら40万円ですね。

それでゴールドマン・サックスですが、われわれの業界に対してゴールドマンから一斉に通知が送られてきました。「2014年8月以降、月間2万ドル以上を手数料化できなければ、御社にプライム・ブローキング・サービスを提供できません」というものです。取引相手1社につき、月に2万ドル（200万円）をもらえなければ採算が合わない、というのが理由です。ドイツ銀行も、HSBC《エイチエスビーシー》証券も同様です。つまり彼らは、もうこれ以上日本の株式市場では儲からないと判断したのです。

外資のプライム・ブローカーで残るのは、モルスタ（モルガン・スタンレー）ぐらいでしょう。でもここは、日本の場合は三菱UFJが2008年に出資して（あるいは無理やり出資させられて）、今は三菱UFJモルガン・スタンレー証券となりました。だから、日本企業のようなものですね。

例外的に、オランダの名門資産運用会社であるロベコが、日本に上陸しました。とは言っても、あのオリックスがロベコを買収したからですが。今後はモルスタとロベコが組んで、日本で本格的なマーケティングをするのでしょう。

一方、撤退を決めて手仕舞いしているゴールドマンたちはバカではない、ということです。すなわち彼らは「日本のエクイティ（株）はバブルだ」と分かってしまっている。それはそうでしょう。GPIFのような100兆円規模の公的資金で相場を張ってはいけないのです。128兆円の20％を日本株に突っ込むとしても、それで本当に日本全体の景気がよくなるという、ファンダメンタルに上向きの変化がなければ、やはり「材料出尽《でつ》くし」です。ところが冒頭で申し上げたように、日本企業の輸出数量は減っている。日本のファンダメンタルは弱体化しているわけです。

一国の市場で投資行動をする場合、本来はその国のGDPを分析して、それが世界のグローバル市場でどれほどの価値を持つのかを考えなければなりません。GDPに応じて投資資金を株式や債券などに分散する。それが本来的な投資のロケーションというものです。それを日本株だけの一点買いで、しかもここに30兆円を入れるとなると、私たちの業界からすれば完全にアウトです。狂気の沙汰としか思えません。

副島　なるほど。よく分かりました。先ほど「JPX400」についてうかがいましたが、これ以外に金融の現場で変化が起きているのではないですか。東証は今年の7月から、特定の銘柄で「銭単位《せんたんい》」の取引を始めましたね。今までは1円単位でした。これを10

銭と50銭刻みでも売買できるようにした。「取引を活発化させるのが目的」と言っています。しかしそれはウソで、本当の狙いは別にあると私は見ています。「活発化させる」のは、ＨＦＴ《エイチエフティ》（超高速取引、ロボット・トレーディング）ではないですか。

石原　恐れ入りました。そのとおりです。銭《せん》（０・０１円）単位の取引は、まさしくＨＦＴのために導入した新システムです。対象となったのは時価総額が高く売買高も大きい80銘柄で、東証が選びます。株価が１０００円以下のものは10銭刻みで取引できて、株価が１０００円から５０００円の間のものは50銭刻みが基本です。今までなら1株１００円、１０１円というプライシング（値付け）でしたが、この新システムでは１００・１円（１００円10銭）、１００・２円（１００円20銭）で売買が可能になる。

ご存知のように、ＨＦＴ（ハイ・フリークエンシー・トレーディング）は１００万分の１秒単位で取引を繰り返します。つまり取引回数という「数」で、相場に付きものの「時間のリスク」を〝殺す〟わけですね。まさしく買い持ちの「時間のリスク」そのものを殺してしまった。それこそ1株が1銭でも上がれば売り、下がればまた買う。その繰り返しがロボット・コンピュータで自動的に行なわれ続けます。したがって東証が導入した銭単位の取引はＨＦＴに打ってつけなのです。

しかし私は、日本市場は周回遅れというか、時代に逆行していると思わずにいられません。欧米では、ＨＦＴを規制する動きが強化されているのですから。

（副島隆彦注記）アメリカの司法当局がＨＦＴによる違法な取引に対して捜査に乗り出したことは、本書Ｐ154で書いた。この4月にアメリカで『フラッシュ・ボーイズ』（マイケル・ルイス著）という本が出版されたことがきっかけである。

■国民に押し付けられた「インフレ・リスク」

石原　もうひとつの変化は、日本のデリバティブ市場の証拠金制度が、ＣＭＥ《シーエムイー》（シカゴ・マーカンタイル取引所）グループが開発したＳＰＡＮ《スパン》（The Standard Portfolio Analysis of Risk）で統一されつつあることです。ＳＰＡＮはこれまで、大阪証券取引所の日経平均先物取引と、オプション取引で採用されていました。が、近年では、商品先物《しょうひんさきもの》市場や為替証拠金取引市場でも使われています。簡単に言いますと、先物取引で必要な「証拠金《しょうこきん》」の金額を、取引所が勝手に変更できる。もっと露骨に言えば、ＣＭＥが勝手に、投資家に強制するようになる。証拠金は先物取引における担保《たんぽ》（プレッジ）ですから、簡単に変更されては、投資家はたまりません。でも、ＳＰＡＮはすでに日本のスタンダードになっています。

どうも私たちは、上から「制度」で押さえつけられている気がします。ＪＰＸ４００も、銭単位の株取引も、ＳＰＡＮも、すべてはＨＦＴのような危険な取引を執行しやすくなるように仕向けようとする、「制度の強制」です。もっと大きく見ると、日銀の量的金融緩和も制度でしょう。財務省が発行した国債を、いったんは民間銀行を通すとはいえ、日銀が買う。いくら財政赤字が膨《ふく》らんでも、全額を日銀が垂《た》れ流したマネーで買うことで日本の財政ファイナンスをしている。市場用語で言うと、これは「デフォルトリスクのヘッジ」です。もはや日銀は「池の中の鯨《くじら》」で、身動きが取れなくなっている。それなのに、赤字国債のデフォルトをヘッジしようとしています。

ただし「ヘッジ」hedge（生垣《いけがき》から転じて、損失を防ぐために掛けつなぐこと）ですから、リスクそのものが消えてなくなるわけではありません。では、そのリスクがどこへ行くのかというと、すべて国民の生活に吐き出されるのです。家計（国民生活）に「インフレ・リスク」として襲いかかります。だから私たちの生活は、ますます苦しくなる。

副島　安倍政権が日本の勘定奉行（役人）たちを、法制度でガッチリ押さえ込んだということでしょう。背後にアメリカからの指図《さしず》と命令がある。東証などの市場も押さえ込んだ。ＧＰＩＦも押さえた。水も漏らさぬ価格管理体制が完成しつつある。まさしく市場統制（マーケット・コントロール）であり、統制経済（コントロールド・エコノミー）です。

規制《ラー》による支配《ルール》はやってよい。「人は右、車は左（を通りなさい）」のように。そうしないと、車と車が正面衝突してしまう。法の支配 rule of law《ルール・オブ・ラー》は当然ある。しかし社会のコントロール（統制、強制）というのは、やってはいけないことだ。日本人は、このことが分からない。しかし、それでも市場を人為で操り続けることはできません。いつ水漏れが起きて爆発するか、私はじっと注視して、予測してゆきます。今回も貴重なお話を聞かせてくださり、ありがとうございます。お礼を申し上げます。

3章

官製相場の暴落が始まる

●GPIFによる「株の買い支え」は、いつから始まったのか

第1章（P18）を引き継ぎ、日本の株価（官製相場）がこれからどのように動くか予測する。日経平均の最近の高値は、9月25日に付けた1万6374円である。この高値を抜いて、1万7000円を超し、1万7000円台で推移するだろう。だが、それが限度だろう。それまで小さな下落を何度か起こす。10月の初めには続落して、10月17日に底打ちした。

日本株が上昇基調を取り続けるのは、もっぱらその理由は、GPIF《ジーピーアイエフ》（年金積立金管理運用独立行政法人）を使った、年金の資金による買い上げ、買い支えが続くからである。このGPIFの資金128兆円を使って、何があろうが日本政府（安倍政権）は株価の吊り上げを堅く決意している。まさしく相場操縦である。政府自身による価格の操作である。恥も外聞もなくこういうことを今の日本はやっている。このことを国民は奇妙なことだとは思わない。

面白いことに、このGPIFという公的資金を使って日経平均を人為的に吊り上げていることに対して、いちばん不愉快に思っているのは、厚生労働省の官僚たちである。なぜなら、全国3000万人のサラリーマン（正社員の給与所得者）と公務員1000万人の

共済年金を、もっぱら自分たちお役人様の資金として、これまで管理してきたのは厚生労働省だからである。この資金を奪い取られて、今では安倍政権（『官邸』と言う）そのものが株の操作をやって値段を吊り上げている。だから1万7000円台までは、何があろうとも来年中は上げ続ける。

GPIFによる買い支え相場が始まったのは、今年の5月下旬からである（P5とP19のグラフを参照）。1万4000円を割る寸前で、買いが入った時から、急激な上げの相場が見られる。5月19日から6月3日までの12営業日で、一気に1万5000円台に乗せた。この1000円幅の上げが特徴的である。

次の新聞記事にあるとおり、GPIFの資金が投入されたことが、それとなく書かれている。

日本株の買い増し余地3兆円　GPIF、運用比率上げで

公的年金を運用する年金積立金管理運用独立行政法人（GPIF）が、8月29日発表した2014年4～6月期決算によると、年金積立金に占める国内株比率は、6月末に16・8％と、

3月末から0・9ポイント上がった。GPIFは今秋まとめる運用改革で国内株の比率を20%台に引き上げる方向だ。7月以降の買い増し余地は3兆円程度あり、株価の下支え材料になりそうだ。国内株は1兆1243億円増えた。株価が上がって含み益が増えたほか、新たに買い増した。外国株と外国債の比率も上がった。

国内債は51・9%と1・5ポイント下がった。GPIFが昨年決めた資産構成の目安では下限が52%。四半期決算で初めてこの水準を下回った。GPIFは9月にも発表する新しい目安で、国内債の中心値を40%台に下げ、国内株を20%台に引き上げる方向だ。すでに先回りして動きつつある。

2014年4~6月期の運用収益は2兆2235億円の黒字だった。国内外の株価上昇が底上げした。運用資産額は3月末比6869億円増の127兆2640億円となった。

(日本経済新聞　2014年8月29日)

今のところは、このようにお手盛《ても》りで、自分で買って株価を吊り上げている。株の上昇トレンドを政府自身が官製相場で作っている。

●儲けが出たら、早めにポジションを整理すべきだ

これまでの過去1年半の「アベノミクス株高」は、日銀ETF《イーティーエフ》という、日銀の持っている緩和マネー（じゃぶじゃぶマネー）で日本株を買い上げ、買い支えてきた。この主役が6月から交代して、GPIFを使った株価政策としての吊り上げが始まっている。この動きが年内は止まらないだろう。

その理由は前述したように、安倍首相としては、12月中に何としても消費税の10％への追加増税決断の発表をしなければいけないからだ。この消費税の追加増税は、安倍首相個人にとってもなかなか厳しい政治判断となる。なぜなら、消費税8％への増税が始まった4月から、本当に景気が悪くなった。内閣府の発表で「日本のGDPが前年度比でマイナス7・1％の落ち込み」を示した。これは国民生活にとって大きな打撃である。

安倍政権としては、景気の落ち込みは大したことはないというフリをしたいのだが、そういうわけにはいかない。日本国内のあらゆる業種で売り上げが落ちている。特に電気製品や自動車の販売が極端なまでに落ちている。

軽自動車の販売台数が、前年度比で50％も落ちている。私がこの本を書いている出版業界でも、4月から6月期はマイナス12％の激しい落ち込みを示した。物書き専業で生きて

いる私としても厳しい状況だ。日本国内のあらゆる業種で景気の落ち込みが見られる。同じことが次の7、8、9月の四半期でも起きているようだ。予想値では、マイナス7％ぐらいの落ち込みだと言われている。10月になってもまだ発表がない。

安倍政権は必ず消費税を10％にする。そうすると、さらに景気の落ち込みがひどくなる。この事態を隠し通して国民の目を逸らし、偽《いつわ》りの景気回復を言い続けるために、だからこそ株価を無理やり吊り上げる。そして資産家と経営者たちの歓心を買わなければ済まない。だから、金融商品取引法159条違反である、相場操縦罪に該当する株式の価格操作を政府自身が行なっている。

日経平均株価を上昇させ続けることだけが、安倍首相とその周辺の人間たちにとって、なりふりかまわない悪行である。本当なら、国民が嫌がる増税を断行したのだから、その政権は倒れなければ済まないはずなのだ。ところがそうはならないで、金融市場を自分たちの思いどおりにあれこれの法律をいじくって、違法な金融操作を行なって政権を延命させている。

これに対抗するには、私たちはよくよく時流《カレント》を知ったうえで、短期間での株式や為替への投資を行ない、儲けが出たら、早め早めにポジション（買い残、持ち高）を整理する。

追加緩和をやりたくない黒田は、安倍を騙そうと「指標は景気回復してます」と必死の抵抗を続ける

写真／時事

９月11日に、黒田日銀総裁は官邸に呼び出されて、来年も追加緩和をやるように安倍首相と菅官房長官から圧力をかけられた。黒田東彦は「追加緩和だろうと何だろうと」やる、と居直った。

そして、**来年になったら必ず起きるであろう暴落に備えるべき**である。目先の儲けが膨《ふく》らんだからといって、そのまま有頂天になって株の買い越しを続けていると、きっとはしごを外されて一気に大損するという悲惨な目に遭《あ》う。

次に載せる日本経済新聞の記事は重要である。見出しではっきりと「安倍・黒田会談で株高演出」とある。そして「株高連動政権の面目躍如」と、皮肉たっぷりに書いてある。この記事は、のちのちの証拠となる重要な文章である。

安倍・黒田会談で株高演出、株価連動政権の面目躍如

安倍晋三首相は9月11日昼、官邸で日銀の黒田東彦総裁と会談した。東京株式市場では会談終了後に買いが増え、日経平均株価は一段高となった。日銀の追加金融緩和への思惑が強まったためだ。株価を重視する安倍政権は「株価連動政権」といわれている。日銀総裁との会談で株高と円安・ドル高を演出し、面目躍如といったところだろう。

黒田氏は会談後、記者団に「(2%の物価安定の)目標達成に困難をきたすような状況が出てくれば、ちゅうちょなく追加緩和だろうと何だろうと(調整を行っていく)」と語った。

……日銀総裁の発言そのものに目新しさはない。菅義偉《すがよしひで》官房長官は同日の会見で「これまでも意見交換を行ってきた。その一環」と説明した。だが、4月以来で9月3日の内閣改造後では初めての首相・日銀総裁の会談は、日銀の追加緩和を求める声が強まっていた市場で思惑を強めるのに十分だった。

4〜6月期の国内総生産（GDP）改定値は前期比の年率成長率が実質でマイナス7・1％と速報値から下方修正された。市場では「景況感が悪化しているなかで、消費税率の引き上げに踏み切るなら、日銀の追加緩和など景気対策が必要」（楽天証券経済研究所の土信田雅之シニアマーケットアナリスト）との見方は増えている。

（日本経済新聞　2014年9月11日　傍点は引用者）

この記事は、安倍政権が「株価連動政権」と言われていることを披露した。そして「日銀総裁との会談で株高と円安・ドル高を演出し、面目躍如」と、はっきり書いてある。この1週間後の9月18日に、株価は1万6000円を付けた。

最も重要なことなのだが、黒田日銀総裁は会談後の記者会見で、来年に向けて「ちゅうちょなく追加緩和だろうと何だろうと」行なうと語った。黒田はさらなる追加的な国債引き受けを行なう、と安倍首相に約束させられたのである。この決定は日本国にとって重大な結果をもたらす。金融緩和（クオンティティティブ・イージング、量的緩和）とは、またしても、日銀の資金を何の裏付けもなしに、さらにおそらく100兆円近くを来年（2015年）支出するという宣言文に等しい。

去年2013年4月4日の黒田の日銀総裁就任とともに、前人未到《アンプレシデンテイット》の〝異次元緩和〟がぶち上げられて断行された。あの時、日銀は当時の帳簿（貸借対照表）で総資産の額が130兆円だった。それが2014年12月（今年の年末）までに、ちょうど2倍の270兆円まで増額すると世界に向かって宣言したのである。あの異次元緩和というのは、恐るべき野放図な、ケインズ経済学（国家を管理するための経済学）の原理を逸脱した大胆な政策の実行だった。この報《むく》いがやがて必ず私国民の生活に降りかかってくる。

この「無から有を作り出した」巨額な政府資金の一部が、日本株の吊り上げに使われているのである。お金というのは、人間の血と汗と脂《あぶら》と悲しみから作り出されたものなのだ。それを中央銀行と財務省が、紙キレを交換し合うだけで作ってはいけない。この違法に作り出された（マネー・メイキングした）政府マネーの残りは、日本財務省が発行する

日銀のマネタリーベース＝ベース・マネーの残高

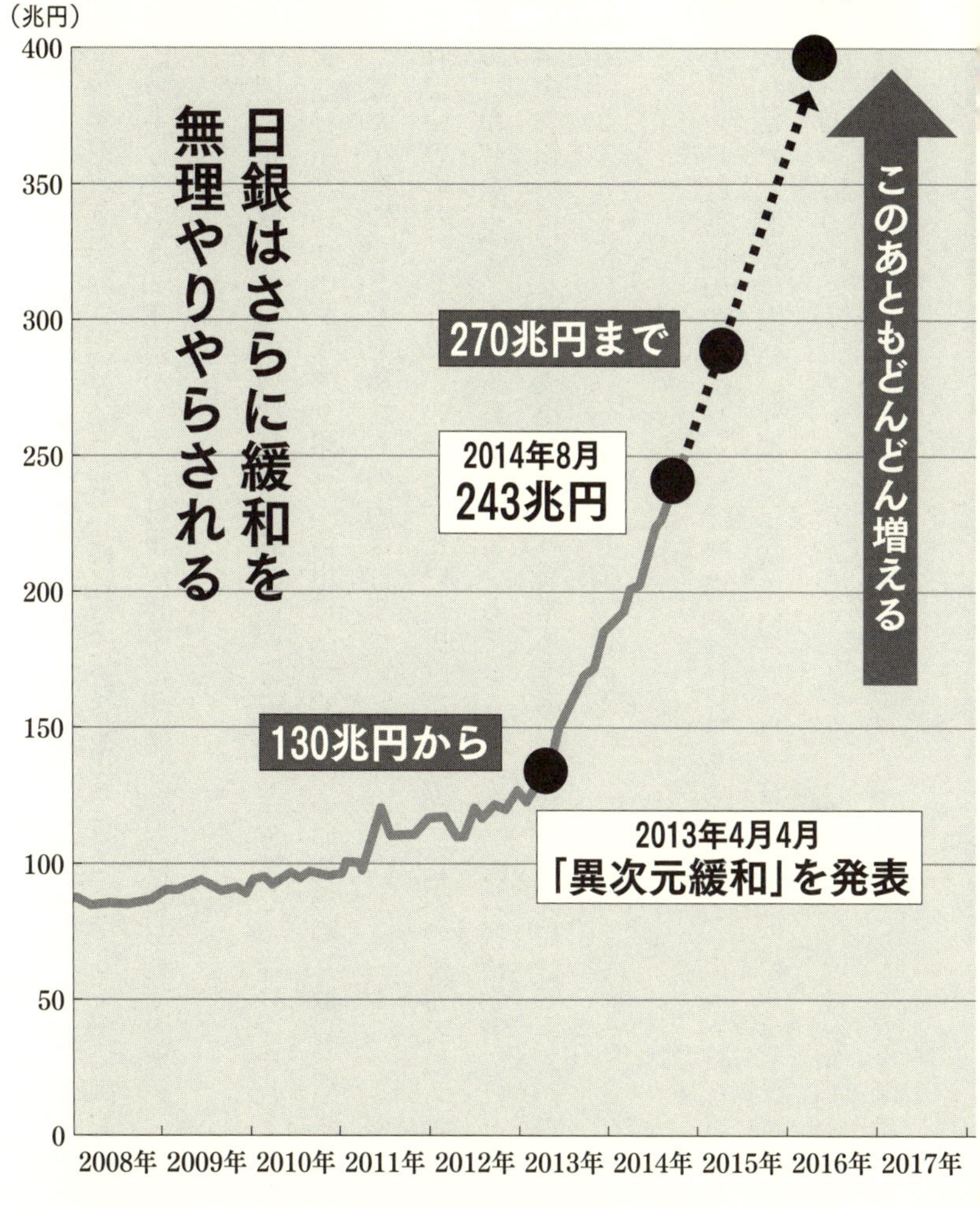

2013年４月４日の“異次元緩和”（黒田大砲）の出現で、日銀による国債買い取りとして初めの130兆円から2014年末に270兆円まで増やす。毎月の国債買いは7.5兆円（１年で90兆円）である。アメリカは緩和をやめると言っているのに。

国債（国家の借金証書）を買うことで、財務省に差し出される。そして実に国家予算100兆円の半分である50兆円が、この日銀が勝手に印刷しただけのお札で穴埋め、充当されている。

日本国の税金収入（1年間の税収）は48兆円（2013年度）しかない。それよりも多い金額を、日銀というヘンな国立銀行の信用に基づくだけのお札の刷り散らしで賄《まかな》っているのだ。こんな奇妙なことを私たちの国は行なっている。

「それでいいのだ。それでいいのだ」という掛け声だけが、日本の権力者たちの間から聞こえる。なぜなら、ノーベル賞を取っているアメリカの超一流の経済学者のほとんどが、この「中央銀行による財政支出」という異常事態の経済政策を支持しているからと言うのである。このことについては、すでにP67で書いた。

前掲した日経新聞の記事の最後で、政府の提灯《ちょうちん》持ちのアナリストに「景況感が悪化しているなかで、消費税率の引き上げに踏み切るなら、日銀の追加緩和など景気対策が必要」と、はっきりと言わせている。だからどんなに景気が悪くなっても、追加の増税（国民からの搾《しぼ》り取り）はやるし、株の人工的な吊り上げもやる。それらの資金源は中央銀行のお札を発行する力だということである。

たしかに真実のお金《マネー》は、人民（国民）の体から搾り取った（これを搾取《さくしゅ》と言う）ヌルヌルした脂《あぶら》のことだ。これが本当の原資《げんし》だ。それを政府（権力者）が勝手に水増し（脂増し）にして使っているのだ。ただし、これは法律違反（日銀法、財政法違反）である。

だから、この呆れ返るような現状に対して私たちができることは、ただ単に「お上《かみ》がやることには逆らえない」と嘆くだけでなく、彼らの悪行《あっこう》の限りをよくよく見きわめたうえで、自己防御の構えに出ることだ。

ゆえに株価は、ここしばらくは何があろうが吊り上げられてゆく。おそらく来年の前半までは、よっぽどの政治的変動（戦争の危機や大災害）がなければ、このまま相場操縦（価格操作）されたまま続いてゆくだろう。

私は、自分の金融・経済の先行きの予想や読みにおいて、己《おのれ》の夢や希望、期待や願望では動かない。このように自戒を込めて堅く誓った。自分の希望どおりには世の中は動かないということを深く自覚した。そのうえで、冷酷に目の前で進行してゆく事態に対処すると、あらためて決めた。ドイツの哲学者が言ったごとく、「自由（フライハイト）とは必然性の洞察《どうさつ》」である。だから私は冷酷に、「次はこうなる。そのあと、こうなる」と己の主観《サブジェクト》と願望を排除して書いてゆく。

今のおかしな政策を実行している者たちには天罰、すなわち自然の力《ナチュラル・フォース》による揺り戻しが来る。そして彼らは舞台から退場してゆくだろう。あと2年の辛抱である。

●「ゆうちょ円安」が仕組まれた

10月1日に、ついに1ドル＝110円の壁を突破した。この、今の円安の流れは、しばらく止まらない。1ドル＝116円を目指して円安が進んでゆく。

為替が1ドル＝110円になるまでの、この8月20日からの2カ月で、FX《エフエックス》（外国為替証拠金取引《しょうこきん》）で大儲けした人がたくさん出たようだ。「1円円安」になるたびに、1000万円ぐらいの儲け（利益）を出した人が何万人もいるだろう。この場合の元手は5000万円である。レバレッジ（投資倍率）を25倍の上限でやれば、元手《もとで》（原資《げんし》）が4000万円ぐらいでも、たった1日で1000万円は儲かる。だから「2カ月で8円円安になった」のだから、1億円儲かったという投資家がゴロゴロと生まれただろう。

このあとも円安は続くだろうから、FXの金融相場で儲かりたい人は儲け続ければいい。トレンド（潮目《しおめ》、方向性）が変わる時期が来るまでは、今のままの投資姿勢で儲ける

ドル・円の為替相場(直近の3カ月

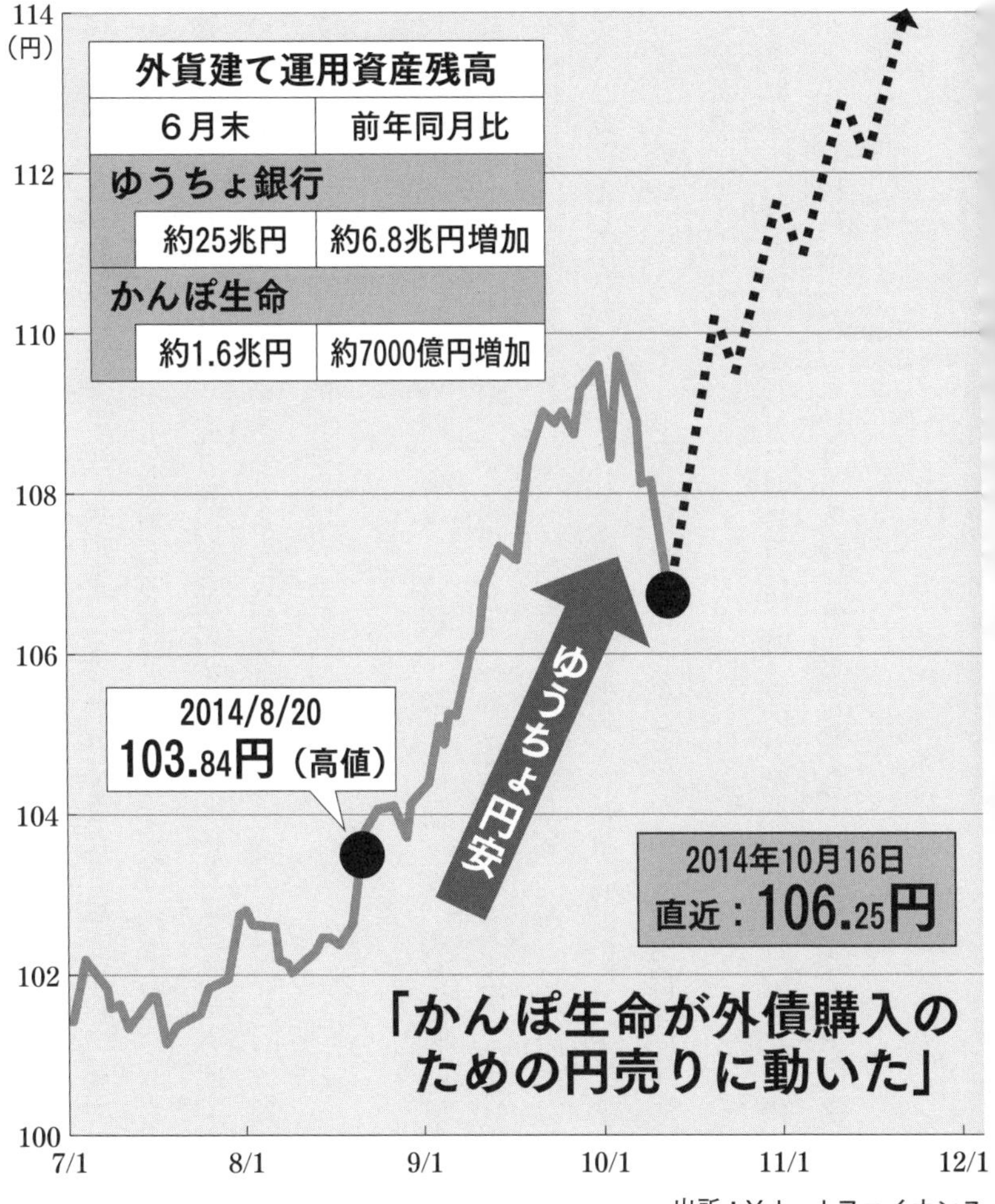

外貨建て運用資産残高	
6月末	前年同月比
ゆうちょ銀行	
約25兆円	約6.8兆円増加
かんぽ生命	
約1.6兆円	約7000億円増加

103.84円（高値）

「かんぽ生命が外債購入のための円売りに動いた」

出所：Yahoo! ファイナンス

「円安、背後に公的マネー　4カ月半ぶり103円台。ゆうちょ銀、外債に投資6.8兆円増 」　（日本経済新聞　2014年８月21日）

ゆうちょ・かんぽの資金で政府が米国債を買い始めたことで円安が始まったのだ。

ことができる。潮目（トレンド、風向き）が変わりそうだと思ったら、早めに手じまいをして、売り買いのポジションを解消して利益を確定して逃げればいい。あるいは天性の本物のバクチ突《う》ちだったら、売り買いを逆のポジションにして、円高方向でも儲ければいい。トレンドがはっきり見えるときに大損を出す人はいない。だいたい急激な転換が襲ってくるのは、大きな政治的変動要因がある時である。

この8月20日に、日本郵政（ゆうちょ銀行・かんぽ生命）が、大量に米国債を買っていたことが露見した。〝世界皇帝〟デイヴィッド・ロックフェラー（99歳）の直系（直弟子《じきでし》）である西室泰三《にしむろたいぞう》（日本郵政社長）が、竹中平蔵《たけなかへいぞう》の指示（命令）で、日本国民の大切な資金をアメリカに差し出したのだ。これで急激にドル高・円安が進行した。大きな変化はここから始まったのである。P137のグラフにあるとおり、103円台を付けてから急激な動きが始まった。

あれよあれよという間に、9月17日に108円を突破している。そして10月1日に1ドル＝110円になった。ということは、8月20日からの40日間で7円の円安が進行したということだ。

日本国民の虎の子をアメリカに貢ぐ悪魔ども

写真／時事

ゆうちょ銀行の資産

有価証券	日本国債	121兆円
	外債（米国債）	25兆円
	地方債	5.6兆円
	社債	11兆円
	その他	0.4兆円
預け金		23.2兆円
貸出金		3兆円
その他金銭信託など		12兆円
総資産		201.2兆円

かんぽ生命の資産

有価証券	日本国債	51兆円
	外債（米国債）	1.6兆円
	地方債	9兆円
	社債	6.5兆円
現金と預貯金		1.3兆円
貸付金		11兆円
金銭信託		0.9兆円
繰延税金資産		0.6兆円
総資産		85.7兆円

資料：2014年８月発表の、ゆうちょ銀行「決算補足資料」
かんぽ生命「決算の概要」から副島が作成

前ページの表にあるとおり、ゆうちょ銀行で6月末に「外貨建て運用資金残高」約25兆円になっている。6月までに6・8兆円が増加した。この外貨建て運用資産とは、まさしく米国債（外債《がいさい》）である。同じく、かんぽ生命も6月末までに、0・7兆円を外債買いに充《あ》てて、保有する外債が1・6兆円に増えている。この6月までの1年間で7・5兆円の米国債を買ったということである。この割合で、今年もさらに米国債を買うならば、日本郵政だけで10兆円近くをアメリカに差し出すことになる。**これが今の円安・ドル高の動きの本当の原動力である。**

だが真実はもっと恐ろしい。今年だけで、日本の資金で米国債を買う形で30兆円ぐらいがアメリカ政府に貢がされたであろう。P44で説明した。

1カ月当たりの換算で、6000億円から1兆円の割で米国債を買い進んでいる。アメリカ政府にとっては、このお金は前述したとおり、そのまま公務員や軍人たちの給料に変わってゆく。GPIFの資金と並んで、日本政府からアメリカに貢物《みつぎもの》として捧《ささ》げられている資金だ。

この外債買いを実行している仲介業者で、日本国政府の正規代理人は、ゴールドマン・サックスである。と同時に、ゴールドマンはゆうちょ・かんぽ株式会社のアドバイザー職にも就《つ》いている。これは利益相反《りえきそうはん》行為に当たると昔から問題にされている。アメリカでも「ガヴァメント・サックス」と呼ばれて憎まれている。

次の日本経済新聞の記事が注目に値《あたい》する。私がここまで説明したことの証拠と言うべき「ゆうちょとかんぽ生命が外債購入のための円売りに動いた」と、「市場関係者はささやいた」と書いてある。これは決定的な証拠だと言える。

4カ月半ぶり103円台　円安、背後に公的マネー

8月20日の外国為替市場で、円相場は4カ月半ぶりに1ドル＝103円台前半の円安水準を記録した。地政学リスクがくすぶり、安全資産の円に買いが集まりがちな中で、円安が進んだのはなぜか。

東京市場では一時103円34銭まで円安が進んだ。特段の材料があったわけではない。ある外国銀行ディーラーは「『見えざる手』を意識した」と語る。円高に傾くたびに断続的に出る円売りの厚さが「円高派」の意欲をそいでいるという。

オバマ米大統領がイラク空爆を承認した今月8日。円が101円台まで買われると、大口の円売り注文が出て相場を押し戻した。「かんぽ生命が外債購入のための円売りに動いた」と、

市場関係者はささやいた。

実際、ゆうちょ銀行とかんぽ生命保険の対外投資の拡大は目立つ。ゆうちょ銀の外債を中心とする「その他の有価証券」の残高は6月末で約25兆円と、1年間で6・8兆円増えた。かんぽ生命も外債・外国株の運用残高が約1兆6千億円と、1年で7千億円増えた。

「国内低金利が続けば、ゆうちょ銀は今後も外債投資を拡大する」と日本郵政幹部は語る。かんぽ生命も年度内に3000億円程度の外債投資を積み増す可能性がある。

公的マネーの外債や外国株投資に伴い、今後も巨額の円売りが出る——。市場の意識は9月にも固まる年金積立金管理運用独立行政法人（GPIF）の運用改革や、国家公務員共済など他の公的年金の動きにも向かう。

（日本経済新聞　2014年8月21日）

●円・ドル相場の陰で動いたインサイダーたち

この記事から分かるとおり、まさしく8月20日から超特急の円安の動きが始まったと言えるのである。誰もこういう大切なことを確認しようとしない。だから私が、日本の金融史の歴史の証言者として、このように書き留めておくのである。

P137の円・ドルのグラフをじっくりと見つめ直すならば分かることだが、すでに7月29日から円高への微妙な動きが起きている。この動きに絡《から》んでいる人々は〝インサイダー〟たちである。極秘に日本政府の「外債買い。円売り。円安・ドル高」の方針決定を知っていて、内部情報を盗み出していた人々の動きだ。

為替相場は24時間、コンピュータで取引ができるようなおかしな制度になっている。月曜のウェリントン市場から始まって金曜にニューヨーク市場が閉まるまで、世界中で市場が開いているところで取引ができる仕組みになっている。7月29日に1ドルは102円になった。このあたりから円・ドル相場での急激な動きが始まったのである。

そして8月20日に大号令が出て、ゆうちょ・かんぽによる1回につき200億円単位の円売り・ドル買いの、為替相場を操縦する価格操作が起きたのである。この動きは今にもつながっている。売国奴の西室泰三《にしむろたいぞう》日本郵政社長は、まだまだゆうちょ銀行とかんぽ生命で米国債を買い続ける気である。

記事に「ゆうちょ銀行とかんぽ生命保険の対外投資の拡大は目立つ。ゆうちょ銀の外債を中心とする『その他の有価証券』の残高は6月末で約25兆円と、1年間で6・8兆円増えた。かんぽ生命も外債・外国株の運用残高が約1兆6千億円と、1年で7千億円増えた」と、はっきりと書いてある。

私は、竹中平蔵や西室泰三は悪党であり、大《だい》ワルだと何年も書いてきた。しかし私が間違っていた。竹中平蔵は大悪党なのではなくて、悪魔だったのだ。悪魔（デビルあるいはサタン）そのものであったのだ。私の考えが甘かった。彼らは日本国民を苦しめるために何でもするのだ。容赦がない。

●狙われた日本という名の「財布」

再説するが、国債市場の動きは、現状では日本もアメリカもヨーロッパも、異常な低金利のままである。日本の10年もの国債の利回りは、P23のグラフのとおり0・48％という異常な低さのままである。

私の考えでは、日本の財務省は、この0・5％台という超低体温を死守しようとしている。日本の財務官僚たちは金利が上がるのが嫌いなのだ。とにかく何があろうが、徹底的に金利を低くしたままにしておきたい。前のほうで書いたが、だからアメリカのイエレンFRB議長が「来年には市場に金利を付ける」と言っていること自体がおかしなことなのだ。

アメリカの財務省の官僚たちも日本と同じく、死ぬほど嫌いに決まっている。勘定奉行である財務省官僚たちにしてみれば、国債（国の借金）の利払いが少ないほうがいい、の一点張りである。経済学の理論などくそ喰らえ、である。このように私は前著『金融市場を操られる絶望国家・日本』（２０１４年４月、徳間書店刊）でも書いた。

アメリカの国債の金利（利回り）は、年率２・６％で動かない。これ以上、金利が高くなると、国家予算を組む時に経費（利払い）がかさんで、予算の原案を作れなくなる。P24で書いたとおり、アメリカの連邦政府の累積《るいせき》財政赤字は「債務上限（デット・シーリング）」という言葉で表わされる。この債務上限の米議会での承認（許可）が、２０１５年２月には19・４兆ドルに引き上げられるだろう。そして２０１５年中には、連邦政府の債務残高は20兆ドルを突破する。このことはほぼ確実なことである。P25のグラフを見てください。

20兆ドルを１ドル＝１１０円で計算すれば、２２００兆円である。もし、これの金利が１％でも上がると、22兆円の利払いを覚悟しなければいけない。その資金をどこからか持ってこなければいけない。だから日本という財布が、またしても狙われる。

P38で引用したブルームバーグの記事は重要なので、その後半部を以下に載せる。

ＦＯＭＣ：低金利「相当な期間」維持表明―出口戦略で新指針

……ＦＯＭＣは債券購入額を月１５０億ドル（約１兆６０００億円）に減らす方針を発表。１００億ドルずつ縮小させるのは７会合連続で、資産購入プログラムが来月終了するペースを維持した。イエレン議長は記者会見で、同プログラム終了後の利上げペースに関して詳細な発言を避けた。

イエレン議長は会見で「相当な期間《コンシダラブル・タイム》」という文言《もんごん》について、「機械的な解釈はない」とし、「ＦＦ金利誘導目標の引き上げに着手する適切なタイミングについての委員会の判断はデータ次第だ」と言明した。

イエレン議長はまた、（１９２９年の）大恐慌以降で最悪のリセッション（景気後退）に、前例のない対策を講じた（２００８年以降の）ＦＯＭＣが金融政策を「正常化」する計画で新たな方針も示した。

同議長によると、「ＦＯＭＣはまず、ＦＦ金利の誘導目標を引き上げ、その後ＦＲＢのバランスシートで償還を迎えた債券の再投資を停止し、『段階的かつ予測可能なやり方』で資産保有を縮小する」。

イエレン議長は「４兆４２００億ドル（４８０兆円）に膨らんだバランスシートの（総資産

の）縮小を急いではいない」とも述べ、「効率的かつ効果的な政策実行に沿った最低水準」に保有額を縮小するには「2010年代の終わりまでかかるだろう」と語った。

さらに同議長は、「急ピッチな利上げの可能性は低い」ことを強調し、「最大限の雇用確保と物価安定という、当局の責務に近い状態をたとえ経済指標が示しても、FOMCが長期的に正常と見なす水準を、FF金利が下回ることを経済状況は当面、正当化する」と話した。

その上で、柔軟性を保つことに重点を置き、「経済がFOMC委員会の予想より強いことが判明し、雇用やインフレがFOMCの目標に一段と急速に収斂《しゅうれん》していけば、FF金利誘導目標の引き上げは現在想定されるより早い時期により急ピッチに行われるだろう」。その一方で、「経済動向が期待外れなら、FF金利誘導目標の引き上げは先送りされ、より段階的に行われる公算が大きい」と説明した。

（ブルームバーグ　2014年9月17日　傍点と注は引用者）

この記事から分かることは、イエレン議長は、口で言うほどは金利を上げたがっていない、ということだ。金利を上げると、自分を操《あやつ》っている財務省が嫌がる。イエレンは、「アメリカは金利を上げるよ」と口先誘導をやっているのだ。その狙い（動機）は、「金利を付けるから、米ドルは強い通貨だから、世界中のお金はアメリカに集まって来なさい」ということだ。

だからイエレンは、「利上げペースに関して（は）詳細な発言を避けた」。そして『相当な期間を要する』と言った。短期金利である「FF金利誘導目標の着手については慎重な態度をとっている」と書かれている。

2008年9月にリーマン・ショックという大爆発が起きて、1929年の「世界大恐慌突入以来で最悪のリセッション（景気後退）に見舞われた」。だからこの異常事態に対処するために、前のベンジャミン・バーナンキ議長が、オバマ政権の発足前から「前例のない対策を講じた」。それがQE1、QE2、QE3の3つの金融緩和策であった。政策金利も、2008年末には0・25％まで一気に下げた。この時、日銀は0・1％にまで押し潰された。

これに対し、現在の2014年に入ってからのFOMCで「なんとか金融政策を正常化する計画が実施されている」と虚勢を張っているのだ。今も大恐慌（大不況）のままだから、金利を上げるにも上げられないのである。

長期金利である10年ものの米国債の利回りは、この7月から8月28日までずっと下がり続けた。その前は2・63%あったのに、8月末には2・33%まで下がった。これは、日本のゆうちょ・かんぽの資金が入って、米国債を大量に買ったからだ。日本郵政の発表で表面に出ているのは7・5兆円だが、その倍の15兆円ぐらいを米国債買いに回したはずである。

私の考えでは、前述したように今年中に30兆円をアメリカに渡すはずである。だからこのあと、さらに政府が円売り・ドル買いを断続的に行なうので、1ドル＝110円を116円寸前まで持っていく計画である。そこで残りの15兆円を使って、米国債を買う。現に10月1日に1ドル＝110円になったので、この動きが続いていることが分かる。

〝金殺し〟が続く中で、金価格はどうなるか

P26〜28に続けて、金《きん》（ゴールド）の話をする。NY《ニューヨーク》の金の値段は、10月3日に、ついに1オンス（約31グラム）1200ドルを割った。〝金殺《きんごろ》し〟が続いている。

NY商品、金は大幅続落　9カ月ぶりに1200ドル割れ

10月3日のニューヨーク商品取引所（COMEX《コメックス》）で金先物相場は大幅に続落した。取引の中心である12月物は前日比22・2ドル安の1トロイオンス1192・9ドルで取引を終えた。一時は1190・3ドルまで下落し2013年12月31日以来、約9カ月ぶりに節目の1200ドルを下回った。9月の米雇用統計が市場予想を上回る改善を示し、米連邦準備理事会（FRB）が利上げを前倒しするとの観測が浮上した。外国為替市場でドルが主要通貨に対して上昇し、ドルの代替投資先として逆の値動きになりやすい金が売られた。銀は続落し、プラチナは4日続落した。

（日本経済新聞　2014年10月4日）

P27のグラフのごとく、去年に引き続き1オンス1200ドルの攻防戦を激しく続けている。金は、このあとさらにもう一度下落させられて、〝金殺《きんごろ》し〟が続きそうである。

金の国内価格は、現在は1グラム4200円台で推移している。為替の円・ドル相場で、1ドル＝110円台という円安が続いているので、もっぱら為替の影響で円建ての金《きん》地金《じがね》の値段は下落を免《まぬが》れている。為替が1円円安に動くと、1グラムあたり40円値段が上がる。

だから、もし為替が1ドル＝120円になったら、1オンス1200ドルちょうどであるとすれば、1グラム4630円になる。これに小売りであれば、8％の消費税と手数料40円がかかるので、ちょうどピッタリ5000円になる。この消費税（8％）は370円である。だから日本国内の金の値段は、それほど下がったようには見えない。

このような動きで、金は今後も一進一退を続けるだろう。NY金《きん》では、このあともアメリカ政府による金への憎しみに駆られた〝金殺し〟が続く。それは、もっぱら米ドルのドル紙幣の価値を守るために、アメリカ政府が必死で金を売り崩そうとしているからだ。1944年7月に成立したブレトンウッズ（会議）体制＝金《きん》・ドル体制＝IMF世銀《せぎん》体制という現在の世界体制《ワールド・オーダー》を死守しようとする、アメリカのがむしゃらな動きである。

このことを指して私は、「金《きん》とドルの最後の闘い」と呼んできた。だがアメリカ政府による、この金に対する激しい攻撃は、度が過ぎる。

アメリカ政府が保有しているはずの金《ゴールド》の量（正式の統計数字で公表）は8100トンである。だが世界中で大きく噂になっているのだが、「アメリカ国内には、もうほとんど金《きん》はないようだ」と公然と言われている。なぜ政府の保有金《ゴールド・リザーブ》（金《きん》準備）がなくなったかといえば、それは、1年間の貿易赤字6000億ドル（70兆円）を穴埋めするために、政府間での貿易保険料とかの決済の時に、金地金で支払い相殺《そうさい》してきたからだ。

だからケンタッキー州フォートノックスの陸軍基地に保管されているはずの、FRB所管の金《きん》が、どんどん消えてしまっているのだ。

アメリカの個人の富裕層や資産家たちが持っているはずの金の地金《じがね》や金貨（ゴールド・コイン）も、アメリカ国外に流出しているらしい。アメリカの金持ちたちは、IRS《アイアールエス》（アメリカの国税庁）の税務調査が死ぬほど怖い。だから突然の税務調査（クランプ・ダウン clamp down）で、隠してある金塊《きんかい》が見つかるのを恐れて、国境線を越えて南のメキシコや北のカナダに預け先を見つけて持ち出しているそうだ。

●元ソロモン・ブラザーズのトレーダーが暴いた「HFTの違法取引」

このアメリカ政府による〝金殺し〟については、今年の4月16日に、さらに新しい動きがあった。ニューヨーク州の司法長官であるエリック・シュナイダーマンが、あとのほうに書くとおり、「金融市場の取引で不正な優位を得ている疑いで6社の高速取引（HFT《エイチエフティー》）業者に召喚状を送った」という事件が起きた。

米政府自身が絡む不正取引の捜査に乗り出した２人の司法長官

写真／Mark Wilson

写真左がエリック・シュナイダーマンＮＹ州司法長官(アトーネイ・ジェネラル)。彼は内部告発に基づき、“ＨＦＴ is insider trading.”「超高速取引は不正なインサイダー取引だ。徹底的に捜査する」と４月５日に宣言した。写真右はエリック・ホルダー連邦（アメリカの全体）司法長官。彼は９月末に突然、不可解な辞任をした。

シュナイダーマン州司法長官は、ニューヨークの金融取引での不正な市場操作を徹底的に調べようとしている。これにつられて、連邦政府の司法長官（アトーネイ・ジェネラル）であるエリック・ホルダー長官も、「金融取引の不正に対する捜査」を約束した。金市場での取引についても、捜査の手が及んでいる。ところがホルダーは何があったのか、この9月末に泣きながら辞任した。

その一方で、どうせもっと上からの圧力がかかるので、この司法省による金融取引への調査だって腰砕けに終わって、うやむやにされるだろう、とも言われている。シュナイダーマン州司法長官が騒ぎだした直接の原因は、4月1日に1冊の本がアメリカで出版されたからだ。その本の題名は *"Flash boys, 2014"* by Michael Lewis『フラッシュ・ボーイズ』マイケル・ルイス著（日本語版は2014年10月、文藝春秋刊）である。

著者のマイケル・ルイスは、この『フラッシュ・ボーイズ』で、高速度取引業者たちが高度なコンピュータ技術や光ファイバー、マイクロ波の電波塔を悪用して、数千万分の1秒（ピコセコンドと言う）単位で他の投資家よりも早く取引を実行している、これらの不公正な（違法な）取引が今も公然と行なわれている、とこれらのすべてを暴いたのである。

マイケル・ルイスには、この他に自分のソロモン・ブラザーズ時代にトレーダーとして勤務した経験に基づいて、1987年の〝ブラック・マンデー〟が起きる直前の、ニューヨークの証券市場の乱痴気騒ぎを描いた『ライアーズ・ポーカー』(1989年刊)と、『世紀の空売り　ビッグ・ショート』(2010年刊)などの著作がある。

『世紀の空売り』“*The Big Short*”は、サブプライムローン崩れ(2007年8月17日)の裏側を描いており、住宅ローン担保証券を組み立てて巨大なバクチ経済を作ったアメリカの金融業界に対して、先物の売り(フューチャー・セリング)で立ち向かった、ごくわずかの投資家たちの姿を描いた。

金《きん》の取引においても、ロボット・コンピュータを使った違法な大量取引が行なわれている。しかも、なんとこれにアメリカ政府(米財務省)とSEC《エスイーシー》(証券取引委員会)自身が関わっていることが匂《にお》わされている。

シュナイダーマン州司法長官の金融業界への犯罪捜査(インヴェスティゲイション)は、私が得た情報では、アメリカのSEC(証券取引委員会)とゴールドマン・サックス社が連携して、金の違法な取引である〝ネイキッド・ショート・セリング〟「裸の空売り」を仕掛けていることに踏み込もうとしている。

そしてなんと、シュナイダーマンにはＣＦＴＣ《シーエフティーシー》（米商品先物取引委員会）とＦＤＩＣ《エフディーアイシー》（連邦預金保険公社）が味方についているようだ。そしてＳＥＣ＝ゴールドマン・サックス連合と闘っている。すなわちアメリカの金融規制・監督庁たち自身が内部で二つに割れて争っている。

その一方で、アメリカ政府は、自分たちがやっている違法な金融操作、すなわち相場操縦を覆《おお》い隠すために、ＦＲＢとＳＥＣとＣＦＴＣとＦＤＩＣを全部まとめて一つに統合しようというあくどい計画まで持っている。そうなると、できあがる名前はＦＤＲ《エフディーアール》になるらしい。

ＦＤＲというのは、フランクリン・デラノ・ルーズヴェルトという大統領（任期１９３３年〜１９４５年）の頭文字である。このルーズヴェルト大統領は、大恐慌時代に多くのリベラルな国内政策を断行して（失業対策や８時間労働制など）、アメリカ国内では尊敬されている。しかし同時に、たくさんの取引規制や統制の法律を作った大統領としても知られている。ニューディール政策だ。

エリック・シュナイダーマン Eric Schneiderman ＮＹ州司法長官が、“HFT is insider

trading.〟「超高速取引は、インサイダー取引の犯罪だ」と言い出したのは、ニューヨークのＣＮＢＣ《シーエヌビーシー》の番組に出演した時だ。彼は「私は、commodities《コモディティーズ》（商品）もfuture《フューチャー》（先物《さきもの》）も、それからcurrency《カレンシー》（外国通貨取引）も、すべての取引内容《トレイディングス》を調べる。私はこの犯罪捜査《インヴェスティゲイション》に政治生命を賭けている」と言った。価格の吊り上げや、違法な利ザヤ稼ぎやマーケット操作《マニピュレーション》を今も調べている。

　シュナイダーマンは、この金融犯罪の捜査で名前を上げたら、次の大統領選挙で、もしかしたらバイデンの副大統領候補になれるだろう。彼はもともと、古都マサチューセッツ州の副保安官（デピュティ・シェリフ）上がりだということを誉《ほこ》りにしている。正義の法の執行者だ、ということで、「自分は権力者たちとの付き合いに染まっていないから信用してくれ」ということをアメリカ国民にアピールしている。

　アメリカの金融監督庁であるＳＥＣ自身が汚れている（腐敗している）という記事が載ったのは、Crain's「クレインズ」誌というＮＹのプロの個人投資家たちが読んでいる金融雑誌である。ＷＳＪ（ウォールストリート・ジャーナル）紙やロイター（トムソン・ロイター）は、こういう〝身から出るサビ〟に近い金融業界のスキャンダルは報道しない。日本と同じだ。個人投資家personal investorsたちは、政府とグルで動いているゴールドマン・サックスなどと違って、本当のインサイダー情報を事前に〝おすそ分け〟してはもらえない。事前に手口を知っているズルの詐欺取引に加担できない。

だからこの「クレインズ」誌に、超高速ロボット取引（ＨＦＴ）での不正取引を、証拠つきで一人のコンピュータソフト・エンジニアが公開状 open letter《オープンレター》の形で告発した。ここから騒ぎが大きくなった。まだ正式の告発状 accusation《アキユゼイシヨン》がニューヨーク市検察局に提出されたわけではない。それでも信用の高い「クレインズ」誌に載った、ということで、ＣＦＴＣとＦＤＩＣは調査に動き出した。そしてシュナイダーマンと連携して、今も調べている。

それに対して、自分たち自身も長年、金融業界と癒着してきたＳＥＣは、ゴールドマンたちの肩を持って、操作に非協力の態度を取っている。このあと、エリック・シュナイダーマンたちの金融犯罪捜査（まさしく相場操縦罪）の手が、アメリカ政府にまで及ぶかが見物《みもの》である。

●金《きん》を売り崩す「裸の空売り」が今も行なわれている

〝金《きん》殺し〟は、米財務省とＦＲＢとＳＥＣとゴールドマン・サックスたちの連合軍によって、今も不正に行なわれている。私が今年4月に書いて出した『金融市場を操られる絶望国家・日本』（徳間書店刊）から3カ所を引用する。今もこの事態が続いているということだ。

①私は前々著『帝国の逆襲』（祥伝社、2013年11月刊）で、このように書いた。

〝裸の空売り〟（ネイキッド・ショート・セリング）というやり方で、FRB自身がヘッジファンドたちと連携して、金《きん》を先物市場で売り崩すということをやっている。そしてレバレッジ（投資掛け率）を平均50倍くらいまでに上げて激しく金《きん》を売り浴びさせた。それで人工的な〝金《きん》殺し〟が続いた。

去年（2013年）の2月に1オンス1578ドルに下がった。4月には1312ドルにまで下がった。そして6月に1オンス1196ドルで1200ドル台割れを実現した。同じく12月19日には、1195ドルの最安値を一瞬つけた。すなわち、1200ドルを2回割らせたのである。しかしその日のうちに1200ドルを回復したので一瞬のことのように思われる。

② 去年（2013年）、ゴールドマン・サックスのアナリストがわざとらしく大声で、「3月末には金は1200ドルを割る」という予測を出した。この時は、私もぞっとした。しかし、実際にそれから3ヵ月後の6月27日に、1200ドルを割った。私は彼らの市場支配力をまざまざと感じた。この後。金は自律反発力で上げて1430ドルまで回復した。しかし、またしても〝金殺し〟で落ち始めた。年末には再度1200ドル割れがあった。

だから、これからも金《きん》が正しくその威力を示して、ドルの紙キレ化の真実が世界中に露見しないように、アメリカ政府（財務省とFRB）は、〝金殺し〟を続けると思っている。だから、1オンス1400ドル台まで上がると、再び叩き落としてくると私は警戒している。現在は1350ドル前後である。だから一本調子で金《きん》価格の上昇はない。

③ 日本の金《きん》価格は、間《あいだ》に為替の問題が入るのでなかなか分析しづらかった。私は国内の金価格が1グラム5000円を突破した2013年2月6日をもって、自分の金上昇の予言は達成されたと考えた。2011年の9月に4734円の高値をつけていた。だが、2012年になってからは、国内金価格は4000円すれすれ（4125円）のところま

で落ちた。ところがこのあと起きたアベノミクス円安（1ドル80円が100円へ）のおかげで、昨年4月10日には、小売り価格では1グラム5339円（卸値では5059円）という驚くべき最高値をつけた。

金を下落させるキタナい手法である〝FRBが主導する裸の空売り《からう》（ネイキッド・ショート）〟とは、FRBが保有しているはずの金を、実際にはゴールドマン・サックスたちに、貸し出しをしていないくせに貸し付けたことにして、何十社ものヘッジファンドに金のリース・レートを付けて、このレート（利息）のやり取りだけで金《きん》の値段を暴落させる手口である。とんでもない連中である。

●幻想の「株価連動政権」は、いつまで続くか

ここから、P130以下で書いた「安倍政権は〝株価連動政権〟と言われていることを自画自賛している」ことについて、その裏側の真実を私が報告する。

アベノミクスは失敗している。実際には、何もうまくいってはいない。アベノミクスの大目標は「デフレからの脱却（脱出）」だが、それができないままに、デフレ大不況が続

いている。

「アベノミクスの3本の矢」の、1本目である「大胆な金融緩和」とは〝黒田・異次元緩和〟の開始のことだった。失敗した。日銀は、お札《さつ》を2014年末までに270兆円まで刷《す》って日本政府に渡す。が、景気は上向かなかった。

前掲した新聞記事（P130）にあるとおり、安倍首相は、黒田日銀総裁を9月11日に呼びつけて「もっと金融緩和をやれ（続けろ）」と脅した。黒田日銀は「もうこれぐらいで打ち止めにさせてください。勘弁してよ。もうこれ以上実体のないお札は刷れません」と抵抗している。しかし、安倍は「いや。もっと刷って国債を買え」と命令する。日銀の国債買いで、それで国家予算の半分の50兆円を作っている。無理やり捻出《ねんしゅつ》している。

それでも投資家や経営者たちは、今の吊り上がった株高を喜んでいる。特に機関投資家（インスティテューショナル・インベスターズ）と呼ばれる生保や信託銀行が喜んでいる。保有する株式に含み益が出て、ホクホク顔である。安倍政権は、投資家と経営者を喜ばせるために、日経平均株価を1万6000円台にまで相場操縦で吊り上げたことで、彼らに夢を持たせた。

今も表面上は、この国は「アベノミクス礼賛」でやっている。この幻想をどこまでも続けさせることが、安倍晋三が長期政権を続ける唯一の手口である。安倍自身が、このことをよく分かっている。安倍政権は株価を価格操作することだけに熱中している。「株価連動政権」と呼ばれるはずだ。

この株価の〝相場操縦〟による吊り上げを、P18で前述したＧＰＩＦ《ジーピーアイエフ》（年金積立金管理運用独立行政法人）という仕組みを使って目下、ガンガンやっている。今のところＧＰＩＦには、１２８兆円の資金がある。このうちの２割の26兆円を株式に回しそうだ。現在、半分の13兆円をつぎ込んでしまった。

本当は、全国の民間サラリーマン３０００万人の公的年金の残高（積立金）は、公表されている１２８兆円ではなくて、その３倍ぐらいある。おそらく合計で４００兆円ぐらいある。公務員年金（共済年金）は公表されていない。だが、私の推測では３００兆円ぐらいがある。これを、一体どこに置いてあるか分からないようにして、財務省の奥に隠し込んでいる。それでも、これらの年金資金の反対勘定は、ほとんどは日本国債を買った残高になっているはずだ。

日本の個人の金融資産は合計で１６００兆円ある（日銀の『資金循環統計』に表わされている）ことになっている。この１６００兆円の中に年金の残高は含まれている。ちなみにこの1600兆円のうちの、300兆円ぐらいが郵貯《ゆうちょ》と簡保《かんぽ》の残高（積立金）である。「アベノミクス」は、今から2年前の2012年12月、安倍政権の発足とともに急に踊り出してきたコトバだ。本当はアメリカで企画（プランニング）されたアメリカ製である。2年前の12月に為替（円・ドル相場）を1ドル＝81円から103円にまで上げた。たったの半年間で、急激に20円も上げた。P21の為替のグラフにあるとおりだ。

そのあと、2013年と2014年は1ドル＝100円前後でズルズルと無風状態のまま彷徨《さまよ》った。ところがこの8月20日から、急激にアメリカ（イエレンFRB議長）が強気のドル高政策に打って出た。それで円安が急に進行して、あっという間に1ドル＝102円から110円にまでなった。

この動きの背景には、前述したとおり日本の「ゆうちょ」（ゆうちょ銀行）と「かんぽ」（かんぽ生命保険）の資金が、8月20日に一気にアメリカに流れ出したという顕著な事実がある。これは2013年6月に日本郵政の社長（取締役兼代表執行役社長）になった西室《にしむろ》泰三《たいぞう》という売国奴の男（P139に写真あり）が、自分を抜擢《ばってき》した竹中平蔵の意向をそのまま受けて、愛国派の財務官僚（勘定奉行）たち（斎藤次郎《さいとうじろう》、坂篤郎《さかあつお》、三井住友の西川善文《にしかわよしふみ》）の制止を振り切って、アメリカのオバマ政権に貢いで米国債を買ったのである。P142

の新聞記事から重要な部分を再度、載せる。

> 実際、ゆうちょ銀行とかんぽ生命保険の対外投資の拡大は目立つ。ゆうちょ銀の外債を中心とする「その他の有価証券」の残高は6月末で約25兆円と、1年間で6・8兆円増えた。かんぽ生命も外債・外国株の運用残高が約1兆6千億円と、1年で7千億円増えた。
>
> （日本経済新聞　2014年8月21日）

●為替市場で囁かれた「謎の投資家（ミステリアス・バイヤー）」の正体

この時、一気に7・5兆円もアメリカに流れ出した。ここで円売り・ドル買いが発生したから、たった1日で2・5円の円安が進行した。つまり日本の安倍政権がアメリカを助けるために、日本国民の大事な虎の子をアメリカにまた差し出した。

ところがワルの西室泰三（東芝の社長をやったあと東京証券取引所の会長になって、それから日本郵政の社長になった）は、記者会見でこのことについて質問されると、平然と次のように言ってのけた。8月27日の会見の様子（一問一答）を掲げる。

記者　すでに足元でも、日本だけではなくて、アメリカ、ドイツなどでも超低金利に突入しています。その局面における運用の緩和についてお聞きしたい。それから、ゆうちょ銀行、かんぽ生命について、直近でも外債、特に**米国債を非常に買い増している**という市場の見方があります。これについても教えてください。

西室　基本的にはですね、私どもの資産運用については、継続的にＡＬＭ《エイエムエル》（アセット・ライアビリティ・マネジメント）の検討を行ないながらやっております。それと同時に、国債の話が特に話題になっていますけれども、（私ども日本郵政は）どういうわけか最大の国債ホルダーですので、日銀が最近超えたかもしれませんけど、これを私どもが、本格的に見直しをするなどということは、決して考えてはおりません。

もしもそれをやったら、必ず市場に影響が出る。それは言わば、我々としては自損行為ですよね。やるはずはないんです、そんなこと。ですから、その点はご安心いただくのと同時に、ただし余裕のある部分は、ある程度振り替える。これは国債からということではなくて、**他のアセットを取り替えていく**というのは、当然あってしかるべき話ですから、それは継続的に、もう毎月見直しをやりながら続けていく。

（日本郵政のＨＰから　太字と傍点は引用者）

この日本からの資金供出《きょうしゅつ》の動きは、トレーダーたちの間でヒソヒソと囁かれた。ロイターの解説記事を引用する。

焦点：「謎の投資家」が円高抑制、反発力奪うとの指摘も

為替市場で「ミステリアス・バイヤー」と呼ばれる国内大手投資家のドル買い／円売りが話題となっている。

ドルが100円割れになるかと思われるほど急激に円高が進行する局面で、巨額の円売りに動くため、円の買い仕掛けを狙う海外投機勢が敵視するほどの影響力を発揮している。準公的資金が動いた形跡もあり、「官製相場」との批判もあるこの動きは、円高抑制に一定の効果を上げる一方、今後のドル／円相場の反発力を奪う可能性も懸念されている。

（ロイター　2014年8月18日　傍点は引用者）

イエレンたちは「穏やかな調整」（ソフト・ランディング）で、頑強にアメリカの金融緩和を終わらせて、同時にNYダウ1万7000ドル台の維持を目指している。そのための資金を、世界中の属国群から割当制でアメリカに投入させる。日本の「ゆうちょ・かんぽ」資金による米国債買い（資金貢ぎ）は、この計画の一環だろう。

そして日本の国債利回りは、0・5％にまで冷やされて、冷蔵・冷凍状態で、来年（2015年）に持ち越されるだろう。金利が上がることなどない。上げられない。

●世界は「アベノミクス」を酷評している

アベノミクスは、世界の一流メディアからはこのように辛辣《しんらつ》に言われている。イギリスの「フィナンシャル・タイムズ」（FT）の記事から。

アベノミクス3本の矢、いまだ的中せず

8月中旬のお盆の時期、日本人は故郷に帰って祖先の霊に敬意を表する。お正月は将来に目を向けるのに対し、お盆は過去をじっくり振り返る時だ。今年のお盆は、目標に向かって突き進むことがいかに難しいかを改めて思い起こすことになった。

4〜6月期の国内総生産（GDP）は6・8％のマイナス成長となり、市場予想を大幅に下回った。純輸出はプラスだったが、輸入が減ったことが原因で、輸出が特に堅調だったわけではない。香港の証券会社CLSAのデータによると、実質ベースの輸出は2008年のピーク

時を16％下回っている。

安倍晋三首相の「３本の矢」は明らかに的を外している。理由はそもそも矢が３本ないことで、あるのはたった１本、通貨の下落のみだ。これは過去には常に有効な公式だった。円安がかつては日本の電子製品や自動車の輸出を加速させたからだ。だが今日、もはやそうした効果はない。

日本の製造業は生産拠点の多くを海外に移転させており、今後もその流れは続くだろう。国内の燃料費が福島第１原発事故が発生する以前から高騰しているためだ。円安が進むと、輸入燃料の代金はさらに上昇し続けるだろう。ＣＬＳＡは今後２年で、アジアの他の諸国における自動車生産が日本の生産台数を上回る可能性があるとみている。

加えて、安倍氏は抜本的な構造改革に取り組むという約束を果たさず、日本企業で働く労働者の賃金が上昇しないため、内需へのシフトは起きなかった。実際、現金給与総額は５月だけで３・８％下落した。

（フィナンシャル・タイムズ　２０１４年８月28日　Henny Sender 記者
日本経済新聞の訳による　傍点は引用者）

今のまま円安が続くと、このFTの記事にもあるように、輸入燃料の代金（石油と天然ガスと石炭代。エネルギー代）が上昇する。左の「国際収支の表」にあるとおり、今年（2014年）の貿易赤字はマイナス14・6兆円になる（予測）。4年連続で日本は貿易赤字に転落している。2011年3月の大地震・原発事故がきっかけである。それでも所得収支（外国からの利子や配当金の受け取り）が16兆円もあるので、経常収支はかろうじて黒字である。だが、このままゆけば来年には経常《けいつね》も赤字に転落するだろう。エネルギー代が私たちの首を絞め始めている。

貿易赤字8月は9485億円、対米自動車輸出減続く

財務省が9月18日に発表した8月貿易統計速報によると、貿易収支（原数値）は9485億円の赤字となった。米国向け・中国向けの輸出が減少に転じ、輸出が2カ月ぶりにマイナスに転じたことが影響した。なかでも対米自動車輸出は生産拠点の移動に伴い5カ月連続で減少。構造的な下押し要因とみられる。

貿易赤字は26カ月連続で、過去最長を更新し続けている。当分赤字解消の見通しは展望できず、先行きについて財務省では、輸入が鉱物性燃料中心に構造的に増える要因がある一方で、

日本の国際収支

	経常収支（貿易収支＋所得収支）	貿易収支（輸出入収支＋サービス収支）	輸出入の収支		サービス収支	所得収支	
2008年	14.8兆円	1.9兆円	5.8兆円	輸出 77.6兆円	▲3.9兆円	13兆円	第一次 14.3兆円
				輸入 71.8兆円			第二次 ▲1.3兆円
2009年	13.5兆円	2.1兆円	5.4兆円	輸出 51.1兆円	▲3.3兆円	11.5兆円	第一次 12.6兆円
				輸入 45.7兆円			第二次 ▲1.1兆円
2010年	19兆円	6.6兆円	9.5兆円	輸出 64.4兆円	▲3.0兆円	12.5兆円	第一次 13.6兆円
				輸入 54.9兆円			第二次 ▲1.1兆円
2011年	10兆円	▲3.4兆円	▲0.3兆円	輸出 63.0兆円	▲3.0兆円	13.5兆円	第一次 14.6兆円
				輸入 63.3兆円			第二次 ▲1.1兆円
2012年	4.6兆円	▲8.3兆円	▲4.3兆円	輸出 62.0兆円	▲4.0兆円	13兆円	第一次 14.1兆円
				輸入 66.3兆円			第二次 ▲1.1兆円
2013年	3.2兆円	▲12.2兆円	▲8.8兆円	輸出 67.8兆円	▲3.5兆円	15.5兆円	第一次 16.5兆円
				輸入 76.6兆円			第二次 ▲1兆円
2014年	1.0兆円	▲14.6兆円（予測）	▲16.0兆円（予測）	輸出 70.0兆円	▲4.0兆円（予測）	16.0兆円（予測）	――
				輸入 82.0兆円			――
2015年	赤字に転落するだろう	――	――	――	――	――	――
				――			――

出典：財務省「国際収支総括表」

輸出は世界経済も本格回復まで至らないことから、「しばらくこういう状況（貿易赤字）が続く」（財務省筋）と見通した。

輸出は前年比1・3％減の5兆7060億円で2カ月ぶりに減少した。米国向けが前年比4・4％減で2カ月ぶりに減少したことが響いた。地域別では、中国向けも0・2％減と17カ月ぶりに減少。EU向けは同5・6％増と15カ月連続で増加した。

（ロイター　2014年9月18日）


安倍政権のアベノミクスは、国民を朦朧《もうろう》とした状態に置いて、消費税の8％から10％への追加増税を飲ませてしまう。

これを「寝た子を起こすな政策」と言う。安倍政権にしてみれば、国民が騒ぎ出さないで、静かにさせておいて、自分たちのインチキ政策を押し付けることができさえすればいいのである。国民に騒がれたら政権は終わりである。それとなく巧妙に押さえつけることこそが、権力者・為政者のいつものやり口だ。

今年の4月からの消費税8％で、消費が冷え込んだ。内閣府の発表で4－6月四半期の対前年度GDPがマイナス6・8％（のちに調整してマイナス7・1％）の激しい落ち込みを示した。景気はちっともよくなっていない。それどころか国民生活はますます追い詰められている。日本はどんどん貧しい国になっている。このことを気づかせないようにするために、株をはじめとする金融市場で「価格の吊り上げ」という価格操作＝相場操縦を行なっている。

●GPIFの〝株価操作〟は1年以上前から周到に準備されていた

相場操縦は重大な犯罪である。金融商品取引法（金商法《きんしょうほう》）の159条で厳しく禁じられている犯罪行為だ。相場操縦をした者には10年以下の懲役か、1000万円以下の罰金という刑事罰が科される（197条の規定）。以下は金商法の159条である。

金融商品取引法　第六章　有価証券の取引等に関する規制

（相場操縦行為等の禁止）

第百五十九条　何人《なんびと》も、有価証券の売買（金融商品取引所が上場する有価証券、店頭売買有価証券又は取扱有価証券の売買に限る。以下この条において同じ。）、市場デリバティブ取引又は店頭デリバティブ取引のうちいずれかの取引が繁盛に行われていると他人に誤解させる等これらの取引の状況に関し他人に誤解を生じさせる目的をもつて、次に掲げる行為をしてはならない。

このように、金商法《きんしようほう》（かつての証券取引法）が禁じる「次に掲げる行為」とは、①仮装《かそう》売買（売り買いをしていないのに、していると見せかけること）、②馴《な》れ合《あ》い売買（他人と組んで、売りと買いを同時に行なうこと）、③変動操作（相場を変動させるために売り買いすること）、④市場操作情報の流布（相場操縦で市場が変動すると情報を流すこと）、⑤虚偽情報による相場操縦（嘘の情報を流して相場を動かすこと）、⑥安定操作取引（相場を釘付けにするために売り買いを行なうこと）の6つである。

人為的に相場（市場）をいじくり回すのは、やってはいけないことだ。この犯罪を日本政府（安倍政権）自身が白昼堂々とやっているのである。公正取引委員会も警察も、まったく動かない。

この政府による株式市場での相場操縦に使われているのが、P18などで前述したGPIF《ジーピーアイエフ》という独立行政法人である。私は1年前に出した『帝国の逆襲』（2013年11月刊、祥伝社）で、すでにこのGPIFとアベノミクスの連動した動きを察知していた。現役のファンドマネージャーである石原《いしはら》勉《つとむ》氏に〝金融バクチ〟の最前線についてインタビューして、政府の市場価格操作を見抜いた。

石原　私が気になったもう一つの動きは、日本株の新たな運用です。最近、「株式市場でアクティブ運用をやれ」と、しきりにアナウンスする人たちが出てきました。

副島　「アクティブ運用」というのは、特定の銘柄を選び出して、運用目標よりも高い利益を得ようとする投資の手法ですね。債券の市場でも使われます。アクティブ運用にはプロの分析が欠かせませんから。石原さんのようなファンドマネージャーの出番だ。

石原　もちろん、昔からアクティブ運用は行なわれていました。専門的なことは省《はぶ》きますが、お客さんのポートフォリオを作成するのに「トップダウンアプローチ」や「ボトムアップアプローチ」といった方法を使います。そこで私たちは手数料や信託報酬をいただいてきたわけです。ところが、最近の「アクティブ運用をやれ、やれ」という掛け声は、どうもアベノミクスの「成長戦略」に絡《から》んでいる。大きな流れとしての日本株買いを促進する動きが出てきた。ここが今までと違う点です。

副島　成長戦略はアベノミクスの「3本の矢」の3番目……ああ、そうか。分かった。「年金のお金を株につぎ込め」という日本政府の号令でしょう。新聞にも記事が出ていましたね。

公的年金で成長企業に投資　政府、収益力で選別

政府は公的年金の運用改革の一環で、成長企業の株式に重点的に投資する検討に入った。上場企業の中から資本を有効に活用し収益力が高い企業を選ぶようにする。約120兆円を運用する年金積立金管理運用独立行政法人（GPIF）が2014年度にも始める。成長企業を後押しし、企業の収益向上を促《うなが》す狙いもある。

（日本経済新聞　2013年10月5日）

副島　この記事の「成長企業の株式に重点的に投資する」というくだりは、まさしくアクティブ運用そのものですね。

（『帝国の逆襲』P126〜127）

このように、今の〝官製相場〟は、1年以上前から周到に準備され、地ならしされてい

違法な官製相場を作り出す“国の道具”は目と鼻の先

「池の中の鯨」になって池（株式市場）を壊してしまう

た。そして日本の株が大暴落しないように、国民の資金（年金）を株式市場につぎ込んで、〝買い支え〟と〝株価の吊り上げ〟を続けてきた。

●「自前での運用」までも目論むGPIF改革

このGPIFに、今年9月3日の内閣改造で厚生労働大臣に就任した塩崎恭久《しおざきやすひさ》が、ただちに乗り込んだ。塩崎は担当大臣としてGPIFを上から監督する立場に立って、「さらにGPIFを改革する」と意気込んでいる。

厚労省の官僚たちは、これまで自分たちの手元に年金を置いて、〝自分たちのカネ〟として守ってきた。それをGPIFに奪い取られようとしている。自分たちのカネがGPIFという勘定に移されて、安倍晋三の「官邸主導政治」によって、いいように使われてしまう。厚労省の官僚たちは、これに強く反発している。

GPIF運用益10・2兆円　13年度、外債や株式にシフト

公的年金の積立金を運用する年金積立金管理運用独立行政法人（GPIF）が7月4日発表した2014年3月期の運用実績は、10兆2207億円の黒字だった。プラスは3年連続で、

> 黒字額としては前年の11兆２２２２億円に次ぐ過去２番目の水準。国内外の株価上昇と円安の進行が収益を押し上げた。資産構成は国債が減り、外国債や国内外の株式の比率が上がった。ＧＰＩＦは国民年金と厚生年金の積立金を国内外の債券や株式に投資しており、運用資産は３月末時点で１２６兆５７７１億円。収益率は８・64％で過去３番目だった。
>
> ３月末時点の積立金全体の資産構成をみると、国内株が15・88％と前年度から１・83ポイント上がった。株価の上昇で比率が上がり、ＧＰＩＦが目安とする12％を大きく上回っている。ＧＰＩＦ自らが今秋に株式の比率を引き上げる新しい資産構成の目安をまとめることを見越して、比率の上昇を容認している状況だ。
>
> 一方、国内債券は53・43％と６・17ポイント下がった。満期を迎えた国債を年金の支払いに回しているため。外国株式、外国債券の比率もそれぞれ増えた。
>
> （日本経済新聞　２０１４年７月４日　傍点は引用者）

この年金資金は、かつては社会保険庁という厚労省の執行機関（直属の機関）で管理しており、財務省と共同で運用していた。２００７年に「年金不祥事（年金記録問題、消えた年金問題）」が起きて、日本中が大騒ぎになった。あの時、厚生官僚の厚生事務次官経験者が殺された（2008年11月）。この官僚は年金課長、局長を歴任して「年金制度のスペシャリスト」と呼ばれるくらい、日本の年金のことを何でも知っていた。この人物が口封じで殺された。〝年金についての本当のこと〟をしゃべろうとして殺されたようだ。

今の厚生労働官僚たちは「年金問題は、もう済んだ、済んだ。過去のことだ」と言い合って逃げ切ったと思っている。責任追及から逃げ切って胸をなでおろしている。当時の社保庁は2009年いっぱいで廃止されて、「日本年金機構」という名前の役所に看板を塗り替えた。

定年退職したサラリーマン層や自営業者たちへの年金の払いはどんどんひどくなっている。大卒で、勤続30年（65歳で受給の始まり。年金1年生だ）で月18万円しかもらえなくなっている。10年前なら23万円もらえた。このほかに奥さんの分が「国民基礎《きそ》年金」として月7万円ぐらいある。2人で月30万円だ。それが今は25万円に減っている。「これでなんとか暮らせるだろう」というのが、今の日本の国家体制としての決断である。ぶつぶつ国民の間から不満が出ているが、なんとか抑え込んでいる。年金額の減額は、今も恐ろしいスピードで、毎年、進んでいる。

塩崎厚労大臣は、厚労官僚たちから取り上げた年金資金をGPIFに移して、そしてさらに「これからは自前で資金を運用する」と言い出した。GPIFはこれまで（今も）資金の運用をゴールドマン・サックス・アセット・マネジメントや野村アセットに委託（「受託《じゅたく》運用《うんよう》機関《きかん》」と言う）して手数料を払っていた。それをやめたら手数料の270億円が浮く、と塩崎は考えた。新聞記事を引用する。

GPIFの株式直接売買解禁を検討　厚労相が表明

厚生労働省は、約120兆円の公的年金を運用する年金積立金管理運用独立行政法人（GPIF）が株式を直接売買できるように規制を緩和する検討に入った。現行法では株式の自家運用は禁止されており、GPIFは外部に株式の運用を委託している。塩崎恭久厚労相が、9月5日の記者会見で、法改正を視野に入れた検討を表明した。

塩崎氏はかねてGPIFの株式の自家運用解禁を提唱していた。GPIFが外部の運用会社に払う手数料は年約270億円に上る。一部を自家運用に切り替えれば、その分経費が節約できるほか、組織の運用センスも磨ける。

この日の記者会見では、「法律がどこまで資産運用を許すのか議論しなければならない」と述べるにとどめたが、厚労相就任直後から塩崎色を示した格好だ。

現状では、運用資産の8割は外部に委託しており、残り2割の自家運用も債券のみに投資している。現行法では公的機関が大株主になると企業の経営に影響を及ぼす弊害があるとして自家運用を禁じている。公的年金が物言う株主であるのは世界では一般的だ。一方、GPIFは専門性の高いファンドマネージャーやアナリストの確保や育成が不可欠だ。

（日本経済新聞　2014年9月5日）


はたして公務員（あがり）たちに、これらの巨大年金ファンドの運用ができるのか。左ページに挙げた運用委員会の委員たちは、やがて株価が値下がりしたら運用損の責任を取れるのだろうか。「はい。それでは責任を取って委員を辞《や》めます」で終わりにする気か。こんないい加減な、無責任な態勢でやっている。「この人たちに政府は運用を任《まか》せる」というのであれば、一人5億円ぐらいずつ個人の資産を担保《プレッジ》として提供させる。そして損が出たら、それを充当する、というぐらいの厳しい責任を背負わせるべきだろう。

Ｇ《ジー》Ｐ《ピー》Ｉ《アイ》Ｆ《エフ》の運用委員会の顔ぶれ

委員長	米澤康博《よねざわやすひろ》	早稲田大学大学院 ファイナンス研究科 教授
委員長代理	堀江貞之《ほりえさだゆき》	野村総合研究所 上席研究員
委員長	大野弘道《おおのひろみち》	味の素 取締役常務執行役員
	佐藤節也《さとうせつや》	東洋大学文学部 英語コミュニケーション学科 教授
	清水順子《しみずじゅんこ》	学習院大学 経済部 教授
	菅家《すがや》　功《いさお》	連合総合生活開発研究所（連合総研）専務理事
	武田洋子《たけだようこ》	三菱総合研究所 政策・経済研究センター 主席研究員・チーフエコノミスト
	水野弘道《みずのひろみち》	コラーキャピタル（英国の未公開株投資会社）パートナー

（2014年７月18日現在。ＧＰＩＦの公表資料から作成）

写真／時事

甘利明経済財政担当相に公的年金の運用改革で最終報告を提出した「有識者会議」座長の伊藤隆敏（2013年11月）

ＧＰＩＦが持つ128兆円の資産（年金資金）をどう運用（投資）するかを決めるのが、この８人の「運用委員会」だ。株（日本株と外国株）と債券（日本国債と外債＝米国債）に何兆円ずつ使うかを決める。これをＧＰＩＦの「基本ポートフォリオ」と言う。

権限は、ＧＰＩＦのトップである三谷隆博理事長よりも強い。この８月に、理事長の頭越しに運用委員会がポートフォリオを決定する仕組みに作り変えられた。理事長は運用委員会の承認がないとポートフォリオを決定できない仕組みになった。

この運用委員会よりも上に政府の審議会（有識者会議）がある。ここの座長が伊藤隆敏（政策研究大学院大学教授）である。伊藤隆敏は、あの竹中平蔵と同格のワルである。

●金融抑圧＝統制経済の時代

私は来年、2015年末からの反動、激動を予測している。その前段階として、来年の中頃から金利の上昇が起き始める。アメリカも日本も、無理やり低金利で押さえつけているけれども、ヨーロッパが先に崩れ始める。

弱体化しているスペインとイタリアの長期金利が上がり出す。すぐに4％くらいまで上がりそうである。ヨーロッパ各国は28カ国が、EUに加盟しており、そのうち17カ国がユーロを通貨とするユーロ圏《ゾーン》である。このユーロ圏の17カ国は、財政政策《フィスカル・ポリシー》はそれぞれの政府（財務省）でできることになっているが、金融政策《マネタリー・ポリシー》はヨーロッパ中央銀行（European Central Bank ECB）にその権力（権限）を譲り渡した。

だから金融政策、すなわち金利の上げ下げと通貨量《マネーサプライ》の調節ができない。金利はヨーロッパ中央銀行が一律で決定し、ユーロ圏の加盟国はそれに従わなければならない。その分だけ財政政策（赤字の垂れ流し）で実質的にインフレーションにしてゆくという政策が、それぞれの国で実行されるしかなくなっている。

それは、ヨーロッパ各国政府は自国の累積の借金を返せないからだ。政府が、膨らんだ借金を減らすには、増税をするしかない。当然、嫌がられる。だから実質的な損を国民の、とりわけ金持ち層に押し付けるしかない。それが「インフレーション」なるものだ。新しい時代の、新しい経済学は、こうした「実質のところの国家のあり方」という問題を考える。それぞれの国家が持っている〝病気〟にどう対処するか、から非人間的で残酷な経済思想が作られつつある。旧来の経済学は死んでしまった。

先述した〝悪魔〟竹中平蔵に影響を与えているアメリカの経済学者たちがいる。彼らの考え方が、すでに主流派であり、政策関与（policy commitment　ポリシー・コミットメント）している。

彼らは堂々と「ファイナンシャル・サプレッション」financial suppression というコトバを使う。最初にこの考え方を提唱したのは、ケネス・ロゴフ（ハーヴァード大学教授）とカーメン・ラインハート（IIEピーターソン国債経済研究所シニアフェロー）である。その時は「ファイナンシャル・リプレッション」financial repression と言っていた。が、この時すでに「ファイナンシャル・サプレッション」というコトバも存在した。

リプレッションとサプレッションは、どちらも日本語では「鎮圧」とか「抑圧」と訳される。しかしサプレッションのほうが強い意味を持つ。何かの動き、現象を上から押さえつけて、強制するというのが「サプレッション」だ。

だから、この「ファイナンシャル・サプレッション」は「金融抑圧」と訳される。これは「統制経済《コントロールド・エコノミー》」controlled economyということに他ならない。すなわち「経済学者である自分たちには、もう問題は解決できない。だから政府が政治判断して、統制手法を使ってほしい。法律を変えることで、まず金融市場を徹底的に操作して、統制してください。それで国家は生き延びることができる」という理論なのである。

現在は経済政策として、あからさまなまでに、このファイナンシャル・サプレッション（＝金融統制）が浸透した。これが今の日本で「インフレーション・ターゲティング理論」あるいは「リフレーション理論」と呼ばれるものだ。

●やってはいけない「非正統的手段」をやっている

ＦＲＢ議長のジャネット・イエレンと、その旦那《だんな》さんで２００１年にノーベル経済学賞を受賞したジョージ・アカロフたちニュー・ケインジアンは「無理やりインフレーションにしろ」と言っているわけではない。

彼らアメリカの経済学者たちは、「もう自分たちの経済学理論では、現実のアメリカの経済政策（エコノミック・ポリシー）はうまくいかない。成長経済政策をとれない」と内心では認めている。自分たちの理論もプライドもかなぐり捨てている。

このことを私は前著『金融市場を操られる絶望国家・日本』（徳間書店）で「非正統的《ひせいとうてき》手法」について説明した。英語でノン・レジティメット non-legitimate、あるいはイレジティメット illegitimate と言う。すなわち、非正規的手法（un-normative、アンノーマティブ）による経済政策のことである。非正統的とは従来の経済学理論とは異なる非主流派的、反主流派的ということでもある。これまでの経済学理論では説明がつかない世界が出現した。それに対応するには、前人《ぜんじん》未到《みとう》（アンプレシデンティット、unprecedented）の統制手法を取るしかない、とするものだ。

再度、説明する。偉大な経済思想を作った20世紀最大の経済学者であるジョン・メイナード・ケインズ（本当は「キーンズ」と発音）の経済理論は、「国家を経営する経済学」である。マクロ経済学で「不均衡動学《ふきんこうどうがく》」disequilibrium dynamics《ディスエクイリブリアム　ダイナミクス》とも言う。今でもこれ以外に、地球上に国家を経営する経済学は存在しない。現状に合ったもっと新しい経済学を作ろうと思ったのだけれども、ケインズの弟子を名乗る連中も、ついにできなかった。

だからケインズ政策に素直に、素朴に戻るしかないのである。そうするしか他に知能がない。なら、そうするしかない。それなのに、今のアメリカの経済学者たちは、ケインズ理論に戻らないで、金融抑圧、金融統制の経済学の〝市場破壊の経済学〟のほうに脳が向かってしまった。ケインズの思想を平気で裏切った。それがハーヴァード大学を中心にしたケインジアン（ケインズ学派）たち、「ニュー・ケインジアン」と自称する者たちである。彼らが自分自身を皮肉っぽく、自嘲的に言うコトバが「イレジティメット」＝「非正規的、非正統的な手法」なのである。

「イレジティメット」とは、「非嫡出子《ひちゃくしゅつし》」という意味だ。婚外子《こんがいし》とも言う。伝統的な日本語では父無《てて》《な》し子《ご》とか、妾腹《めかけばら》とか言った。今はこれらの下品《げひん》語は、差別用語で使用禁止だろう。この非嫡出子に対する嫡出子《ちゃくしゅつし》（レジティメット）が婚内子で、正当な結婚から生まれた子どもだ。イレジティメットとは愛人に産ませた子どもという意味である。つまり今のアメリカは、やってはいけない金融政策、経済政策をやっているのだ。

だから非正規的、非正統的とは反ケインズ主義的政策ということである。これはミルトン・フリードマンというシカゴ学派のおかしな経済学者（「マネタリスト」と呼ばれる）が言い出したマネタリズム monetarism という経済思想である。この理論は実におかしなことをやる。完全にお金《かね》の量中心の〝じゃぶじゃぶマネー〟理論である。不況（デフレ経済）が続くのはお金《マネー》が不足しているからだ。だから、お金をたくさん刷りさえすれば不景気から脱出できるという理論だ。このマネタリズムの政策を、アメリカはもう30年以上やってきた。ところが、どうもうまくいかない。今はその最終場面に来ている。

米も欧も日も、まだじゃぶじゃぶ、際限なくお札《マネー》（紙幣《カレンシー》）を刷っている。そして、国家の信用そのものを売りに出している国債（国の借金証書）を、中央銀行（ＦＲＢ）が市《し》中《ちゅう》（金融機関）から買い続けているフリをしている。しかし実際には、ＦＲＢはアメリカ政府（米財務省）発行の米国債《ナショナル・ボンド》（とりわけT《ティー》-Bill《ビル》、米財務省証券）を今や直接、買い取って、お札を渡している。日本政府も右に倣《なら》えで、同じく日本財務省が発行している日本国債を日銀自身が引き受けている。アメリカもヨーロッパも中央銀行が国家の借金証書である国債を、がぶがぶと毎月、毎日、買い続けているのである。

そしてこの他に、「マネタイゼイション」monetization と呼ばれる、「いろいろの権利や証券《セキュリティーズ》をお金化《かねか》したもの」をたくさん作り出した。このマネタイゼイション（お金《かね》化）で作り出された、錬金術《アルケミストリー》で作り出されたものが、（Ｒ《アール》）ＭＢＳ《エムビーエス》（あるいはＡＢＳ《エイビーエス》）と呼ばれる「住宅ローン抵当（担保）証券」である。これを例の金融工学《ファイナンシャル・エンジニアリング》で作り出し、巨額にお金化した。これもＦＲＢ（中央銀行）が尻拭《しりぬぐ》いで買い取り続けた。

●１００万社の中小企業が倒産させられる

「外形《がいけい》標準課税」と「ＮＩＳＡ《ニーサ》」のことだけは、経営者と投資家にとって目の前に迫っている重要な問題なので、簡単に触れておく。

「外形標準課税」導入の話が、ついに公然と政府側から出されるようになった。この外形標準課税が実施されると、赤字法人であっても一律に法人事業税（地方税である）が課されることになる。これで、おそらく１００万社ある、現状であまり売上を持っていない中小企業が、整理・倒産させられるだろうと言われている。消費税の追加増税（来年10月には10％）で痛めつけられたのに、さらにこの外形標準課税で企業経営は成り立たなくなる。

〝悪魔〟の竹中平蔵は、安倍首相に対して「雇用の流動化の次に、法人の廃業（促進）と起業率を高める企業自体の流動化を進めましょう。今の３００万社の法人と、この他に１２０万の個人事業主があります。このうち、競争力のないものを自然淘汰《とうた》しましょう」というようなことを進言した。これが２０１３年６月に発表された「アベノミクスの第３の矢」である成長戦略の中心である。それは「『日本再興戦略』の6番目」として発表された。

この外形標準課税の強行で、本当に100万社ぐらいの中小企業が整理・倒産させられてゆく。恐ろしい事態が生まれつつある。

法人事業税：外形標準課税2倍拡大し「減税」財源に

総務省は、8月29日、赤字企業の税負担を重くするかわりに、黒字企業の負担を軽くする税制改正案を示した。法人事業税（地方税）のうち、黒字・赤字にかかわらず課税する「外形標準課税」を来年度から今の2倍以上に拡大。それで得る財源で、もうけにかかる税負担の割合を示す法人税の実効税率（標準税率34・62%、東京都で35・64%）を1・5%以上引き下げる。有力企業の競争力を高める狙いだが、負担が増える赤字企業などの反発は必至だ。

同日開かれた自民党税制調査会の幹部会で示した。政府・与党は年末にまとめる来年度税制改正大綱で具体策を決める。

外形標準課税は、給与や建物の賃料などに応じて税額を算出する。法人事業税はもともと、黒字企業のもうけにだけ課税していたが、「赤字企業も行政サービスの対価を支払うべきだ」

として2004年度に外形標準課税が導入された。資本金1億円超の企業が対象で、これらの企業が納める法人事業税の約4分の1が外形標準課税になっている。

……政府・与党内では、外形標準課税の課税対象を資本金1億円以下の中小企業に広げるべきだとの意見も出ている。しかし、経営体力の弱い中小企業の税負担が重くなりすぎるとの意見も根強く、早期実現のハードルは高い。

(毎日新聞　2014年8月29日　傍点は引用者)

客を呼び込むNISAの〝あざとい手口〟に用心せよ

NISA利用呼びかけ　証券各社が周知へ

金融庁によると、今年1月に制度が始まって以降、NISA口座数は6月末時点で727万口座になった。だが、利用可能額7兆2736億円に対し、実際は1兆5631億円しか使われていない。8月末時点のデータがそろう証券大手10社に限っても、NISA口座のうち3分の2が使われておらず、使っている人の平均利用額も70万円という。

野村証券は、10月4日、女性社員3人のチームが東京・新宿で、制度を説明する臨時の相談

> コーナーを設け、利用を呼びかけた。みずほ証券も10月中に、全国の１０４支店・営業所でセミナーの開催を予定している。ＳＭＢＣ日興証券は年末までＮＩＳＡ口座での投資信託の購入手数料を無料にする。
>
> （読売新聞　２０１４年10月7日）

このような、あざとい手口で客を集めている。ご用心である。さらには、小金持ちのじいさん、ばあさんを狙って、その孫を人質（口座名義人）にする「子供ＮＩＳＡ」という、見るからに人を喰《く》ったような制度まで来年から始めるという。次の新聞記事にあるとおり、「相続税対策になり、世代間の資産移転を促《うなが》す」という政府・国税庁の悪質な本心が露骨に書いてある。

> **子供NISAが描く長期株高　教育・相続を味方に公開日時**
>
> 未成年を対象にした少額投資非課税制度（ＮＩＳＡ）である子供ＮＩＳＡが２０１６年に始まる見込みだ。子供ＮＩＳＡは、主な資金の出し手が祖父母にあたるシニア層になりそうで、相続税対策にもなるため、世代間の資産移転を促す可能性が高い。長期保有が前提となるの

で、株式相場の下支え効果も現行の成人ＮＩＳＡより大きくなりそうだ。

「子供ＮＩＳＡが誕生すれば、成人ＮＩＳＡの恒久化にもつながる。利点の多い制度なのでぜひとも実現すべきだ」。日本証券業協会の稲野和利会長は期待を寄せる。

子供ＮＩＳＡは年間投資額が80万円で、０歳から19歳までが対象。原則として親権者が口座を管理し、18歳を過ぎないと払い出しできない。

子供ＮＩＳＡの年齢層は２２４３万人いる。もちろん全員が始めるわけはないが、コモンズ投信の伊井哲朗社長は「５００万から６００万口座の開設は見込めるのでは」と強気の予想をしている。

（日本経済新聞　２０１４年9月28日　傍点、引用者）

たった１００万円の株式投資で何が買えると言うのか。従来どおりのやり方で株の売り買いをやっていればいいのだ。「少額非課税」などというケチくさい、手続きばかりが複雑なやり口に乗せられたら、儲かったはずの利益にまでネチネチと課税される破目になる。国《くに》が音頭を取って業者（証券会社と銀行）を急《せ》き立てて、やらせるバカ踊りにろくなものはない。そのように注意深く判断して、近寄らないのが賢い人のやることだ。

4章

時代は「金融からエネルギー」へ

●エネルギーとは「電気」と「燃料」のことだ

これからの世界はエネルギーが大事である。エネルギーは1．電気（発電）を作るための燃料と、2．その他の工場を動かす燃料の2種類からなる。家庭の暖房用も含まれる。だから「エネルギーは電気＋燃料」である。これに一体いくらかかるか。

これまでの世界は金融市場、すなわちおカネをお金《かね》の力だけで、バクチ（ギャンブル）で儲けることばかりを中心に考えてきた。どうやらその金融市場ばかりを中心に考える時代が終わりつつある。どうもそうではない。

これからの世界は「金融からエネルギーへ」である。

金融市場には、これまでずっと見てきたとおり、株式と為替（ドル・円相場）と国債・債券（＝金利）の3つの大きな市場がある。4つ目は不動産の市場である。不動産は明らかに実物資産（タンジブル・アセット）の市場である。商業ビルや住宅、土地などの価格や賃貸料の市場である。

これ以外に、たしかに金《きん》の地金《じがね》を中心にした鉄や銅やアルミなどの鉱物資源の市場がある。これらは専門用語では「コモディティ（商品《しょうひん》）」と呼ばれる天然資源の市場である。日本では、商品先物《さきもの》市場＝東京商品取引所（TOCOM《トコム》）でもっぱら先物《さきもの》取引（フューチ

商品（コモディティ、基本物資）の値段

（2014年10月）

金《きん》 gold  **4200円** 1グラム	**プラチナ** platinum  **4500円** 1グラム
銀 silver 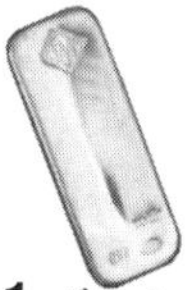 **65円** 1グラム	**銅** copper  **770円** （7ドル） 1キログラム
鉄 iron  H型鋼 **80円** 鉄鉱石は **8円** （クズ鉄なら 1キロ35円） 1キログラム	**アルミ** **（地金）** aluminium  **290円** 1グラム
鉛 lead  **290円** 1キログラム	**亜鉛** zinc  **290円** 1キログラム
農産物	
米 rice  **135円** 大阪堂島商品取引所の先物価格 1キログラム	**豚** pork  **600円** 1キログラム
トウモロコシ corn  **280円** 中央卸売市場の中値 1キログラム	**小麦** wheat flour  **58円** 輸入小麦の政府売り渡し価格 1キログラム

ヤー・トレーディング）として発達してきた。米《こめ》の先物相場は江戸時代の中期（八代将軍吉《よし》宗《むね》の頃）からある。

どうも、この商品先物市場が殺されて消滅されつつある。私は、私の本の読者に、この商品先物の市場に参加する会社（商品先物会社）で金の地金を買いなさい、そしてずっと自分の手元に保有しなさいと勧めてきた。この本の前のほうで述べたとおり、金《きん》の値段は1オンス1200ドルを割って1100ドルにまで向かいつつある。今、金《きん》がアメリカの手で殺されようとしている。

中国（人）とインド（人）とブラジル（人）とロシア（人）が世界中の金《きん》を買い集めつつあるので、それに対して、アメリカとヨーロッパ白人たちが必死のイヤがらせをしている。欧米政府は、もう金《きん》をあまり持っていない。金の他に銀、プラチナ、タングステン、チタン、ダイヤモンドなどの鉱物・鉱石の市場がある。この他に、農産物（穀物の小麦、トウモロコシ、大豆、豚肉）などの市場もある。

商品（コモディティ）とは、この世の中に存在する鉱物資源のことだ。だから、本当は「基本物資」（ベイシック・マテリアル）と呼ぶべきだろう。これらの鉱物資源以外に、当然ながら①石油（原油）と②天然ガスと③石炭、そして④原子力（ウラン）が、エネルギーを作り出すための燃料として存在する。エネルギー源は、この①〜④である。

代表的エネルギーである電気（電力）を作るためには、発電機（ダイナモ）を回さなければいけない。発電機に高圧の水蒸気をぶつけてタービンを回転させて、電気を生み出す。そのためのものすごい量の熱量（火力）を作り出さなければならない。そのために石油と石炭と天然ガスが使われている。この他にウラン原石を核分裂させて、激しい爆発力が起きる（核分裂）ので、それを制御しながら高圧の水蒸気を作ってタービンを回して発電するのが原子力発電である。

①、②、③のエネルギーは、電気（電力）を作り出すために全体の7割が使われている。それ以外の3割が、工場で原材料を形成するための燃料や家庭の暖房、そして船・飛行機・ロケットを推進させるための燃料である。だから大きく言えばエネルギーとは燃料のことだ。

これからの世界は、エネルギー＝燃料をどのように確保して、それぞれの国が生き延びるか、を賭けた厳しいゲームになっている。

だから、この章は人類のエネルギーについての大きな理解をするためのものである。近年（とりわけこの10年）、エネルギーの中でも天然ガスがものすごい勢いで伸びている。石油よりも大きな役割をエネルギーとして果たしつつある。このことに注目して、人類にとってのエネルギー問題を大きく、大きくとらえることにする。いつまでも金融市場で、おカネのバクチばかりに嵌《は》まって、何度も自分の大切な投資資金（元手）を吹き飛ばしてオロオロしているばかりが人生ではない。

●天然ガスが石油から「エネルギーの王座」を奪う

ほんの少し前まで'Oil is King.'《オイル イズ キング》「石油《オイル》が（あらゆる資源の）王様」だった。今から40年前の1870年代から「米ロックフェラー家の石油」の時代だ。今は、石油（原油）を押しのけて'Gas is King.'《ガス イズ キング》「天然ガスが王様」になりつつある。天然ガスのほうが石油よりも世界的に重要になりつつある。

現に日本の燃料代（エネルギー代金。年間で28兆円）のうちの実に52％（14・5兆円）は天然ガスの輸入代である。2011年3月の大地震・原発事故の前は30％だった。その時、石油はすでに10％にまで減っていた。原子力（ウラン）発電用が30％（2010年で29％）だった。石炭による火力発電がずっと25％を占めている。残りの8％が水力発電所（ダム）である。その他の自然再生エネルギー（バイオマス、風力、太陽光、地熱《ちねつ》の4つ）

ものごとは大きく大きく理解するべきだ

世界のエネルギーの全体表(石油換算)2014年

国名		世界GDP（カッコ内は世界全体に占める割合）	1年間で消費するエネルギー量（石油換算／トン）	その国のエネルギー代（石油換算。その70%が電気代）
アメリカ		16兆ドル 1600兆円（世界の20%）	24億トン	100兆円（輸入60兆円＋国内生産40兆円）
欧州全体（EU28カ国を中心）		20兆ドル（25%）	30億トン	130兆円（輸入90兆円＋国内生産40兆円）
日本		6兆ドル 600兆円（7.5%）	9億トン	28兆円〈輸入100%〉（電気20兆円＋燃料8兆円）
BRICS	中国	10兆ドル（12.5%）	15億トン（石炭が7割。これは自給）	28兆円（石油20兆円＋天然ガス2兆円）
	ロシア	2.5兆ドル（3.1%）	3.7億トン	自給
	ブラジル	2.7兆ドル（3.4%）	4億トン	自給
	インド	2.0兆ドル（2.5%）	3億トン	10兆円（輸入7兆円＋国内生産3兆円）
その他		20兆ドル（25%）	32億トン	――
合計		80兆ドル	推計120億トン	520兆円（5.2兆ドル）

© T.Soejima

この表は卸《おろし》の値段である。石油１トンあたり43,000円だから＝１キロあたり43円である。この理解でいいだろう。だから税金や運送費を含まない。

は、未《いま》だに1%にも満たない。太陽光発電（ソーラーシステム）など、どんなに大規模（ソーラーパネル2万枚を敷《し》きつめるとか）にやっても、せいぜい民間住宅3000戸分ぐらいの電力しか賄《まかな》えないのだ。

私は、名古屋の知多《ちた》半島にある中部電力の大型ソーラーパネルを見学に行って知った。太陽光では、せいぜい家庭用の電力しか作れない。重電《じゅうでん》の巨大設備の工場を安定的に動かすためには、やはり火力発電か原子力発電の強力な出力《しゅつりょく》のものに頼るしかないのだ。太陽光発電だと夜と雨の日は、太陽光がないので発電しない。だから、これから先、10年、20年かけても自然再生エネルギーによる電気量の確保は実際上無理である。だから、これからの世界は、いよいよ「ガス・イズ・キング（王様）」なのである。

石油《オイル》が威張《いば》る前は、「鉄鋼が王様」'Steel is King.'《スティール イズ キング》だった。18世紀、19世紀は鉄の時代だった。その少し前は'Cotton is King.'《コットン イズ キング》で綿花《めんか》（綿《わた》）を中心とした繊維《せんい》産業が王様だった（1860年代まで）。日本は生糸《きいと》と絹生産で明治期に世界的なボロ儲けをした。石油の時代が終わっていって、ガスの時代が到来したのだ。石炭であっても現在ではガス化して使う。

天然ガスは世界中のガス田《でん》から出る。これまでは、だいたい大きな油田の原油《クルード・オイル》の層の上に溜《た》まっていたものを、すべて燃やしてしまっていた。この大量の天然ガスを燃やしてしまうのは、もったいない、としてタンクに溜めて、それをパイプラインで運べるようにした。それらが、いわゆる「都市ガス」となって煮炊《にた》き用と暖房用に使われるようになった（1960年代から）。日本でも天然ガスの輸入が始まった。ただし、そのためにはガスを超低温（零下162℃）で液化《えきか》（liquefy《リクイファイ》）する技術が必要だった。それが80年代に完成したので、いよいよLNG《エルエヌジー》の専用タンカーで氷漬けにして輸送することが始まった。

後述するが、天然ガスでの火力発電コスト（1キロワット＝10・5円）は石油（同30円）の3分の1で済む。石油の多くは車のガソリン用に使われる。

ちなみに、私たちがプロパンガス、あるいはLP《エルピー》ガスと呼んでいるものは、石油を精製して作るものである。天然ガスとは違うのだ。プロパンガスは家庭の燃料用とタクシー用の自動車の他に、災害や戦争に備えての備蓄用の用途がある。今でも都市ガスが引かれていない周辺部と田舎《いなか》では全国でプロパンガスが使われている。

この本は、表紙に打ち込んであるとおり「エコノ・グローバリスト Econo-Globalists シリーズ」の17冊目である（1998年から書き始めた。そのとき私は45歳だった）。このように私は17年前から金融本を書いてきた。が、目先の金儲けのための情報を提供するためにだけ書いてきたつもりはない。この世界の大きなおカネと物資（財物）の動きを、徹底的に大きくとらえようとして、まず自分自身のために書いてきたのである。薄汚い金儲け一点張りの金融サギ師たちの本など、どうせ消えてなくなる。私は、激しい〝金《きん》殺し〟が続いていることで歯を喰いしばって、このことに堪《た》えなければいけない、と考えている。

2003年から始まった「金《きん》（欧州ロスチャイルド）とドル（米ロックフェラー）の闘い」において、どうせ金《きん》が勝つ。いくらアメリカ政府が足掻《あが》いて、金《きん》を〝ネイキッド・ショート・セリング〟（裸の空売り）の違法な策略で下落させても、人類5000年の金《きん》の重みはなくならない。アメリカの横暴《おうぼう》もやがて敗れ去ってゆく。

●バブルのネット企業よりもエネルギー問題を見つめるべきだ

当たり前のことだが、日本は世界の一部分である。ほんのわずかな一部分である。だがしかし、それでも人口が1億2000万人もいる。世界GDPの割合で、今でもまだ世界の7・5％（6兆ドル。580兆円）もある（P217の世界GDPの表を参照）。アメリカは17兆ドルで21％ある。だからP201の世界全体のエネルギーの表にあるとおり、世界の中で1年間のエネルギー消費量、すなわちそれはそのまま生産量でもあるのだが、12

0億トン（石油換算）である。そしてその代金（金額）のすべてである5・2兆ドル（520兆円）が大きく理解できるのである。この表は苦労して、私がすべての統計資料を統合して作った。

1年間のエネルギーの消費量とは、そのまま生産量である。これは世界中の国家間での貿易で、輸出と輸入の量や金額ともなる。石油と天然ガスは、現在では、それぞれの国にとっての戦略物資であるから、埋蔵量や産出量の微妙な調節の問題もある。このP201の表をじっくり見てください。

この世界全体のエネルギーの表は、私が独力で作り上げた世界地図に相当するぐらいの、たった1枚で「これで世界のエネルギーの大きな理解ができる表」である。世界全体では5・2兆ドル（520兆円）のエネルギー代（燃料代）がかかっていることが分かる。そのうち5・4％である28兆円が日本のエネルギー代だ。日本は石油も天然ガスも石炭も、ほぼ100％輸入である。

私たちは経済新聞や経済雑誌で、たくさんの難しそうな金融記事や各業種・業界の出来事を毎日読まされる。石油や鉄鉱石の、輸入値段の変化とかの記事はたくさん書かれる。

しかし業界関係者たちにしか、実感を伴って分からないだろう。だから皆、分かったふりをして、実はほとんど分かっていない。エネルギー問題は大切なのに、その全体像の理解がなかなかできない。

このことに私は今回、敢然《かんぜん》と挑戦してみた。そして以下に載せる、あれこれの図表を作ってみた。自動車の輸出、輸入の台数や電機、コンピュータ、半導体などの市場のことは分かりやすいから、ただ新聞記事を読んでいればいい。


あるいは、今の時代の最先端であるスマホ（スマートフォン）などの生産台数をめぐる、世界の代表的なIT《アイティ》およびネット企業の巨大企業たちの動きと、その巨大なあぶく、バブル産業としての様子については、皆よく知っている。

グーグルとアップルと、アリババとフェイスブックなどの巨大なアブク通信会社は、おそらく2年後には、現在の高い値段の株価が大暴落を起こして、みんなでガッカリすることになるだろう。ITのことは、私には当たり前のこととして丸見えに予測できる。

ここで一言、言っておく。この9月19日にニューヨーク証券取引所（NYSE《ナイス》）に上場して、瞬間的に99ドルの暴騰値段（時価総額25兆円＝2300億ドルになった）を付けたア

巨大ネット企業（ＩＴ企業）の株式の時価総額（2014年10月）

	企業名	時価総額	
1	アップル （アメリカ）	65兆円 5900億ドル	ナスダックの10％
2	グーグル （アメリカ）	43兆円 3940億ドル	ナスダック市場の6.5％
3	アリババ （阿里巴巴集団・中国）	25兆円	ニューヨーク証券取引所（ＮＹＳＥ）の1.3％
4	フェイスブック （アメリカ）	21兆円 2055億ドル	ナスダック
5	アマゾン （アメリカ）	18兆円	ナスダック
6	テンセント （中国）	15兆円	香港市場のみ
7	ソフトバンク （日本）	9.3兆円	東京証券取引所
8	バイドゥ （百度・中国）	8.4兆円	ナスダック市場の1.3％
9	イーベイ （アメリカ）	7.2兆円	ナスダック
10	ヤフー （アメリカ）	4.5兆円	ナスダック
11	ヤフー （日本）	2.3兆円	東京証券取引所

これらの通信・ソフトウェア会社の毎年の売り上げは、株価時価総額の30分の１ぐらいしかない。

リババ（中国企業）の年間売り上げは、たったの75億ドル（7500億円）しかない（2013年）。それなのに、どうして25兆円もの時価総額が付くのか。これはバブルそのものだ。同じく日本のソフトバンク（あの孫正義《そんまさよし》社長）は時価総額で9・3兆円だ。年間売り上げは6・6兆円である。そのほとんどは、この間、買収した米スプリント社のものである。本当は5000億円ぐらいしかない。こんなアブク産業がいつまでも保《も》つわけがない。バブルは、きっと弾《はじ》ける。大暴落する。その時がアメリカの大恐慌突入である。

実需《じつじゅ》や実体のない会社が、人類（人間）のフワフワした夢や願望だけで、アニメ、オタク、ゲーム、マンガの空騒ぎ（ユーフォリア。熱病）だけでいつまでも保つわけがない。それよりは、私たちにとって身近に大切であり、必需品であるエネルギーの問題を真剣に考えるべきだ。

2011年3月12日の福島第一原発の大事故（水素爆発）以来、日本のエネルギー政策は大きく変化した。そのことを、全体図を示して説明する者が誰もいない。普段は冷静沈着で優れた頭脳をした者たちの半分ぐらいまでが「原発。放射能。コワイコワイ」派になってしまった。「危険なものは危険だ。だから人間にとって危険なものを、とにかく除去、廃棄すべきである」となって完全な思考停止状態に陥《おちい》って、一国（我が国）のエネル

世界の株式市場の時価総額
（2014年5月）

※1ドル＝110円

	取引所	時価総額	上場企業数
1	ニューヨーク証券取引所 NYSE	1924兆円	2401社
2	ナスダック NASDAQ	657兆円	2691社
3	東京証券取引所 Tokyo Stock Exchange	433兆円	2425社
4	ロンドン証券取引所	390兆円	999社
5	ユーロネクスト	387兆円	1065社
6	香港証券取引所	310兆円	1673社
7	ドイツ取引所	202兆円	703社
8	ＡＩＭ（英国）	130兆円	1098社
9	ジャスダック	9兆円	864社
10	マザーズ	2.7兆円	193社
	その他	⋮ 2455兆円	
	世界合計	6900兆円	

出所：Thomson Financial、世界取引所連盟、各取引所公表資料から作成

ギー問題を冷静に考える能力を失っている。

自民党政府は国民生活への責任があるから、一国のエネルギー政策として、全国で停止してある原発46基のうち、新式の18基を再稼働させようとしている。嫌がっている者たちも含めて、国民はどうせ、電気（発電）の必要とエネルギーの供給のことを考えて、嫌々ながら現実を認めて政府の言うことに従ってゆく。原発は次々に再稼働してゆくのだ。それはもっぱら、発電エネルギーの必要コスト、すなわち燃料代の支払い金額の問題なのだ。

●「3・11」以後、日本の年間エネルギー代は10兆円増えた

2011年中に全国の原発を、電力会社たちが次々と停《と》めていったのに伴い、急激に天然ガスの輸入が増えた事実を福島原発事故の直後から厳しく注目してきた。3月11日の大地震・大津波のあとだったから、最新のエネルギーの統計数字などは見当たらなかった。一体どのぐらい天然ガスの輸入が急増して膨らんだか。そして休止していた天然ガスによる火力発電所が全国で動き出したのだ。

さすがに、日本はいろいろな意味で、配慮の行き届いた過剰《かじよう》設備《せつび》の国である。「原発を

まったく動かさなくても、（火力発電所だけで）電気量は足りたではないか」という考えが世の中にはびこった。

たしかにそのとおりだ。原発を動かさなくても、石油・天然ガス・石炭の3つを燃やす3種類の火力発電所で、全国の発電量はなんとかかんとか間に合っている。だが、もうすぐ限界に達する。だから再稼働なのだ。

それでは、一体、いくらのお金がかかっているのだ。全国で12原発52基（福島第一の1～6号機は廃炉決定。だから残りは46基）を止めた。そのせいで、一体いくらのエネルギー代（燃料代）が急激に増えたか。その金額を探り当てるために、私はあれこれ調べた。そして分かったことは、日本が1年間に支払っているエネルギー代（電気料＋燃料費）は28兆円である。このことが分かった。

天然ガスは、最近は世界中で陸地のそばの海底（水深300メートルぐらい）から出る。日本の天然ガスの最大の輸入国はオーストラリアである。次がカタールと並んでマレーシアである。マレーシアは10年前まで石油が取れない（出ない）かわいそうな国と言われていた。ところが、今は沿岸部で大量の天然ガスが出ている。それを日本の石化《せきか》（ペトロケミカル）の企業たちが合弁事業として設備を作って日本に輸出している。

このことはP201の、エネルギーの全体表からも分かるとおりである。2011年3月の大地震・原発事故が起きるまでは、年間10兆円で済んでいた。それが年間28兆円だから18兆円も増えた。この事実を冷酷に見つめることができなければ、金融や経済の話などまともにできない。

一体、誰がこの増えた18兆円を負担しているのか。日本国民である。原子力発電は危険であるという議論をまず先行させる者たちであっても、このエネルギー転換でお金がかかる、という事実を真剣に考えなければいけない。

私は、日本のエネルギー（5種類）の消費量＝輸入量＝輸入金額の問題を、世界規模にまで押し広げて、全体としての世界のエネルギー問題を大きくつかむ計算を行なった。

この他の問題点として、原子力発電からは核廃棄物（核のゴミ）が出て、それを再処理するのに莫大《ばくだい》なお金がかかる、と言われている。この核廃棄物《ニユーク・ピユーク》の処理の問題を原発反対派＝再稼働を許さない派の人々は、大きな錦《にしき》の御旗《みはた》にしている。ところが、一体、この核の再処理に現在どれぐらいのお金がかかっているかを正確に議論している人はいない。青森県の六ヶ所《ろつかしよ》村に、この核のゴミの貯蔵所（中間処理施設と名乗っている）がある。ここで再処理も行なう計画にもなっている。私は、この施設を昔、見学に行ったことがある。一体、どれぐらいの費用がかかっているのか。誰も知らない。

私の考えでは核廃棄物は、それほど危険なものではない。冷却してしまっている放射性物質が、毎時1シーベルト以下であるならば、自然な状態に野積みしておいていい。現にドイツやオランダなどでは、平原に金網の柵だけがある中に核廃棄物を積んである。廃棄物の処分には本当は大したお金はかからないのである。テロリストが、この施設を攻撃したらコワイという議論もある。私の考えでは、これらはすべて放射能過剰恐怖症によるものである。人々が異常に恐怖心を抱くものだから、大変なお金がかかってもいいというふうに原子力の産業界が動く。感情的な反対運動がワルの原子力ムラをかえって儲けさせているのだ。

私たちは、原子力工学の専門学者や放射線医学の専門医たちから、もっと多くの正確な知識を聞くべきなのだ。彼らのことをすぐに「御用学者《ごようがくしゃ》」と呼んで糾弾《きゅうだん》し、非難することばかりしている。私たちは専門家たちの意見に冷静に耳を傾けていない。

こういうことを私が書くと、原発反対派は、すなわち放射能への恐怖感のある人たちは私に向かって逆上して怒りの態度を取るだろう。私は、この3年間でヒドい目に遭《あ》った。

世界の石油(原油)の生産量・消費量・輸入額(2012年)

	生産量		消費量		輸入額
1	サウジアラビア	5.5億トン(40億バレル)	アメリカ	8.2億トン	28兆円
2	ロシア	5.3億トン	中国	4.8億トン	25兆円
3	アメリカ	4億トン	日本	2.2億トン	14兆円
4	中国	2億トン	インド	1.7億トン	15兆円
5	カナダ	1.8億トン	ロシア	1.5億トン	自給
6	イラン	1.7億トン	サウジアラビア	1.3億トン	自給
7	UAE	1.5億トン	ブラジル	1.2億トン	0.4兆円
8	クウェート	1.5億トン	ドイツ	1.1億トン	7.5兆円
9	イラク	1.5億トン	韓国	1.1億トン	10兆円
10	メキシコ	1.4億トン	カナダ	1億トン	0.5兆円
	⋮	⋮	⋮	⋮	⋮
	合計	42億トン	合計	42億トン	合計170兆円

資料：ＢＰ、ＩＭＦ、ＵＮＣＴＡＤ（国連貿易開発会議）の統計発表から副島が作成

世界全体で 生産量＝消費量＝42億トン(310億バレル)

（上）ナフサ（粗製ガソリン）などでの輸出入が増えているので、石油そのものの統計数字が合わなくなっている。

（左）天然ガスの輸出入には、ガスをそのままパイプラインで送る方法と、ＬＮＧにして専用の輸送船で運ぶ方法がある。大きな専用船は１隻200億円（２億ドル）ぐらいだ。ＬＮＧ（Liquefied Natural Gas 液化天然ガス）は、天然ガス(Natural Gas)をマイナス162℃以下に冷却してつくる。気体である天然ガスは、極低温状態まで冷やすと液体になる。ＬＮＧは無色透明の液体である。

液化すると、天然ガスは気体の時と比べて体積が600分の１にまで小さくなる。よく、サッカーボール４個分のガスがゴルフボール１個分になると言われている。だからＬＮＧは大量の輸送に適している。左の表のうち、日本と韓国は天然ガスをすべてＬＮＧで輸入している。また、世界のＬＮＧの総輸入量のうち、７割をアジア諸国が占めている。

世界の天然ガスの輸出量と輸入量

	輸出量		金額	輸入量		金額
1	ロシア	2.2億トン	10兆円	日本	1.4億トン	6兆円
2	カタール	1.4億トン	6兆円	アメリカ	1億トン	4.5兆円
3	ノルウェー	0.9億トン	5.5兆円	ドイツ	1億トン	4.5兆円
4	カナダ	0.9億トン	4兆円	イタリア	0.8億トン	3.6兆円
5	オランダ	0.7億トン	3兆円	イギリス	0.6億トン	2.6兆円
6	アルジェリア	0.6億トン	2.6兆円	韓国	0.6億トン	2.6兆円
7	アメリカ	0.5億トン	2.3兆円	フランス	0.6億トン	2.6兆円
8	インドネシア	0.4億トン	1.8兆円	トルコ	0.5億トン	2.2兆円
9	マレーシア	0.4億トン	1.8兆円	中国	0.5億トン	2.2兆円
10	その他計	3.6億トン	15兆円	その他計	5億トン	22兆円
	合計	12億トン	52兆円	合計	12億トン	52兆円

（１ドル100円で計算）資料：ＢＰ、東京ガスの統計をもとに副島隆彦が概算した

天然ガスの総輸出量＝総輸入量＝12億トン（石油換算）

写真／時事

私は福島第一原発の正面玄関前まで事故の直後に何度も行って、放射線量を測定した。私の知る限り、福島の現地では赤ちゃん一人、原発作業員一人も、原発事故の放射性物質のせいで発病している人は誰もいない。こう書くと、また私は激しい非難にさらされる。これらのことで、すでに私は弟子たちと数冊の本を書いている。何か反論のある人は私にお手紙か、e-mailをください。必ずお返事します。

● 米、欧、日の先進3カ国が世界GDPの半分を占めている

この2月からウクライナで政権転覆（クーデター）の政治問題が起こり、内部で戦争が始まった。ウクライナの親ロシア勢力（pro-Russian separatists《プロ ラッシアン セパレイティスト》）を支援しているロシア国（プーチン大統領）に対する、西側諸国（G7《ジーセブン》体制。日本も入っている。G8《ジーエイト》だったがロシアが追放された）によるロシアへの経済制裁《エコノミック・サンクション》が今も行なわれている。**ウクライナ問題で一番大事なのは、ヨーロッパ諸国へのウクライナを経由した天然ガス・パイプラインの輸送の問題**である。

この天然ガスが手に入らないと、ドイツを中心にしたヨーロッパ諸国がほとほと困って

世界各国のＧＤＰ比較(2014年)

国名		ＧＤＰ	世界全体に占める比率	
アメリカ合衆国		17兆ドル	21%	
ＥＵ	ドイツ	4兆ドル	5.0%	25%
	イギリス	3兆ドル	3.75%	
	フランス	3兆ドル	3.75%	
	イタリア	2.5兆ドル	3.1%	
	その他	……	3.1%	
	(ＥＵ全体)	計20兆ドル		
日本		兆ドル	7.5%	
ＢＲＩＣＳ 新興４大国	中国	10兆ドル	12.5%	
	ロシア	2.5兆ドル	3.1%	
	ブラジル	2.7兆ドル	3.4%	
	インド	2兆ドル	2.5%	
カナダ		1.9兆ドル	2.4%	
メキシコ		1.5兆ドル	1.9%	
オーストラリア		1.6兆ドル	2.0%	
韓国		1.3兆ドル	1.6%	
トルコ		0.9兆ドル	1.1%	
その他諸国		……	……	
世界合計		80兆ドル	100.0%	

しまう。ドイツは30～40％をロシアからの輸入に頼っている。フランスは、なんと原子力発電で国内の80％の電力を賄っている（左ページのグラフ参照）。他のヨーロッパ諸国に電力を売っている（輸出）。それでも、フランスでも暖房などの燃料は天然ガスのはずである。イギリスもイタリアも同様だ。だからヨーロッパ諸国はロシアとまともに大ゲンカなどできないのだ。

私は、このカスピ海を原産地とするロシア経由、ウクライナ経由での天然ガスのパイプラインでの輸送問題に大きく着目した。前述した「一番大きなエネルギーすべての表」をさらに細かく分けて分かることだが、日本は石油（原油）の代金は10兆円のままで、ここ何年も変わっていない。1年間分を、つねに備蓄している分もある。

ところが天然ガスは現在、年間14兆円も輸入している。残りは石炭代の4兆円（推定）である。合計で28兆円だ。

だから天然ガスの輸入と確保の問題がこれからも一番大きい。ヨーロッパ全体（EU《イーユー》28カ国が中心）は、1年間で日本の4・6倍の130兆円（1・2兆ドル）である。アメリカ合衆国はエネルギーの国内生産と輸入が半々であり、年間100兆円（9兆ドル）かかっている。

各国は発電にどのエネルギーをどれくらい使っているか
（2011年の統計。ただし日本は2012年の推計）

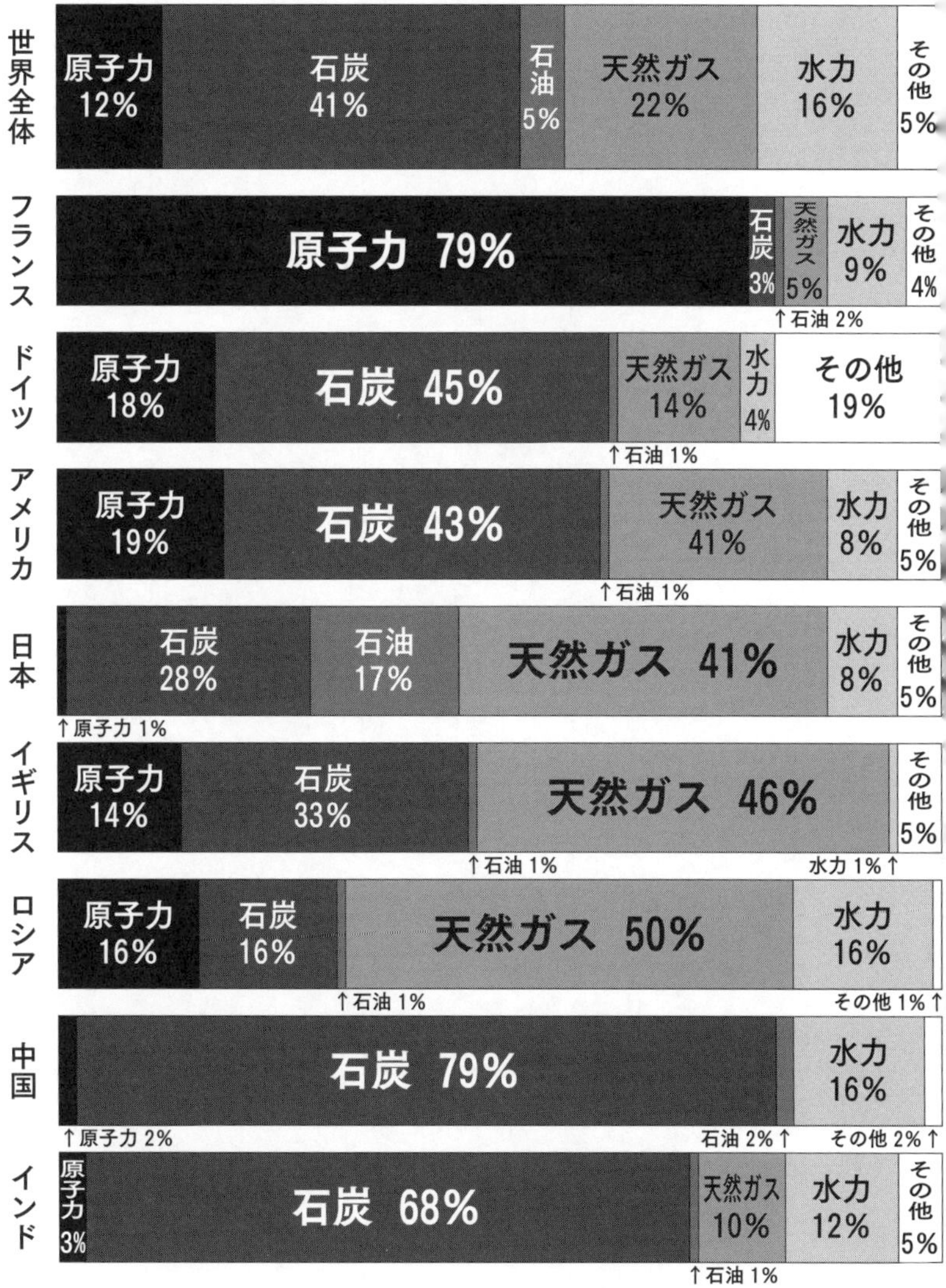

資料：ＩＥＡ（国際エネルギー機関）「電源開発の概要」などを基に作成

これらの先進国3地域が、世界ＧＤＰでも半分（43兆ドル）を占める。ＧＤＰというのは、１年間のその国の稼ぎ（年収）であり、そのままイコール、消費金額である。私たちの生活と同じで収入をすべて出費してしまうのだ。貯蓄など少ししかできない。

日本のＧＤＰ６兆ドル（６００兆円）を、もっと分かりやすくたとえれば、日本人のサラリーマン家庭で、６００万円の年収があって、その６００万円すべてを毎年使い果たしてしまうことと同じである。主要国の世界ＧＤＰの表はＰ２１７に載せた。

●借金で膨らんだ「国家の帳簿」を燃やすために戦争が引き起こされる

日本の去年（２０１３年）１年間の税金収入は47兆円であった。これ以外に毎年、50兆円超の国債を発行して、合計で年間98兆円の国家予算を作っている。２０１５年度予算の概算要求額は合計で１０１兆円だ。年末までに財務省が査定して決める。１００兆円以下で収《おさ》めるらしい。つまり、半分が稼ぎ（税収）で、残りの半分が借金だ。日本は、こんなことをもう10年以上やっている。

だからこの本のずっと前のほうで書いたとおり、国債の発行、及びその発行残高（すなわち累積している財政赤字）の問題が大事なのだ。私たちは、紙切れであるお札（紙幣。日銀が発行する）と同じく、紙切れである国債（財務省が発行する）を政府が刷りながら、それを互いに交換してまるでそれが当たり前のことであるかのように、今も平気に暮らしている。こんなことがいつまで続くか。

やがてこのおかしな現実は崩れてゆく。お札と国債という紙切れを、帳簿に書き続けている国家の帳簿そのものを燃やしてしまうことになる。初めからそんな帳簿はなかったことにするために、戦争か大動乱を引き起こすしかなくなる。

アメリカのヒラリー・ロダム・クリントン（たち）が考えているのは、まさしくこの手である。ヒラリーは好戦派《ジンゴウイスト》である。インターベンショニスト（interventionist　外国政治への干渉主義者）である。アメリカの巨額な財政赤字は、もはや辻褄が合わないところにまで来ている。だから、世界的な大戦争を起こして「すべてをご破算《はさん》に願いましては」と、ゼロからやり直すための戦争を考えている。そのために世界の各地を火の海にして何百万人、何千万人の人間が死ぬことも厭《いと》わない。今後そういう事態が大いに考えられるのである。それに対して、オバマとバイデン副大統領たちは、大きな戦争にならないようにする派だ。オバマはヒラリーと対立、対決しているのだ。

今、世界には72億人の人口がある。そのうちの1割の7億人が死んでしまっても別にどうということはない、という考えがこの世にはあるのである。通常、こんな恐ろしいことは、誰も口にはしないし、テレビ・新聞は言わないし、本にも書かれない。だが私はわざと書く。

日本は税収（国の稼ぎ）が1年に48兆円しかないのに、エネルギーの輸入代＝消費額は28兆円もかかっている。これを半分の14兆円に減らしたい、と考えるのが国家の指導者（為政者《いせいしゃ》）の頭であるべきだ。

毎月の家計の電気代が、3万円かかっているのを2万円に減らしたいと考えて、1万円節電しようとする堅実な家庭と同じことだ。

この本で私は、天然ガスのLNG《エルエヌジー》（液化天然ガス）での輸入代金のことと、それに大きく関連するロシアのサハリン（旧樺太《からふと》）からの海底パイプラインによる日本国内への供給のことを取り上げる。日露《にちろ》の外交交渉、すなわち平和条約の締結問題（北方領土の半分返還）もこれに重大に絡《から》まる。大きく政治と経済の問題として、あとのほうで考えてゆく。

●石油の産出量と消費量と値段の関係

エネルギー（燃料）の量と値段をどう計算するか。

原油（石油）は、世界中で日量９０００万バレルあればいい。実際にそれだけ消費されている。もっと分かりやすくすれば1億バレルあればいい。これに1年間３６５日を掛けるので、３６０億バレルである。１バレルは１５９リットルだ。だからリットル単位に直すと５・７兆リットル（57億キロリットル）である。日本はこのうち２億キロリットルを消費している。少し古い資料では1億キロと少しとなっている。

日本は別の見方からすると、日量３５０万バレルあればいい。これをリットルに直したら、やはり2億キロリットルである。

この世界で1年間に消費する石油（原油）57億キロリットルを、重さに換算する。すると45億トンである。Ｐ２１４に載せた表では42億トンとなっている。これが２０１２年の世界の石油の生産量である。

今年の4月に、世界の石油生産量が日量９２８０万バレルにまで上昇した（ＩＥＡ＝国際エネルギー機関発表）。ほぼ等しいので、これでいいだろう。このうちの２４００万バレルがサウジを主とする12カ国のＯＰＥＣ加盟国で産出される。

Ｐ２１４の表のとおり、世界の石油の生産量はそのまま消費量である。だから世界で１年間に消費する石油の量も、42億トン（あるいは45億トン）である。それぞれの国が、自国で産出して足りない分を輸入している。その金額は、アメリカが28兆円、中国が25兆円、日本が10兆円である。日本はすべて輸入である。世界で生産＝消費する42億トンは、体積に直すと310億バレルである。

どうも石油の世界の消費量は、あまり伸びなくなっている。石油は世界中で余っている。それなのに現在1バレル（159リットル）92ドルにまで値段を吊り上げている。本当は1バレル50ドルぐらいでいいはずなのだ。1バレルが100ドルを超すと、それは自動車のガソリン代に跳ね返る。日本では1リットルで180円を超してしまう。これから冬に向かって、毎日仕事や通勤で車を使う人にとっては、たまらない。だから100ドルから92ドルにまでわざと落としてある。

アメリカの場合は、車は図体《ずうたい》が大きいので1台に80リッター（20ガロン）ぐらい入る。1ガロンは3・8リットルである。アメリカのガソリン代は日本と比べて2割ぐらい安い。税金の分が安い。1リットルは1・2ドル（130円）ぐらいである。80リッター（20ガロン入り）で96ドル（1万400円）である。

100ドル紙幣1枚を出して車を満タンにできなければアメリカ国民は怒りだす。だからわざと1バレル92ドルにまで落としているのだ。

●住商《すみしょう》が損金処理——アメリカのシェールガスは大失敗

あとはアメリカ国内で掘り出されているシェールガスとの問題がある。シェールオイルやシェールガスの産出は大きなウソでありインチキである。私はこの2年間、日本では唯一人と言っていいと思うが、シェールガス、シェールオイルはインチキだと書き続けた人間である。そろそろこの大きなウソがばれ始めている。いや、ついにバレてしまったと言うべきだ。住友《すみとも》商事が突然、アメリカでのシェールガス開発をやめて、1700億円を損金処理した、という新聞記事が出た。以下に載せる。

住商：損失2400億円　米でシェールオイル開発失敗

住友商事は9月29日、米国でシェールオイルと呼ばれる新型原油開発事業などで失敗し、2015年3月期に計2400億円の損失を計上する見通しとなったと発表した。これに伴い連結最終（当期）利益を、従来予想の2500億円から100億円に下方修正した。

子会社を通じ、米開発会社と共同で2012年から手掛けている米テキサス州での原油事業で、回収量が想定を下回る見込みとなった。従来は採掘が難しかった地層から、石油やガスを採掘する事業だが、当初の見込みより地層が複雑で、効率的に採取できないことが分かった。

開発エリアの一部を残して撤退し、リース権や井戸などの関連施設を売却するが、約1700億円の損失が生じる見込みだ。

また、鉄鉱石や石炭の価格下落により、ブラジルの鉄鉱石事業で約500億円、豪州の石炭事業で約300億円、米タイヤ小売り事業で約200億円の損失を計上。さらに権益を持つ豪クイーンズランド州の炭鉱を15年1月に休山する。

住商は社内に特別委員会を設置し、損失を出した投資判断や今後の資源事業のあり方などを検証する。中村邦晴社長は記者会見し「心配をかけ深くおわびする。体質の再強化を行い、信頼回復に努める」と述べた。

（毎日新聞　2014年9月30日）

このように住友商事が、はっきりとシェールオイルの開発投資で大失敗した、と認めて、さっさと現地のテキサス州の設備や権利を売却して撤退した。住商《すみしょう》が他の商社や電源開発会社に先がけ、正直に「シェールはダメだ」と公表して、シェール開発分の1700億円を損金処理した。

伊藤忠《いとうちゅう》商事も290億円を2014年1〜3月期の決算で投資損失として計上した。

大阪ガスも290億円（330億円のうち）を損金処理。石油メジャー大手のロイヤル・ダッチシェル（イギリスロスチャイルド資本）が、240億ドル（2・6兆円）を投入した米国のシェールガス事業が失敗に終わったとの観測が出ている。BP《ビーピー》（英ブリティッシュ・ペトロリアム）も21億ドル（2300億円）の評価損を計上した。日本の石油資源開発（特殊法人）も2013年3月期で最終赤字116億円を出した。

このようにアメリカにまんまと騙《だま》されたアメリカ合衆国内でのシェールガス、シェールオイルの開発計画は、どんどん崩れている。それなのに日本国内では大きなニュース、新聞記事にして騒がない。アメリカの下僕《げぼく》、手先ばかりやっている情けない国なのだ。

これに対して同じ北米でも、カナダのシェールガス田とオイルサンド（砂まじりの石油層）の開発は大丈夫だ。誰も人の住まない極寒の地の大平原で、これらのガス資源を掘り出すのは何の問題もない。それを太平洋岸のバンクーバー港までパイプラインで持ち出して、日本にLNGタンカーで輸送すればよい。

●日本は海底パイプラインで天然ガスを直接持ち込め

さて、先ほどのP214の表にある、産油国であるクウェートやサウジ、UAE《ユーエイイー》（アラブ首長国連邦。盟主はアブダビ国）も石油を輸入している。これらの産油国で、まだ精製所や製油所を十分に自力で持たない国は、ガソリンやナフサ（精製ガソリン）を輸入に頼る。イランはすでに製油所（精製所も併設）を5カ所ぐらい作って、自力でガソリンを賄《まかな》えるようになった。昔から縁の深い三井《みつい》物産や三井化学が、イラン政府を懸命に応援して作ったのだ。

これからもっと世界中の産油国が、自力で精製所やペトロケミカル（石油化学）のプラントを持つようになれば、原油のままの輸出と輸入の金額は大きく減る。それに比べて、これからもっと増えてゆくのは天然ガスの輸出入である。

だから世界の天然ガスの輸出と輸入の全体図の表をP215に載せた。天然ガスの体積と熱量を石油の重さに無理やり、何とかかんとか換算して、それに伴う金額までも算出したものがこの表である。

この表から分かることは、ロシアが年間2・2億トンを輸出し、その金額が10兆円であることだ。日本は天然ガスをマレーシアやインドネシア、オーストラリアから輸入している。輸入量は1・4億トンで金額が6兆円である。この数量はLNG（液化天然ガス）換算であり、私が体積（㎥、立方メートル）を重量（トン）に置き換えた。

公表されている統計では、日本は６兆円を天然ガスの輸入代金で払ったことになっている。ところが実際には、もうこの２倍の年間14兆円ぐらいを払っている。それは原子力発電（48基）をやめたためだ。天然ガスの火力発電所をフル稼働させたものだから、世界のスポット市場で、緊急に高い値段でどんどん９つの電力会社が買ったからだ。１００万Ｂ《ビー》ＴＵ《ティーユー》（英国熱量単位）あたり、18ドルとかの高い値段で、どんどん買いあさったようである。現在は、１００万ＢＴＵあたり10ドルぐらいの国際価格（世界値段）で買って、これに５ドルぐらいの運送費と保険料がかかるから合計で15ドルだ。

このようにして天然ガスが、年間28兆円のエネルギー代（燃料代）の一番大きな割合（52％）を占めるようになった。石油と石炭の輸入も少し増えた。

天然ガスは、日本はまだ外国からの海底パイプラインによる輸送が行なわれていない。早く引くべきなのだ。今はＰ２１５の写真にある、大きな丸いガスタンクを４個積んだＬＮＧ専用船でどんどん輸入するしかない。このＬＮＧ専用タンカーを日本は今１００隻《せき》ぐらい緊急で建造中で、完成すれば全部で２００隻になる。１隻が２００億円ぐらいする。韓国と競争している。これで日本の大不況であえぐ造船業界が潤《うるお》うから悪いことではない。

2012年から降って湧いたように騒がれ出した北米からのシェールガスの輸入騒ぎで、大手商社などがこのLNG専用タンカーをどんどん建造発注している。そして前述したとおり、住友商事が「アメリカ合衆国（テキサス州）でのシェールガス開発失敗」（9月29日に発表）で中止、撤退した。「こんなのはインチキだった」と気づいて放り投げてしまった。

本当はロシアのサハリン産の天然ガスをパイプラインで引いて輸入して、日本国内に直接持ち込めばいいのである（P233の地図参照）。

●シェールは水を汚し、地震を誘発する

この日露の外交交渉によるサハリン天然ガス・パイプライン計画についてはP234以下で後述する。

あれほど鳴りもの入りで騒いだシェールガスの北米からの輸入計画が、あっけなくダメになりつつある。乗せられて踊った人々は痛い思いをしただろう。私は2年前から「シェールガス開発は失敗する」と自分の本に書いた。

アメリカはシェールガスでエネルギー（燃料代）の自立ができるから大きく復活する、というのはウソである。あと1年したら世界中にバレるだろう。まあ、待っていなさい。ドイツはビール用の水を汚す、と中止したのだ。

（2013年11月刊、祥伝社『帝国の逆襲』P10）

このように書いた。北米でのシェールガス、オイルの開発がダメなのは、何よりも地表の水を汚すからだ。水が汚れたら人間は生きてゆけない。

その次に、大都会からわずか100キロメートルぐらいの元《もと》農地とかで掘り始めたことだ。カリフォルニア州で最近、群発している小さな地震の原因はシェール搾取のためのフラッキング flacking という打撃工法のためだ。それから、地下3000メートル（3キロ）もの深さから掘り出すから技術的に困難だ。要するに、こんなものは初めから有望のエネルギー源でも何でもなかったのだ。日本の大商社でも大損して初めて気づくほどの人材しかいないのか、と私はアキれてしまう。

それから、先ほどの写真では見るからに立派な最新鋭のLNG専用タンカーであるが、それではアメリカからのシェールガス輸入計画が全部消えてなくなったら（おそらくそうなるだろう）、この大損害はいったい誰が被《かぶ》るのか。

大丈夫だ。日本の経済産業省（旧通産省）のエネルギー政策を担当している役人たちは、そこまでバカではない。だから、初めから北米のシェールガスなど信じていない。ヨーロッパ各国の指導者たちも初めからシラケていて本気にしていなかった。これらの新造のＬＮＧ専用タンカーは、もっと他の国々からの、普通の天然ガス（シェールではない）を輸送するほうに回せばいい。だから２００隻のＬＮＧタンカーは無駄にはならない。

私は専門家でないから、正確には知らないが、ガスの成分調節さえすれば、シェールガスだろうが天然ガスだろうが液化して運べるだろう。

そもそも天然ガスをわざわざマイナス１６２度で氷漬けにして、船で運んで、もう一度日本国内の基地で溶かして、気体として使う、という面倒くさいことをする必要はない。直接、海底を這《は》うパイプライン（日本鋼管［現ＪＦＥ《ジェイエフイー》］が作るシームレスパイプ）でサハリン１、２、３の鉱区から引けばいい。この他に4、5、6のガス田が次々に発見されているらしい。そして北海道に上陸させ、ふたたび津軽《つがる》海峡を海底パイプラインで通し、本州に上陸させる。そしてそこから全国に運べばいい。

サハリン天然ガスと日露平和条約交渉

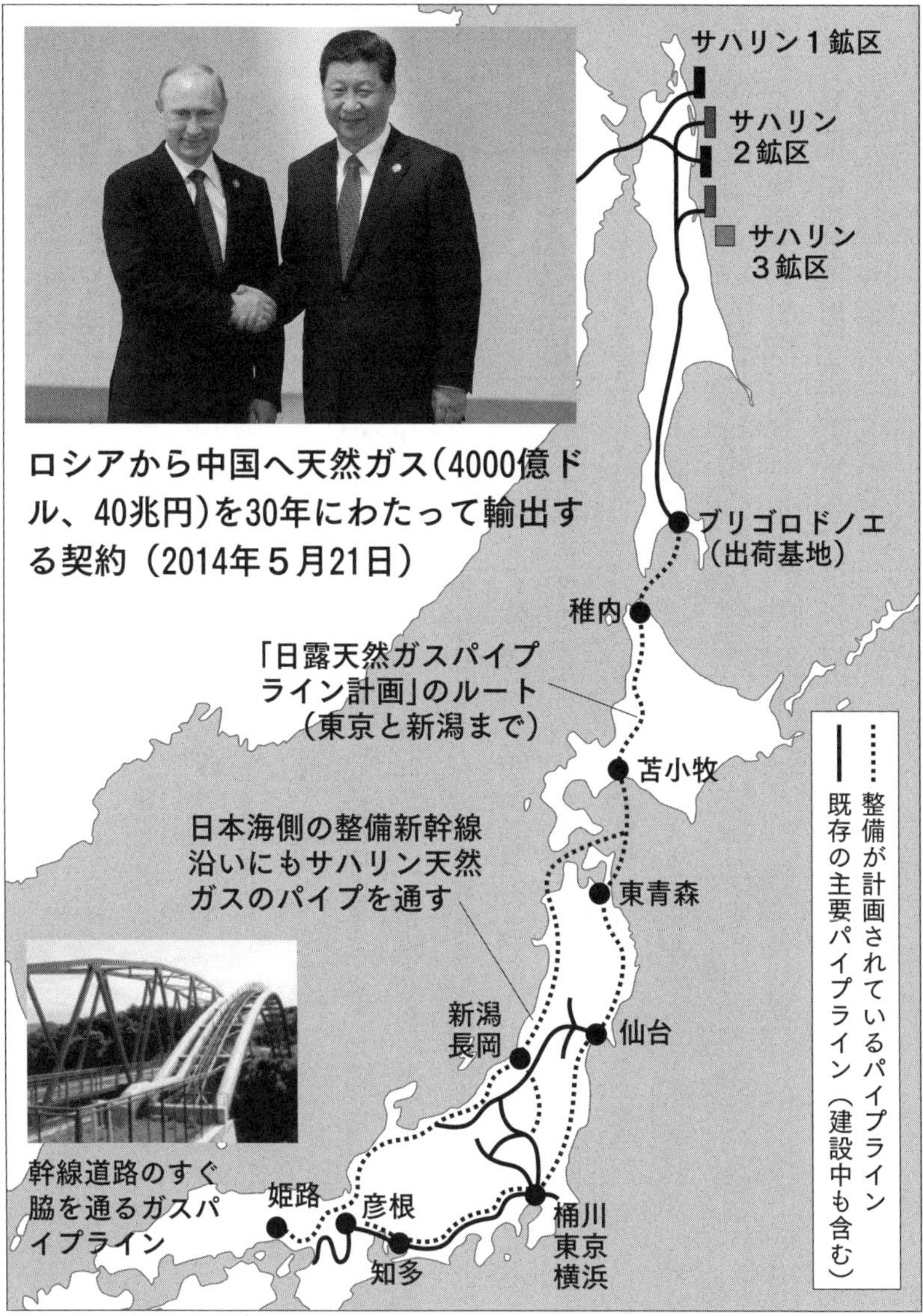

ロシアから中国へ天然ガス（4000億ドル、40兆円）を30年にわたって輸出する契約（2014年５月21日）

幹線道路のすぐ脇を通るガスパイプライン

●アメリカに潰された40年前の日ソパイプライン計画

実はこの日本のサハリン・パイプライン計画は、40年前からあったのだ。それは1972年に当時の田中角栄《たなかかくえい》首相が、「第1次オイルショック」の時に、ソビエトの首都モスクワに日本の財界人（藤井丙午《ふじいへいご》ら大企業の経営者たち。経団連）400人を引き連れて行って、「日ソ共同のシベリア開発計画」というのが本当にあったのだ。

ところがアメリカの圧力で、この日本のエネルギー自立路線は叩き潰された。愛国者の田中角栄は、その後ロッキード事件で葬《ほうむ》られていった。それでも田中角栄が育てた愛国派の通産官僚たちの中に、脈々とサハリンからのパイプライン計画は現在も生き延び続けている。

だから日本国内のガス供給会社が、何食わぬ顔をして20年ぐらい前から全国各地に大きな天然ガス輸送用のパイプラインを建設している。たとえば岩手県を選挙地盤とする小沢《おざわ》一郎《いちろう》氏の水沢《みずさわ》市では、騒がれた水谷《みずたに》建設が天然ガスのパイプライン建設工事をやっていた。それが政治献金の汚職だと騒がれることで表面化した。これも小沢一郎を失脚させるための政治謀略であった。

あるいは静岡県の富士山の脇の御殿場《ごてんば》近くの、自衛隊の東富士演習場を通過する天然ガスのパイプラインがある。地上に露出している。これは、あの西松《にしまつ》建設が請け負った。このパイプラインは南下して、最近開通した第二東名高速道路沿いに同時に作られている。そしてこのパイプラインが関西や九州方面にまで延びてゆくのだ。

このガス・パイプライン網は、必ずテレメトリー telemetry という設計思想で動いている。テレメトリーとは、ガス管のわきにずっとコンピュータ連動の通信線が這《は》わせてあって、もし何かガス漏れとかの事故があったらすぐに中央管制室で察知する。そして、ただちにヘリコプター基地から飛び立って、修理、復旧に向かう。このテレメトリーの装置が天然ガスのパイプライン網にとっては大事だ。

だから、このテレメトリーがJR各社の整備新幹線網と高速道路（主要幹線道路）沿いにも初めから設置されている。この重要な公共財産（公共物、パブリック・プロパティ）を防御・保安する考え方、right《ライト》 of《オブ》 way《ウエイ》「（誰でも通れる）通行権」「みんなの財産」という法律学思想であって、ものすごく重要な考えである。

もう一つの大きなパイプライン網は、日本海側の秋田県や新潟県を通って、富山、金沢のほうにつながっている。ここには整備新幹線が開通しつつある。そこにもパイプライン網が埋設されている。そして北のほうから下って京都を通り、中国地方へとつながってゆく。

新潟新港《しんこう》や直江津《なおえつ》港や富山伏木《ふしき》港などに天然ガスの輸入基地が建設されつつある。ここはロシアのウラジオストク郊外にできつつある、LNGタンカーによる天然ガスの輸出基地から運搬されてくる受け取り口だと長年、言われてきた。しかし、この計画はなぜか、のろのろとしか進んでいない。私は去年、新潟新港まで現場を調査しに行った。

ウラジオストクまでサハリンからぐるりと内陸部（ロシアの沿海州《えんかいしゅう》）を回り込んで運ばれてきた天然ガスが、ここから日本に船で運ばれるという計画である。だがそんな悠長な回り道をしている暇はない。さっさと日本（安倍政権）とロシア（プーチン大統領）が話し合って、まっすぐサハリンから南に、日本列島に天然ガスのパイプラインを引けばいいのである。それが日本のエネルギー政策にとってものすごく効率がよく、安上がりなのだ。サハリンにどれぐらいの天然ガスが埋蔵されているかは正確には分からないが、相当な量らしい。

日露の外交交渉（平和条約を締結するためのもの。かつ北方領土問題の解決）のために、この10月にプーチン大統領が訪日するはずだった。が、ダメになった。アメリカ（リチャード・アーミテージが監視係）が圧力をかけてやらせなかったのだ。ガッカリして意気消沈している安倍晋三の顔がテレビに映った。

今、私がここまで書いてきた政治と経済の二つの合体劇を理解する人は少ないだろう。日本のテレビ、新聞はこのことの重要性を誰も解説しようとしない。

この他に、太平洋岸の日本海溝にメタン・ハイドレートという冷凍状態のガスの塊《かたまり》が大量に沈んでいると言われている。日本海側にもある。それを安全に取り出すことができれば、日本は80年分のエネルギーを自力で賄えるという発表もなされている。私はこのメタン・ハイドレートの話はまだ調べていない。その取り出し技術の開発のことも知らない。現実味を持つのには、まだ数十年かかるのだろう。

●天然ガスの「世界値段」決定権を握ったロシアと中国

天然ガスの世界的な値段の決定権を握ったのはロシアと中国である。

ロシアから中国へ、天然ガスを供給する大きな契約が結ばれた。その調印式とガス・パイプラインの結合の起工式典が、9月1日にロシアのイルクーツクで行なわれた。これは5月21日に中国とロシアで合意したものだ。30年間で、40兆円分の天然ガスを、中国へ極東ロシアの産出地から供給するという契約である。毎日新聞の記事を載せる。

ロシア：天然ガス　中国への供給パイプライン起工式

ロシア東シベリアの天然ガスを極東経由で中国に供給するパイプライン「シベリアの力」の起工式が9月1日、サハ共和国の首都ヤクーツクであった。式典にはプーチン大統領が出席。ウクライナ危機で欧州がエネルギー資源のロシア依存脱却を進める中、ロシアとしてガス輸出先の「東方シフト」を推進する姿勢を鮮明にした。

プーチン氏は式典で「世界最大の建設プロジェクトは、ハイレベルな中露関係のおかげで可能になった」とあいさつ。中国からは張高麗《ちょうこうらい》副首相（引用者註。トップ7人のうちのNo.6）が参加した。

「シベリアの力」はチャヤンダ（サハ共和国）、コビクタ（イルクーツク州）で産出するガスを極東に運ぶもので、総延長は3968キロに及ぶ。総工費は7700億ルーブル（約2兆1400億円）。ロシア国営ガス企業ガスプロムによると、ヤクーツクから国境のブラゴベシチェンスク（引用者註。アムール河の対岸に、中国の黒河《こくが》市がある）までの区間を2018年末までに完成させ、翌19年から中国へガス輸出を開始する。

ロシアと中国が天然ガスで団結した

写真／Russia Todayのニュース画面から

上の写真はパイプラインの結合式典。ガス管に「シベリアの力」（СИЛА　СИБИРИ）と書いてある。下の写真には、プーチン大統領の後ろ姿のハゲ頭が写っている。プーチンはガス管に記念の署名（オートグラフ）をしている。

ロシア産ガスの対中輸出は価格交渉が長年難航していたが、今年5月にプーチン氏が訪中した際、年３８０億立方メートルのガスを30年間にわたって供給する総額４０００億ドル（44兆円）の大型契約で合意した。ウクライナ危機で欧米などの制裁を受けるロシアが、対中輸出に活路を見いだすため決着を急いだとされる。

「シベリアの力」は将来ハバロフスクまで延伸し、サハリン産ガスを極東（引用者註。これが日本のことだ）に運ぶ既存パイプラインと接続する。プーチン政権が掲げる極東・シベリアの発展につなげるほか、ウラジオストクでＬＮＧ（液化天然ガス）化してアジア太平洋諸国に輸出する計画だ。

（毎日新聞　２０１４年9月2日　傍点、引用者）

続いてロイターの記事を載せる。

ロシアのガスプロム、中国への天然ガス供給契約に調印

ロシアと中国は5月21日、ガスプロムによる中国への天然ガス供給で合意し、契約に調印した。長年続いた中ロ両国の交渉がようやく実を結んだ。

契約はガスプロムと中国石油天然ガス集団（CNPC《シノペック》）との間で交わされ、中国訪問中のプーチン・ロシア大統領と中国の習近平《シーチンピン》国家主席はこれに立ち会った。

プーチン大統領は今回の契約について「旧ソビエト連邦時代を含め、ガス部門で最大規模の契約となった」とし、「ロシアのガス部門にとり歴史的な出来事となった」と述べた。

ガスプロムは価格面での合意内容を明かしていないが、プーチン大統領は中国への供給価格について、市場価格に連動する欧州向け価格に類似した方式で設定されると述べた。（略）関係筋によると、中国はトルクメニスタンからの天然ガス供給に支払っている100万BTU《ビーティーユー》（英国熱量単位）当たり、約9ドルより高い価格でロシア産ガスを輸入することを提案。これに対し、ロシア側が提示した最低価格は100万BTU当たり約9・67ドルだったとしている。


（ロイター　2014年5月22日）

●すべてのエネルギーを1キロあたりの値段に換算してみる

このようにロシアと中国が大きく天然ガスのエネルギー政策で合意した。

この取引は「100万BTUあたり9・4ドル」であることが、このあと判明した。現在の天然ガスの値段は、この９・４ドルを中心に決まっている。現在は10ドルぐらいである。１００万ＢＴＵ（ブリティッシュ・サーモ・ユニット）という熱量は、体積に直すと25立方メートルである。これは石油換算の重さ（重量）にすると18キログラムである。

１００万ＢＴＵが９・４ドルで決まったのだ。日本は１年間に１１７０億立方メートルの天然ガスを輸入し、７２３億ドル（７・２兆円。２０１３年で）払っている。これを１立方メートルあたりにすると58円である。

これが石油の場合は、今現在、１バレル90ドルである。為替が１ドル＝１１０円だからちょうど１万円である。１リットルに直すと63円かかっている。１キログラムあたりなら74円である（石油の比重を０・85とする）。

前述したとおり天然ガスは、１００万ＢＴＵ＝25立方メートル＝18キログラムであるから、１キログラムあたりは57円である。つまり現在の天然ガスの卸《おろし》の輸入価格は１キログラムあたり57円である。

先ほどの石油の値段が１キログラムあたり74円であるのに対し、天然ガスは57円と安い。これが「モノの値段」というものであって、天然ガスのほうが石油よりも安い値段で電気を起こすことができるし、燃料費としても安価であることを示している。

世界の電力（発電）量（年間）　※概算

	発電量＝消費量	金額（費用）	割合
アメリカ	8億kW	60兆円	22%
ヨーロッパ（ＥＵ28カ国）	14億kW	80兆円	40%
日本	2億kW	20兆円	5%
その他（含む中国）	12億kW	40兆円	33%
うち中国	（中国は8割が石炭火力である）	（中国4兆円）	
合計	36億kW	360兆円	100%

電力を１キロワット（kW）作るのに世界平均では10円である。

この数値はきわめて大雑把《おおざっぱ》なものであり、公開されている統計の数値から、ただちに導《みちび》かれるものではなくて、私が無理やり媒介変数を2つ入れて1キログラムあたりの値段に換算してみたものだ。

ものごとは、基準となる数値や金額が見つからなければ、何ごとかを明確に理解したことにならない。世界的な大きな業界団体や金融機関が公表している表をそのまま眺めているだけでは、はっきりとした大きな理解に到達しない。

石油と比べて天然ガスというものが、どのくらいの物質であり、石油よりも強い燃焼熱量（2割ぐらい強い）を持つ燃料素材であるかが、これで分かる。

これから先、もっともっと天然ガスの需要が増えてゆく。どうも世界中の大陸棚や沿岸部の浅い海底（水深300メートルぐらい。最近は1500メートルぐらいまで掘るようになっている）でたくさん出るようである。昔の掘削《くつさく》技術だったら掘り出せなかった。

あっという間に天然ガスのほうが重要になった。不思議な気がする。とくに天然ガスのパイプラインを、大陸のどこまでも引いてゆき、おもに暖房用の燃料として使われている。とくにヨーロッパでこの産業部門が急激に成長している。

P219の表を見ると、世界の主要な国々ではまだまだ石炭を使っている国が多いこと

1kW《キロワット》の電力をつくるのに必要な金額
（日本のエネルギーの発電コスト）

エネルギー		値段	このうち燃料代
火力発電	石油で	30円/1kWh	18円/1kWh
	石炭で	9.5円	4.5円
	ＬＮＧで 液化天然ガス	11円	8.5円
原子力		9円	1.4円
水力		10.5円	0円 （水そのものは、ただだから）
風力		15円	0円
太陽光		35円 （電力会社がこれで買い取るので）	0円

出典：関西電力の発表

2012年12月のエネルギー・環境会議「コスト等検証委員会」の報告書をもとに関西電力が発表したもの。モデル・プラントでの2010年の発電コストだという。それを副島隆彦がもっと分かりやすい数字に概算で出した。

に驚く。中国では、まだ発電用のエネルギーの7割もが石炭である。この石炭にも無煙炭の良質(高品質)なものから粗悪な低質なものまである。ドイツ(ルール・ザール地方)の石炭依存度は45%、アメリカでも今も50%もある。本当の隠されたエネルギー源は今も石炭である。

石炭を液化(リクイファイ)どころか完全にガス化して、さらにコンバインド(複合化。2回使う)にして完全にクリーンな燃料廃棄(「ゼロ・エミッション」と言う)にする技術が日本で進んでいる。最新鋭の「ガス化石炭火力発電所」が、どんどん作られている。だから日本も石炭を火力発電に27%も使っている。すべて輸入の石炭である。なぜなら日本国内ではもう石炭を掘り出していないからだ。

「月が出た出た」の三井三池《みいけ》炭鉱山はもうない。もう一度、掘り出す(鉱山を再開すると古い坑道が落盤事故を起こす)ことはムリなようだ。

2011年3月の原発事故で、すべての原発を止めてしまったので、当然、日本の原発エネルギー割合はゼロになった。天然ガスが26%から41%に大きく増えている。さらには52%になりそうだ。石油も13%から15%に増えている。石炭の割合は2%だけ増えた。このように急激なエネルギー輸入増が、日本のエネルギー政策に大きな変化をもたらしている。

このままゆくと、もっともっと天然ガスの輸入代金がかさむはずである。円安がこれに追い打ちをかける。だから現在のエネルギー代合計28兆円が、どうかすると30兆円まで跳ね上がってゆく。この事態は危機的と呼ばれるべきだ。だからどうしても、ロシアのサハリン（旧樺太）からのパイプラインによる天然ガスの輸入を進めなければならないはずなのだ。

この問題を、多くの専門家、有識者たちまでがあえてタブー視して、触れようとしない。「原発推進派だ」と言われて叩かれるからだ。日本にとっての2つの鬼門《きもん》が、放射能（原子力）とロシアである。

次ページと次々ページの、この2つの表は、エネルギーの①石油（原油）、②天然ガスの世界中（地球）にある（ことになっている）確認埋蔵量の表である。原油に関しては、南米ベネズエラが410億トンで、こんなに多い。その次がサウジアラビア（380億トン）をはじめとする中東諸国だ。ベネズエラでは、川や湖のそばでベチャベチャといくらでも石油が溢《あふ》れ出ているそうだ。これに比べたら、地下3キロまで掘ってようやく取り出せるシェールオイルの馬鹿らしさがよく分かる。

世界の原油の確認埋蔵量のシェア（2013年末で）

	国別	埋蔵量	%
1	ベネズエラ	410億トン （3000億バレル）	17.7%
2	サウジアラビア	380億トン	15.8%
3	カナダ	250億トン	10.3%
4	イラン	220億トン	9.3%
5	イラク	210億トン	8.9%
6	クウェート	150億トン	6.0%
7	アラブ首長国連邦	140億トン	5.8%
8	ロシア	130億トン	5.5%
9	リビア	70億トン	2.9%
10	米国	60億トン	2.6%
11	ナイジェリア	50億トン	2.2%
	その他	330億トン	13.3%
	合計	2400億トン （1.7兆バレル）	100%

出典：英ＢＰ統計を基に副島が作成

天然ガスの確認埋蔵量（2012年）

1	イラン	336億トン
2	ロシア	330億トン
3	カタール	250億トン
4	トルクメニスタン	180億トン
5	アメリカ	85億トン
6	サウジアラビア	83億トン
7	アラブ首長国連邦	61億トン
8	ベネズエラ	56億トン
9	ナイジェリア	51億トン
10	アルジェリア	45億トン
11	オーストラリア	38億トン
12	イラク	36億トン
13	中国	31億トン
14	インドネシア	30億トン
15	ノルウェー	21億トン
16	エジプト	20億トン
17	カナダ	20億トン
18	クウェート	18億トン
19	リビア	16億トン
20	インド	13億トン
	その他	153億トン
	世界合計	1873億トン（200兆㎥）

資料：BP Statistics Review of World Energy 2012。
体積（立方メートル）で示された統計数値を、副島が分かりやすく石油換算の重量（トン）で表わした

天然ガスの確認埋蔵量は1位がイラン（336億トン）で2位がロシア（330億トン）である。あとはやはり中東諸国が多い。これらの埋蔵量を各々、1年間の生産量（＝消費量）で割ると、①石油は年間310億バレル消費するから、54年分ある。②天然ガスは年間3・08兆㎥（立方メートル）消費するから64年分ある。3つ目のエネルギーの③石炭は1年に76・9トンを生産消費するから、埋蔵量は8609億トンなので112年分ある。たっぷりある、ということだ。

このような大きな数字で、ものごとの全体像をつかまえて、大きく理解することが大切だ。私は今回この本で、独力でこれらの統計数値をあちこちから調べ上げ、自分の脳の中に叩《たた》き込んだ。苦労の多い仕事だが、こういうことは誰かがやらないといけない。

大きなものの見方で判断を誤らないために、私はコツコツと事実《ファクト》と数字《フィギュア》で積み上げる。「核、廃棄物《ニユークレアウエイスト》の処理には大変なお金がかかるんだ」と言って、それを根拠に反原発を唱えるだけで数字（全額）のひとつも挙げられないような人間たちを相手に、何かを説得することは困難だ。

●なぜ日露平和条約の締結交渉は突如、延期されたのか

この10月に、日本にロシアのプーチン大統領が来て、北方領土の返還（領土問題）と、その見返り条件としてサハリンの天然ガスを日本が大量に買う契約をすることを含んで、日本とロシアの長年の懸案事項だった平和条約（講和条約）の締結に向かうか、という正念場が迫っていた。

ところがこのプーチン来日は実現しなかった。アメリカが日本政府に対して、「プーチン大統領の日本訪問を延期せよ」と圧力をかけたからだ。

【プーチン氏の秋来日断念】首相、米の理解得られず

安倍政権はロシアのプーチン大統領の秋の来日を断念せざるを得ないとの判断を固めた。ウクライナ情勢でロシアと対立する米国の理解を得られなかったため。複数の日本政府関係者が9月22日、明らかにした。安倍晋三首相は「今後の米ロ関係の推移を見ながら、来年春以降で再調整する」意向。代わりに11月の北京でのアジア太平洋経済協力会議（APEC《エイペック》）首脳会議に合わせた日ロ首脳会談の開催を目指すが、北方領土交渉の停滞は避けられない見通しとなった。（以下、省略）

（共同通信　2014年9月23日）

この日露首脳会談は、もともと日本の安倍晋三首相がプーチン大統領に呼びかけた。今年2月に開かれたソチ・オリンピック（冬季オリンピック）の開会式で安倍晋三はプーチンと会って、そこで「秋（10月）に日本に来てください」と招待して、プーチンも合意した。

ところが、ウクライナ東部上空でのマレーシア航空機撃墜事件（7月17日）をきっかけに情勢が急変した。

森元首相、プーチン大統領と会談　安倍首相親書を手渡す

ロシアを訪問中の森喜朗元首相が9月10日深夜（日本時間11日未明）、モスクワでプーチン大統領と会談し、安倍晋三首相が託した親書を手渡した。森氏によるとプーチン氏は、日本との対話を続けていきたいとの考えを示した。ただ、大統領の具体的な訪日の日程は固まらなかった。

森氏の説明によると、会談は大統領が執務するクレムリンで約35分間行われた。プーチン氏

は、安倍首相の親書をその場で読み、「安倍首相にくれぐれもよろしく伝えてほしい」と述べたという。会談で森氏は「安倍首相とプーチン大統領の関係はソチ五輪まで非常に良好だった。ウクライナ問題で食い違いが起きているのは残念だが、引き続き間断なく会って話を進めてほしい」と伝え、プーチン氏は「日本との対話はこれからも続けていくし、続けていかなければならない」と応じた。

（朝日新聞　2014年9月11日）

森喜朗がプーチンに渡した安倍首相の親書に何が書かれていたか。「プーチンさん、ごめんなさい」だ。

森がプーチンに会いに行ったすぐあと、ロシアのエフゲニー・アファナシエフ駐日大使が「プーチン大統領の訪日は延期する」と言った。「こちらは、きちんと準備していたのだが、予定をずらす。残念だ」と、ロシアの新聞の取材に答えたのである。

7月17日に起きたウクライナ東部の上空でのマレーシア航空MH17便の撃墜の事故の後、急に雲行きが怪しくなった。親ロシア勢力を後押ししているロシアに対する、アメリカと西欧主要国の追加の経済制裁が実施され、日本もこれに加わるように要請された。日本政府は、この経済制裁に嫌々ながら加わらなければ済まなくなった。このために、日本政府はロシアとの関係で苦しい立場に追い込まれた。

8月11日に、リチャード・アーミテージ米元国務副長官が、「日本政府はプーチン氏の訪日に対して賢明な決定を望む」と横ヤリを入れる発言を、日本経済新聞の記者のインタビューに答える形で行なった。この「日本政府の賢明な決定を望む」とは、プーチンの訪日予定を取り消せ、そして、日本とロシアの平和条約の話は先延ばしにせよ、という対日圧力である。

ロシアにとっては、日本への天然ガスの供給（おそらく30年間で4000億ドル〔40兆円〕ぐらいの長期の契約）を実現して、その代金でシベリア大開発の資金にしたいと考えている。日本にとっても、エネルギー（燃料）の確保として、天然ガスの確保は国家としての急務である。

ロシアからヨーロッパ諸国への、ウクライナを経由する天然ガスのパイプラインの重要性が一段と高まっている。もし、プーチンが怒ってドイツやフランスへの天然ガスの供給を止めると言い出したら、西側諸国は瞬時にビクつく。

欧州の主なガス・パイプライン

地図の上で開通年が古い順に

❶ ウクライナ経由のルート(開通1967年。年間輸送量1750億立方メートル)

❷ ベラルーシ経由の「ヤマル・ヨーロッパ」(1999年。330億立方メートル)

❸ トルコに送る「ブルー・ストリーム」(2003年。75億立方メートル。2010年に倍増)

❹ バルト海の海底を通り、ドイツに続く「ノルド(北)・ストリーム」(別名、北欧州ガス・パイプライン)。(2010年。最大年間輸送量550億立方メートル)

❺ 欧州側が主導し、トルコを経由する「ナブッコ・パイプライン」(建設中。310億立方メートル)

❻ 「サウス・ストリーム」(建設中。300億立方メートル)

西ヨーロッパ諸国は、天然ガスと石油の供給量の30〜40%をロシア（カスピ海にある油田・ガス田）に頼っている。だから、この天然ガスの供給を止められたら、この冬からの国民の生活にすぐに打撃を与える。だから、とりわけドイツはロシアへの追加制裁に本気ではない。西欧諸国は裏でプーチンと深刻に協議している。ドイツのメルケル首相は、プーチンとの個人的な信頼関係を大切にして、アメリカが主導するロシアへの制裁に表面上は賛成しながら、上手に動いている。

●日本政府はロシアへの非難声明をなかなか出さなかった

このことは、日本政府にも言えることである。安倍政権は、マレーシア機撃墜事故の直後の7月18日のあと、一度もロシア政府を非難する声明を出していない。ただし3月18日にロシア政府がクリミア自治共和国の編入を決めると、このことへの非難はした。「西側諸国との同盟を重視して追加制裁に加わります」と元気なさそうに菅義偉官房長官が記者会見で答弁を繰り返した。

昨年4月に新設された国家安全保障会議（日本版NSA《エヌエスエイ》）もなかなかやるなあ、と私は感心して注目していた。

日本政府は、事故から4日目の7月20日には、マレーシア機（MH17）撃墜の真実を知ってしまった。自衛隊（防衛省）の情報本部からもたらされる、日本が独自に密かに持っている2個のスパイ衛星（軍事用の情報偵察衛星）からの衛星画像が入ったからだ。

そこから（今や世界共通の客観情報となっているのだが）、マレーシア機を撃墜したのは、ウクライナ政府の指揮下にあるウクライナ空軍のスホイ25（SV・25）だったことが分かった。ウクライナ空軍のジェット戦闘機が2機で、マレーシア機に接近して、装備している直径30ミリの機関砲で撃墜したものである。撃墜の犯人は、ドネツク州の親ロシア勢力による地上からの地対空（ランド・トゥ・エア）ミサイル「ブーク（SM・11）」によるものではなかった。

7月22日には、この事実を世界に向けてロシアの国営放送局（RTR）でロシア空軍の将軍が、ロシアの情報偵察衛星からの画像を証拠として見せながら解説した。その際に、マクシェフ中将 Lt General Igor Makushev が次のように発言した。「ちょうどこの撃墜があった時に、アメリカの情報偵察衛星も上空を飛んでいたから、アメリカ政府もその証拠画像を公開してほしい」と。

ところがこの後、アメリカ政府は黙りこくった。以後、アメリカと西側諸国の、マレーシア機撃墜の直接の犯人探し、および責任者の追及はまったく行なわれなくなった。話題をパレスチナのガザ地区に侵攻したイスラエル軍による、空爆の問題のほうにずらしていった。そのあと、降って湧《わ》いたようなＩＳＩＳ《アイエスアイエス》（最近はＩＳ《アイス》と呼ぶ。「イスラム国」）の奇怪な3万人ぐらいの傭兵《マーシナリー》部隊の悪事のほうに急に話が移った。一体、このアラブ世界の暴力集団を背後から操っている（軍事費と武器弾薬の供給）のは、どこなのか？

世界中の主要メディアがマレーシア機撃墜の事件の真実を追求する態度を一斉にやめた。日本のテレビ・新聞も右へ倣《なら》え、でいつものごとく真実を闇に葬《ほうむ》った。

旅客機の事故調査の国際機関であるＩＣＡＯ（アイカオ。国際民間航空機関）の事故調査委員会が現地から回収したフライトレコーダー（管制官と機長の事故時の交信のヴォイス・レコーダーが入っている）は、なぜか、イギリスの英国運輸省の航空事故調査部門（ＡＡＩＢ）に持ち込まれてしまった。そして今に至るも、まったく何も公表されていない。

私は、このマレーシア機撃墜事件での安倍政権の発表を見守っていた。安倍政権は、その後も、ロシア政府を非難する声明を一切出さなかった。私は、「日本もたいしたものだ」と感心した。この10月にはプーチンが来日して、本気で、日ロの平和条約（＝講和条約＝

それは戦争終結条約である）の話をすることになっていた。そのために日本側は、サハリン（旧樺太）から産出する大量の天然ガスをパイプラインで日本本土まで引く計画を着々と準備している。

これに付随《ふずい》する北方4島の領土返還交渉は、鈴木宗男《すずきむねお》氏と佐藤優《さとうまさる》氏らがロシア側と交渉してきたとおりの「2島と海洋面積半分の返還」で、ひとまず話をつけることになっている。日本とロシアが仲良くしないように、敗戦直後から北方領土問題の地雷《じらい》を埋め込んだのは、ジョン・フォスター・ダレス（アイゼンハワー政権の時の国務長官）である。

日本政府は、この件でアメリカ政府の許可を得るための抱き込みを行なった。それで、アメリカから日本が50兆円分の米国債を買って、アメリカ政府（オバマ政権）を助けることで合意した。

アメリカ政府は、深刻な累積の財政赤字を原因とする目の前のガヴァメント・シャットダウン（政府支払い停止、政府閉鎖）を起こそうとしていた。

前のほうで書いたように、アメリカ政府は、今や19・4兆ドル（2000兆円）の米国債（米財務省証券）の発行残高を抱えている。これはワシントンの連邦政府（フェデラル・ガヴァメント）の分だけである。アメリカ議会は野党である共和党からの攻撃で激しく紛料した。アメリカの連邦政府（中央政府）の分と、それ以外に50州と50の大都市が抱える財政赤字と、健康保険・医療出費などの赤字分で他に30兆ドル（3000兆円）ぐらい抱えている。

●そこには〝日米ワイロ密約〟があった

安倍首相は、オバマ政権の苦境を助けるために50兆円（5000億ドル）の米国債買いを行なった。それが2012年末からの80→103円の激しい円安である。この代わりに、日本がロシアと外交交渉して平和条約を結ぶことを、今後、アメリカ政府は邪魔・妨害しないということで合意したのである。

この50兆円は、ひどい財政赤字に苦しんでいるアメリカ政府が、公務員・軍人たちへ給料を支払うためのものだ。公務員たちの給料の約2年分を日本が肩代わりして出した、ということだ。

それが2013年の2月22日の日米首脳会談でなされた事後了解の合意（密約）である。これでオバマ政権はガヴァメント・シャットダウン（政府支払い停止）の危機から脱出した。だからアメリカで、このあとまったく騒がれなくなった。

この首脳会談のあとのホワイトハウスの記者たちとの会見の席で、アメリカの新聞記者たちは、安倍首相の存在をまったく無視した。そしてオバマ大統領に向かって、「アメリカ政府の財政支出の強制削減問題はどうなったのか。不足資金を手当する目途《めど》は立ったのか」と質問した。

すなわちそれは、「日本は一体、いくらの救援金を持って来たのか。それで折り合ったのか」ということだ。

だからこの日までに、アベノミクスという名の、初めからアメリカが企画し主導した通貨切り下げ（1ドル80円を103円にまでした）を、日本が断行したことをアメリカは公然と追認した。政府による自国通貨の切り下げは、国際社会のルール違反であり、相場操縦罪である。

この他に、日銀の資金をつぎ込んで、日経平均8600円だったのを1万2000円にまで急騰させた。だから、日本からの50兆円の賄賂の資金の差し出しとの見合いだ。すなわち〝日米ワイロ密約〟である。

そして2014年8月から、次の円安（通貨切り下げ）が起きた。これで1ドル＝102円から110円になった原因は、この本で力説してきたとおり、「今年の分」のアメリカへの貢《みつ》ぎ金《がね》、すなわち米国債の30兆円の買い増しである。

●戦後70年、日本の民族指導者の足跡から学ぶべきこと

根っからのリベラル派であるオバマは、それまでは、公然たる日本の右翼である安倍晋三のことが嫌いだった。ところがこの貢ぎ金の提供があったあと、オバマはにっこり微笑《ほほえ》んで、「安倍首相は、なかなかの政治手腕を持っている」と上機嫌でコメントした。それもそのはずだ。今どき、こんなに気前よく巨額の資金をタダ同然で貢いでくれる国はない。

だから、この時の（2013年2月）50兆円の米国債買いには、「日本とロシアの平和条約（領土問題の解決）に、アメリカは以後は反対しない」という約束が含まれていたのである。このことを、私は去年（2013年）4月に出した『浮かれバブル景気から衰退させられる日本』（徳間書店刊）にはっきりと書いた。今に至るも誰からも反応がない。「お前の書いていることはウソだ」という反論もまったくない。私は孤独に耐えながら、ただ一人、大きな真実を書いて、国民に知らせ続ける。

私は、日本政府が、マレーシア機撃墜問題で、ロシア政府を非難する声明を一切出さな

かったことを高く評価している。なぜなら、撃墜事件の真実を日本政府は独自に情報分析して知ったからだ。何でもかんでも欧米白人先進諸国の言いなりになって追随すればいいというものではない。西側（自由主義諸国）からの圧力に抵抗して、真実に基づく国際世論に配慮すべきである。

ところが、やっぱりダメであるようだ。安倍政権では、領土問題（平和条約）の解決はできなかった。世界政治レベルの問題が絡むと、日本はすぐに腰砕けになる。日本独自の意思で判断ができないのである。アメリカが、「日本は逆らう気か。アメリカの言うことを聞かないのか」と柔らかく脅してくるとすぐにヘナヘナとなる。日本は今もアメリカの属国（従属国、トリビュータリー・ステイト）のままである。

国と国が平和条約《ピーストリーティ》（講和条約）を結ぶということは、続いていた戦争状態を終了させます、ということだ。ただ単に仲良くしましょう、ということではない。来年で日本の敗戦からもう70年になる。それなのに日本とロシアの関係では、未だに戦争終結条約＝平和条約が結ばれていない。国交回復は、すでに１９５６年10月19日の「日ソ共同宣言」の調印で済んでいる。

今からもう58年も前の、この「日ソ講和のための共同声明（宣言）」が、はるかに偲《しの》ばれる。あの時、鳩山一郎《はとやまいちろう》首相は、盟友だった農水大臣の河野一郎《こうのいちろう》をモスクワにやって、日ソの漁業交渉のフリをしながら、なんとか国交回復と講和条約（平和条約）を実現しようとした。当時、鳩山政権は、日本国民の熱烈な支持を受けた政権であり、全方位外交《ぜんほういがいこう》を主張した。それを別名で「単独講和ではなくて全面講和を」と言った。アメリカ一辺倒ではない、すべての国々との対等の平和・協調外交を目指した政権だった。

このあと、鳩山一郎首相は、脳出血して倒れた。そして、河野一郎も、まだ若かったのに不思議に急逝した。そして、その後を継いだ石橋湛山《いしばしたんざん》も、1956年末に首相になって、わずか2カ月で病気で辞任した。彼らハト派の保守政治家たちは本当に偉かった。日本国民思いの立派な指導者だった。

その15年後の1972年に首相になった田中角栄は、中国との国交回復のために北京に向かう前日に、石橋湛山を病床に見舞い、「湛山先生。わたくしは明日から中国に参《まい》ります。そして中国と平和条約の話をします」と伝えた。彼ら本当の愛国者の政治家たちは、すべてアメリカ政府の謀略政治で、潰されていった。アメリカの言うことを聞かない民族指導者（これをナショナリストと言う。そこらのバカ右翼のことではない）は失脚させるべきだ、という政策が今も続いている。

自主憲法制定（憲法改正）を初めに言い出したのは、初代の自民党総裁（1955年に2つの保守党が合同した）であった鳩山一郎だ。昨今の、憲法を改正して自主憲法の制定を唱える右翼的な人々は、歴史の偽造まではしてはいけない。鳩山一郎の霊魂が見守っている。

あとがき

今年はゆうちょ・かんぽの資金を30兆円ぐらいアメリカに送った。今やボロクズ債である米国債を買った形にして、だ。だから円安が起きたのだ。私以外の言論人は、誰もこのことを書かない。

私はこの本で、米、欧、日の3つの先進国の政府自身による、違法な市場操作の実態を暴き立てるように書いた。彼らのやりたい放題の悪行《あっこう》を徹底的に説明した。日本政府（安倍政権）が喧伝《けんでん》する「景気回復」はなかった。私たちの暮らしは苦しいままだ。日本はますます貧乏になっている。

この本の英文タイトルは、Governments'《ガヴァメンツ》 Market《マーケット》 Manipulation《マニピュレーション》である。マニピュレーションとは、①機械や飛行機を巧《たく》みに操縦すること。②事件、問題をうまく処理すること。③人々や世論を操《あやつ》ること。④株式や通過を人為的に操作すること。⑤帳簿や報告をごまかすこと。⑥医学用語としては、患者を触診すること、だ。このように大修館《たいしゅうかん》書店『ジーニアス英和辞典』にも書いてある。

米、欧、日の政府による金融市場の価格操作、すなわち相場操縦は、すでに限界に達しつつある。

市場《マーケット》を支配《コントロール》しようとする者たちは、必ず市場から復讐される。どんな権力者でも、独裁者でも、ローマ皇帝でも、市場を支配しつくすことはできなかった。日本の徳川《とくがわ》八代将軍吉宗《よしむね》は、米《こめ》相場を管理しようとして「米将軍《こめしょうぐん》」と呼ばれたが、大失敗した。

最後に。この本も祥伝社の岡部康彦編集長と二人三脚で作った。夜《よ》を日《ひ》に継いで書き続けて、18日間で書き上げた。記して感謝します。

副島隆彦

ホームページ「副島隆彦の学問道場」　http://www.snsi.jp/

ここで私、副島隆彦は、前途のある、優秀だが貧しい若者たちを育てています。

会員になってご支援ください。

巻末付録 暴落があっても へこたれない

「業界《ぎょうかい》首位《しゅい》」で買う 優良銘柄32

本書の最後に、恒例の「副島隆彦が推奨する株」の一覧を載せる。

GPIF《ジーピーアイエフ》の年金資金を使った日本政府の官製相場（株価の計画的吊り上げ）で、日経平均は1万7000円台を目指す動きになっている。しかし、本書で私が指摘したように、やがてこの作られた相場の暴落が起きる。日本の株価は一斉に下げるだろう。

それでも、以下に掲げる32の銘柄は強い。優れた技術を持ち、それぞれの業種・業界で「シェア1位」「売り上げ首位」を誇る企業たちだ。これらの企業は基礎体力が頑健《がんけん》だから、たとえ「官製相場の暴落」に見舞われても、必ず立ち直る。安値の時に手に入れて、長期保有を心がけてほしい。

〈銘柄一覧の見方〉
① 企業名の横に付した4ケタの数字は「証券コード」。
② 「現在の株価」は2014年10月8日現在のもの。
③ 株価チャートは過去1年間。●印は2014年の年初来高である。東京証券取引所他の時系列データ（終値）から作成した。

※投資はあくまでも自己責任で行なってください。あとで私、副島隆彦にぐちゃぐちゃ言わないように。

1 日揮《にっき》 1963　現在の株価 2785円

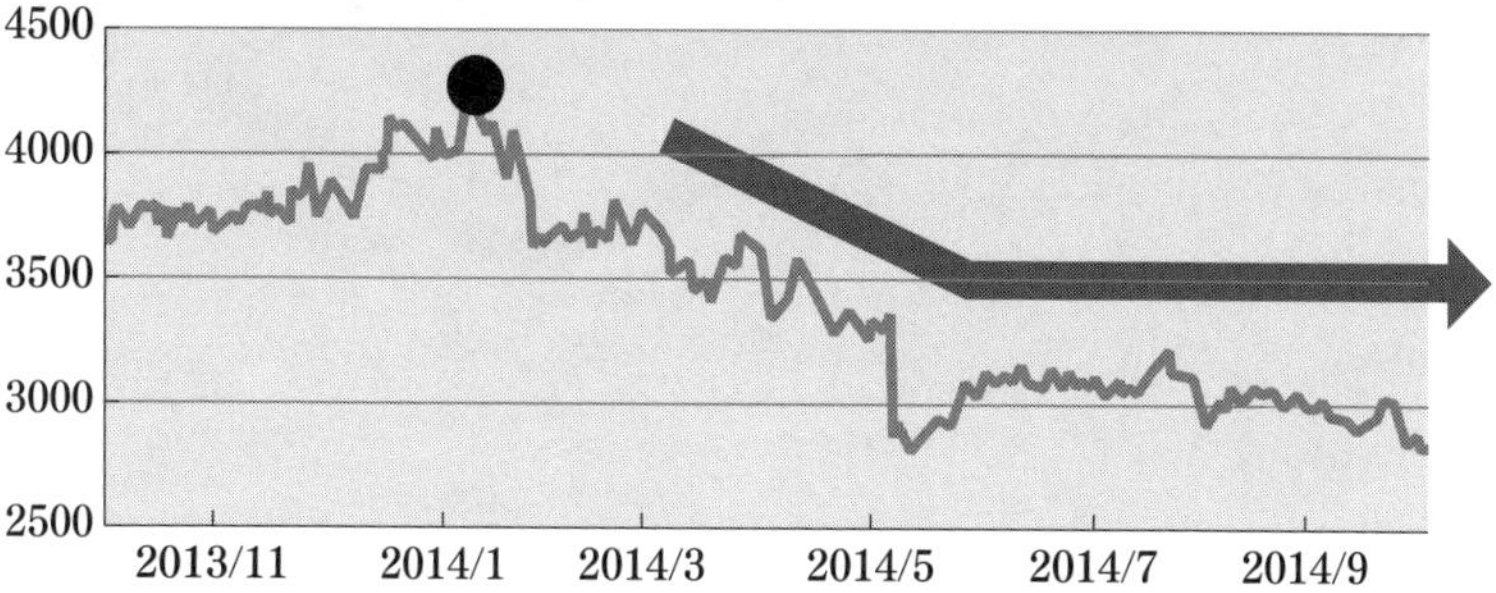

プラントエンジニアリングの国内トップ企業。1928年設立。戦後の復興期に石油精製プラントなどの建設を相次ぎ受注した。60年代にはプラント輸出の先駆けとなる南米の製油所建設プロジェクトを手がけるなど、アジアや中東、北アフリカなどで海外展開を加速した。石油・ガス・資源開発や、石油精製、LNG（液化天然ガス）などの幅広い分野で、設計、調達、建設を一貫して手がける。海外売上高比率が83.2%。2015年3月期は増収減益の見込みであり、第1四半期末の受注残高は2兆円を超す。

2 東洋エンジニアリング 6330　現在の株価 459円

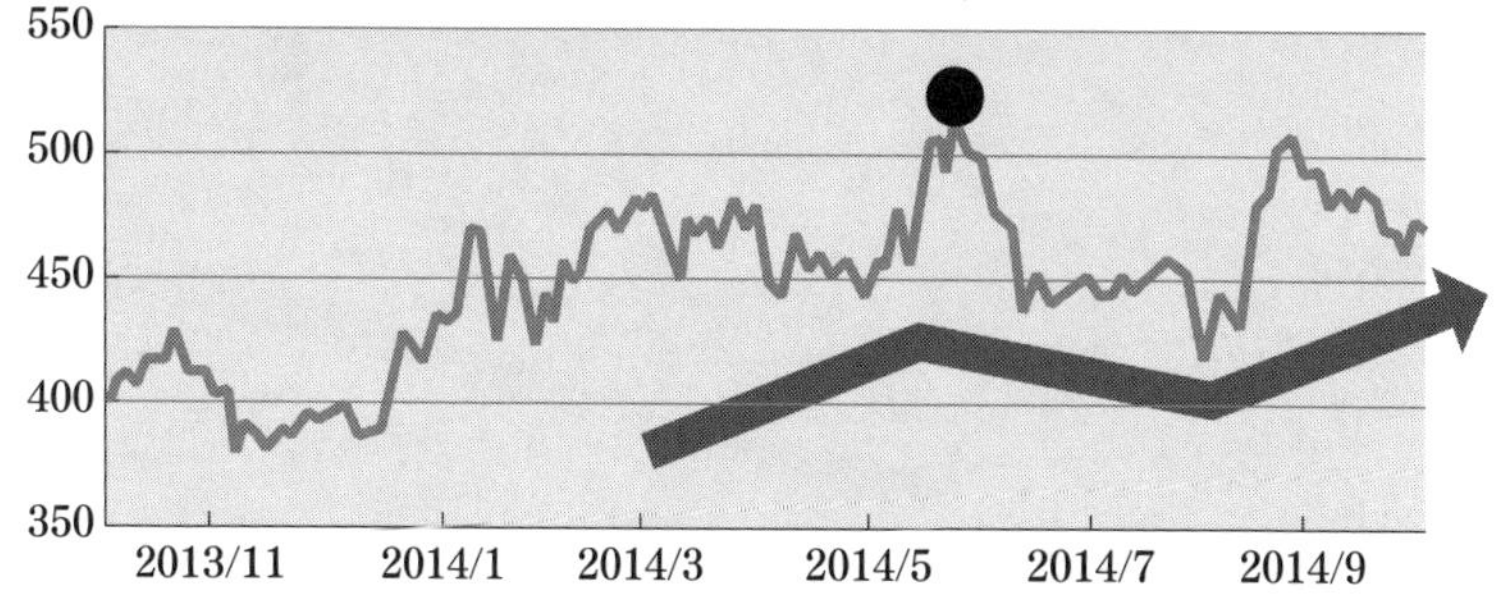

エンジニアリング専業大手。1961年、東洋高圧工業（現・三井化学）から分離・独立。石油精製、石油化学、資源開発などのハイドロカーボン分野で強み。原子力、電力、インフラ設備などのノンハイドロカーボン分野、医薬、ファインケミカル、食品などの産業プラント分野、IT技術を核としたコンサルティングなども手がける。海外売上高比率は84%。前期からの繰り越し工事は過去最高水準で営業利益が急回復。2015年3月期の売上高2900億円、経常利益100億円を見込む。

3 東レ 3402　現在の株価 701円

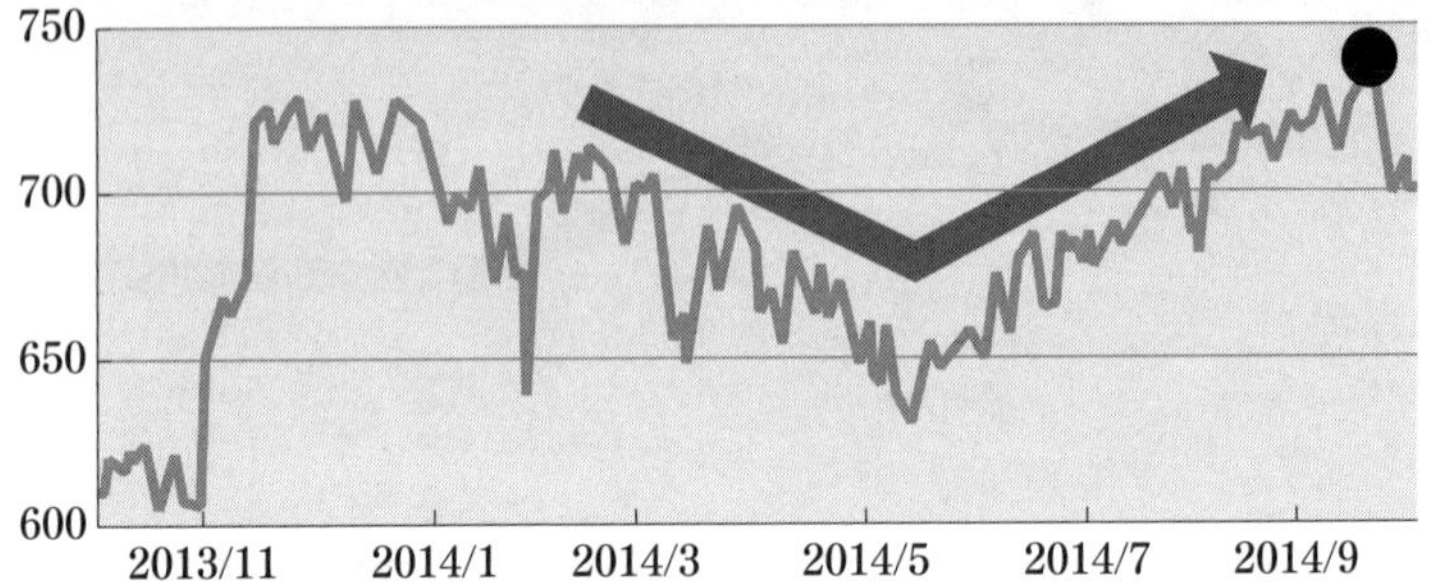

合成繊維の最大手で、炭素繊維は世界シェアのトップ。1926年、東洋レーヨンとして設立。戦後はナイロン、ポリエステルを中心に、合繊のトップメーカーとしての地位を確立した。1970年に現商号に変更。以後も人工皮革、炭素繊維など新製品で業界をリードし、合成樹脂や医療・医薬品分野などに進出した。航空機向け炭素繊維、IT関連材料など幅広く展開している。海外売上高比率は50％。2015年3月期は売上高2兆1500億円、経常利益1250億円で最高益を更新の見込み。

4 クラレ 3405　現在の株価 1298円

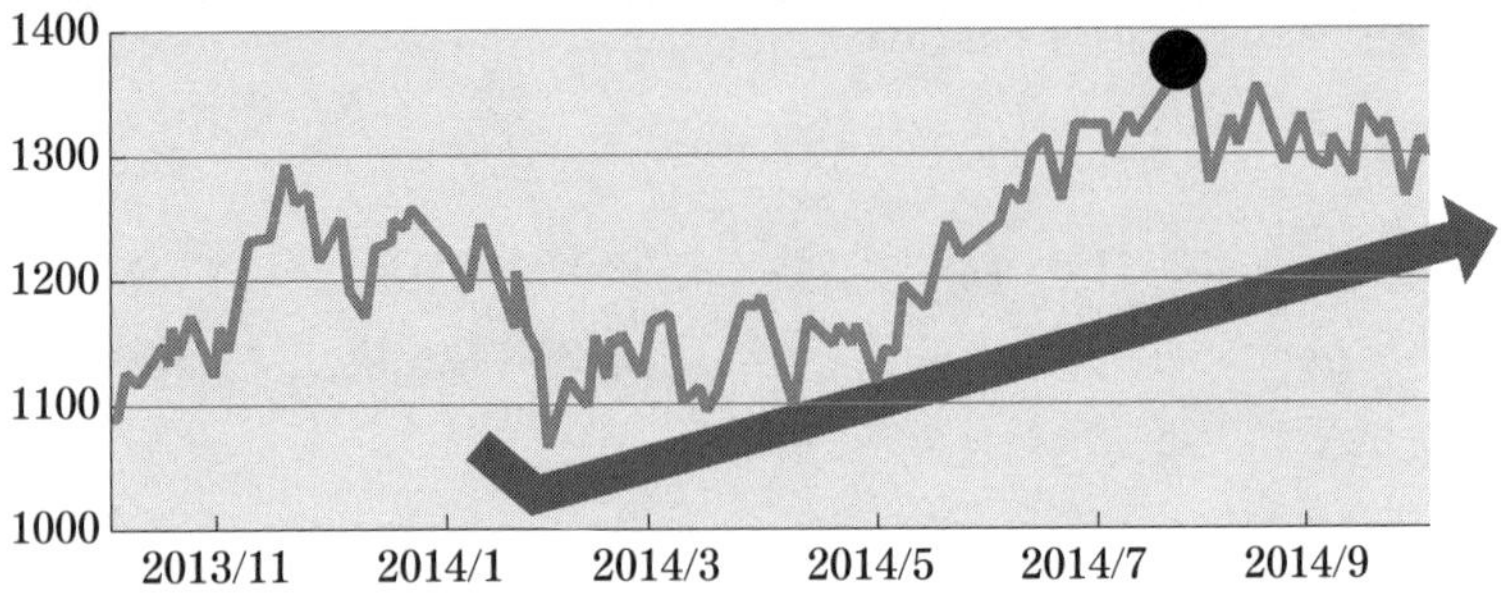

高機能素材に強い化学メーカーである。1926年にレーヨンの事業化を目的に倉敷絹織として設立。1949年に倉敷レイヨンに改称。50年代後半からポバール樹脂、アクリル樹脂などに参入。1964年には人工皮革「クラリーノ」を事業化。現在主力の光学用ポバールフィルムは、液晶ディスプレイ用偏光板の原料で世界シェア8割を占める。ガス遮断性が高く、食品容器などに用いられるエバール樹脂も世界トップ。海外売上高比率は55％。2014年12月期は決算期を変更したので9カ月決算。

5 王子ホールディングス 3861

現在の株価 389円

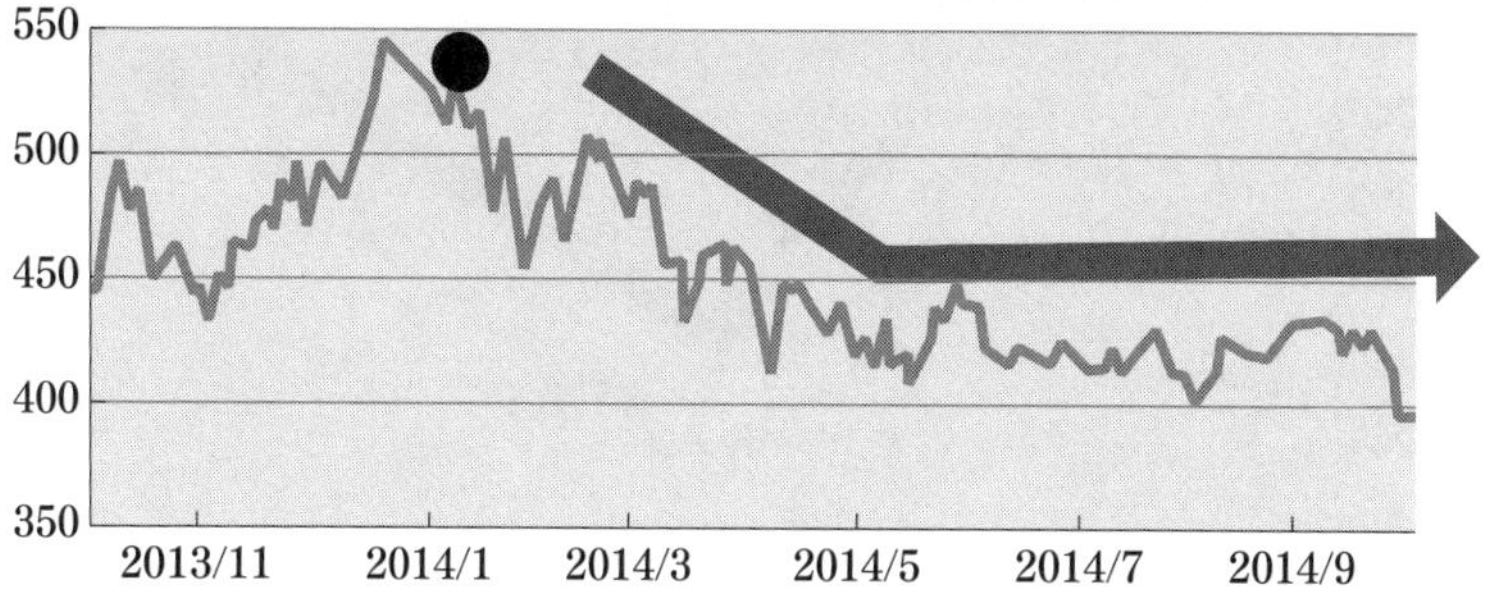

製紙で国内トップ。1873年、渋沢栄一により創立。1949年、過度経済力集中排除法により3社に分割され、苫小牧製紙として再発足。1960年に王子製紙に改称。1993年に神崎製紙と合併した際、新王子製紙としたが、1996年、本州製紙と合併し、王子製紙に戻った。2012年10月に純粋持ち株会社制に移行、王子ホールディングスに商号変更。国内事業の成熟化を背景に中国・南通市に工場を展開するほか、アジア、ブラジルなど海外で積極的にM＆Aを推進。営業増益が続いている。

6 新《しん》日《にっ》鐵《てつ》住《すみ》金《きん》 5401

現在の株価 267円

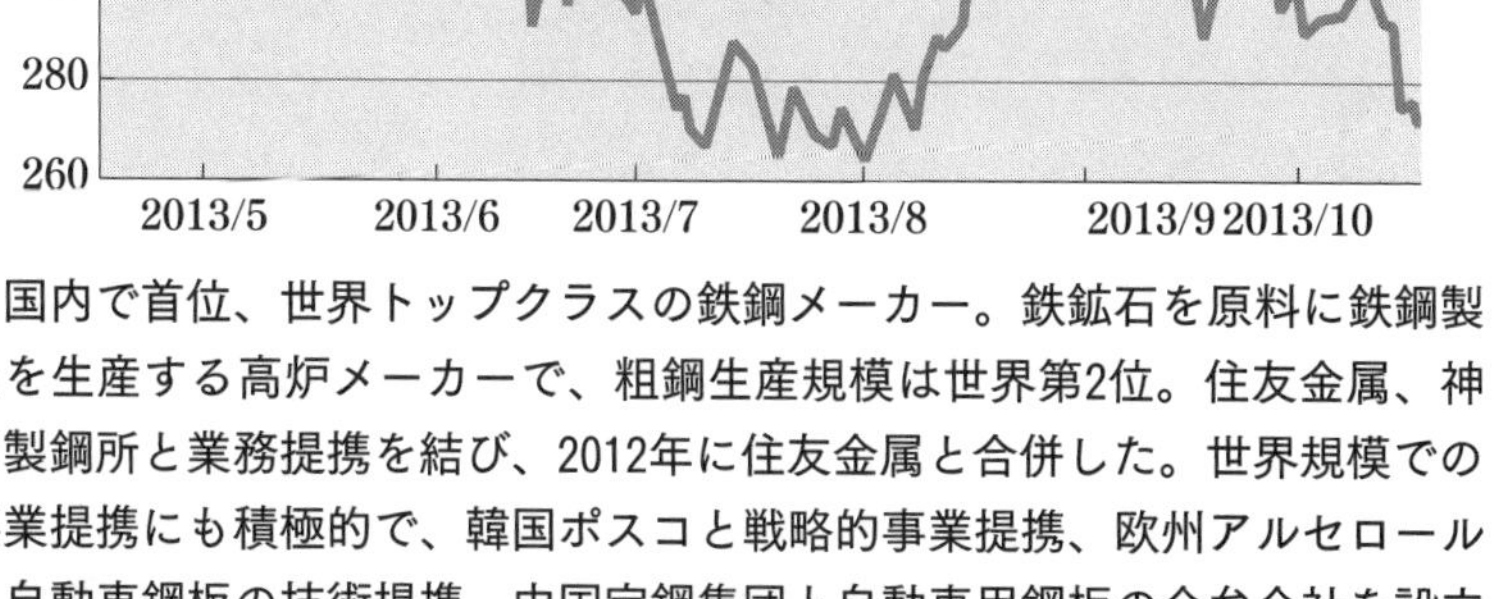

国内で首位、世界トップクラスの鉄鋼メーカー。鉄鉱石を原料に鉄鋼製品を生産する高炉メーカーで、粗鋼生産規模は世界第2位。住友金属、神戸製鋼所と業務提携を結び、2012年に住友金属と合併した。世界規模での事業提携にも積極的で、韓国ポスコと戦略的事業提携、欧州アルセロールと自動車鋼板の技術提携、中国宝鋼集団と自動車用鋼板の合弁会社を設立。海外売上高比率40％。自動車、建築向けが好調で2015年3月期の売上高5兆6500億円、経常利益4200億円を見込む。

7 三《みつ》井《い》金《きん》属《ぞく》 5706 現在の株価 290円

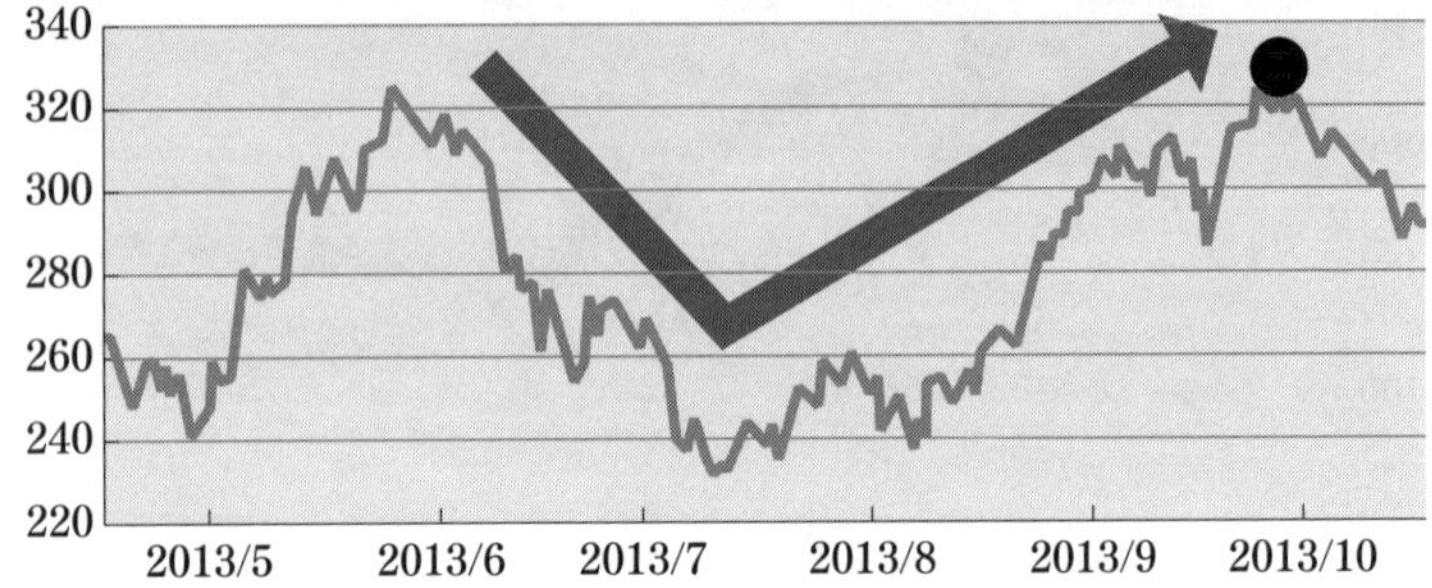

非鉄金属の大手。1874年、三井組が鉱山経営を開始。1950年、三井鉱山の金属部門を分離独立させて前身の神岡鉱業を設立。1952年、三井金属鉱業へ社名変更。現在は、電解銅箔を中心とする電子材料事業、電池材料や自動車排ガス用触媒を手がける機能材料事業が中核。電解銅箔の市場シェアは世界トップクラス。自動車用機能部品も手がけており、サイドドアロックの市場シェアは世界トップクラス。2015年3月期の売上高4462億円、経常利益290億円を見込む。

8 住友電気工業 5802 現在の株価 1509円

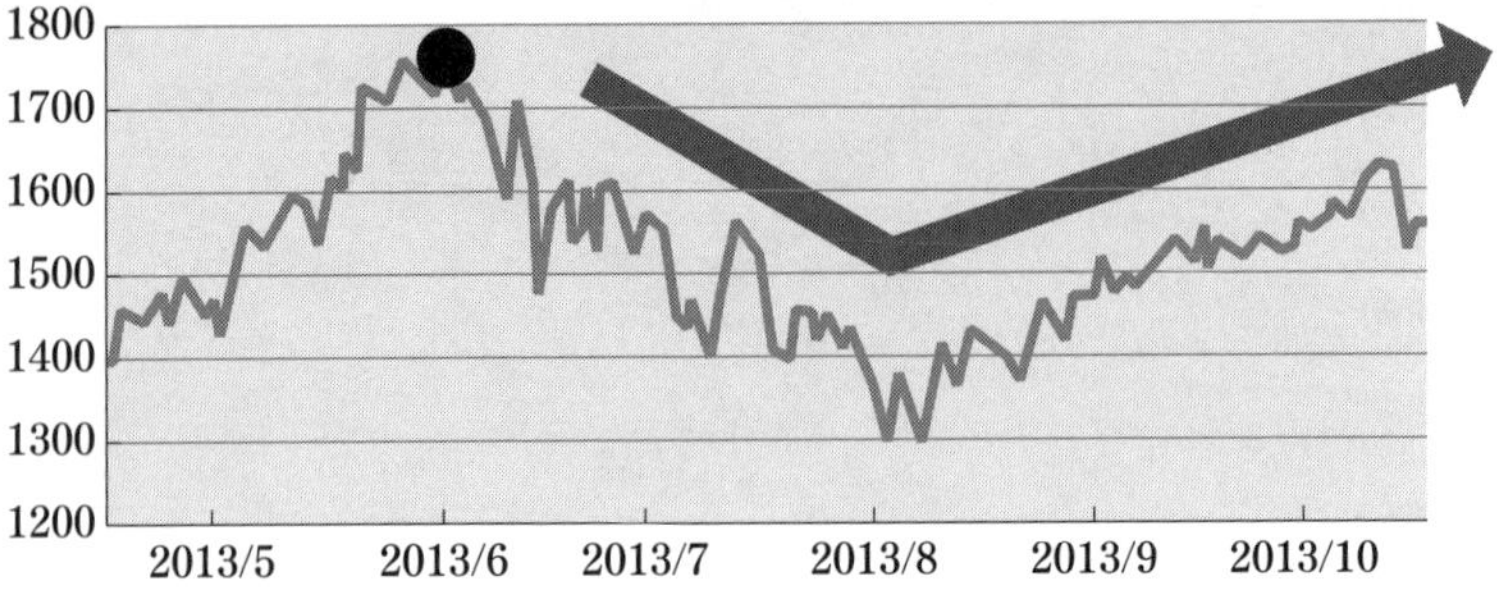

電線メーカーで最大手。1897年、住友伸銅場が開設され、被覆線の製造を開始。1911年、住友電線製造所を設立。1939年に現社名に改称。自動車関連事業では自動車用ワイヤーハーネスが世界大手の一角を占めている。情報通信関連事業では、光ファイバーケーブルや光関連部品を強化。エレクトロニクス関連事業では、電子ワイヤー、フレキシブルプリント配線板、化合物半導体を手がける。海外売上高比率は55%。2015年3月期の売上高2兆7000億円、経常利益1420億円を見込む。

9 昭和電線ホールディングス 5805　現在の株価 105円

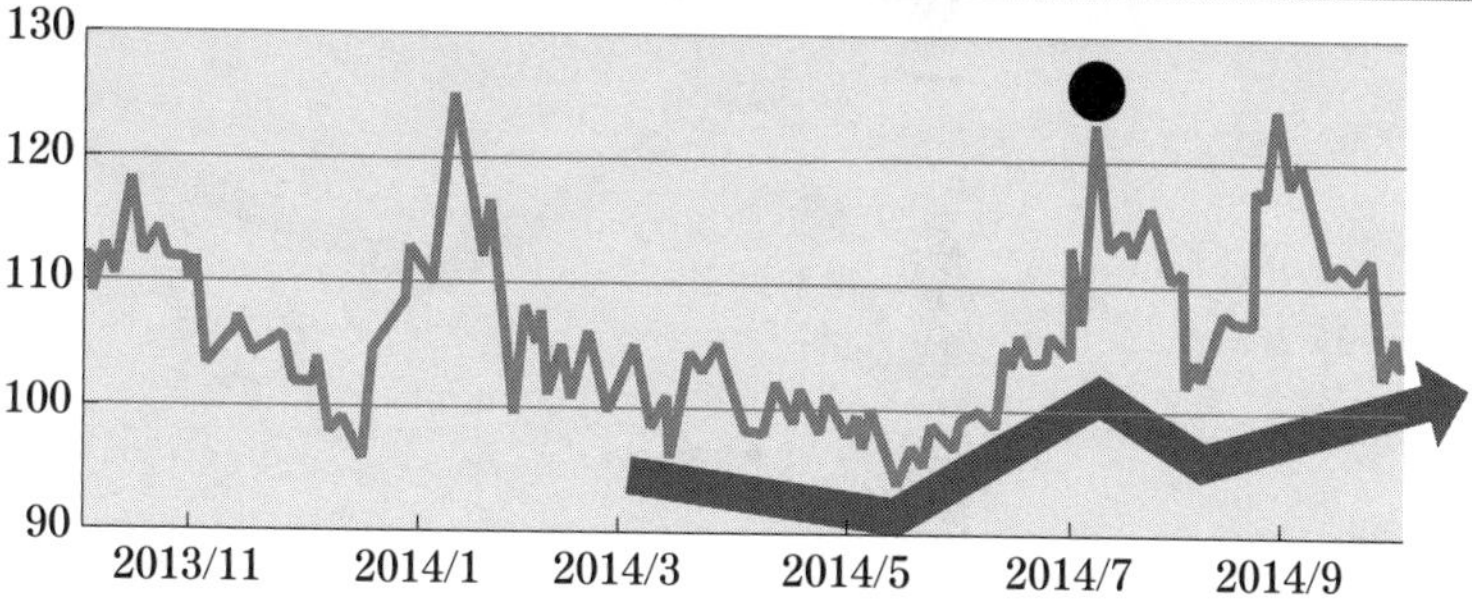

電線大手6社の一角。電力用などインフラ系に強み。免震装置で国内2位。1936年、東京電気（現・東芝）から独立、昭和電線電纜株式会社を設立。2006年、持ち株会社となり、現在の社名に変更した。電線・ケーブル事業のほか、免震部材や事務機器用部品などの事業も展開している。主力の電線は人手不足による建設工事のずれ込みが響いている。電力ケーブルの更新需要を見込んでいるが、電線の値上げ浸透は厳しい状況。2015年3月期の売上高は1850億円、経常利益5億円を見込む。

10 武田薬品工業 4502　現在の株価 4624円

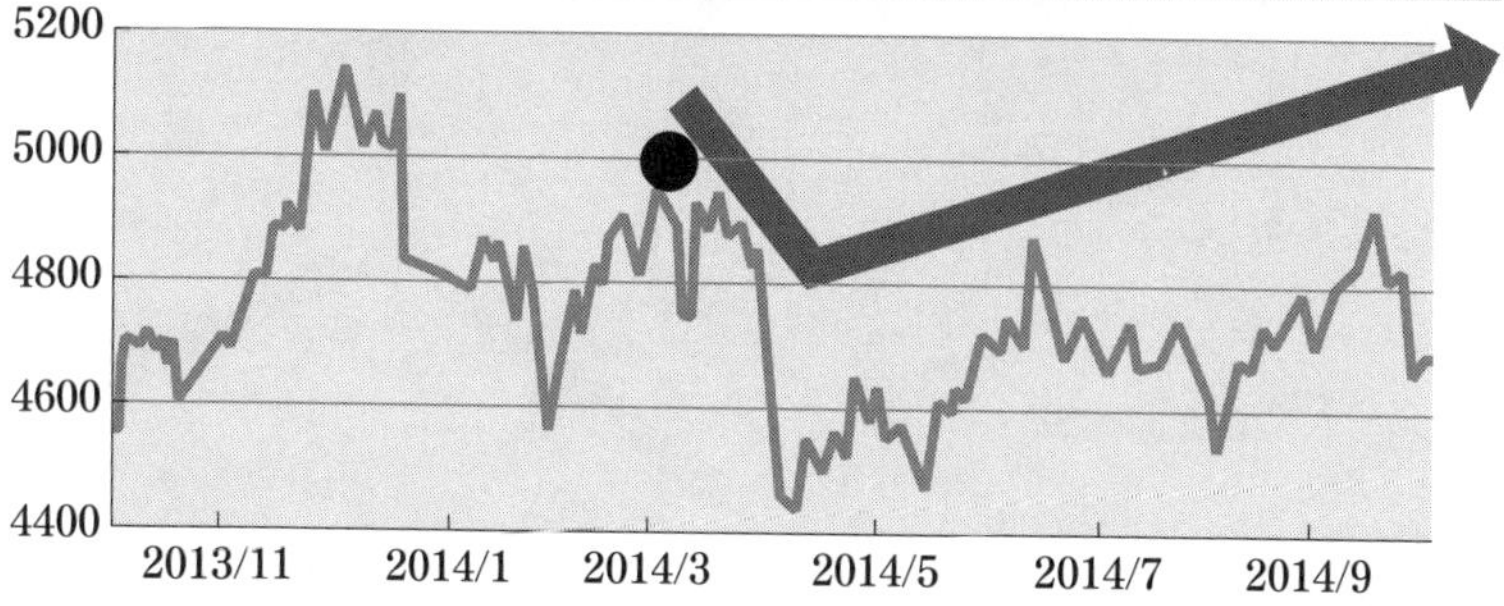

製薬国内トップ。生活習慣病に強み。不思議な会社である。1781年、創業。1962年の台湾を皮切りに東南アジアに子会社を設立。欧州では1978年のフランスに続いてドイツ、イタリアに拠点を開設。1985年、米国アボット社と合弁会社設立。2008年の米国ミレニアム・ファーマシューティカルズ社買収によるガン領域強化、2011年のスイス・ナイコメッド社買収による新興国市場開拓など、国内トップを堅持するとともに海外における収益力増大を図る。2015年3月期は増収、営業増益の見込み。

11 ツムラ 4540 現在の株価 2378円

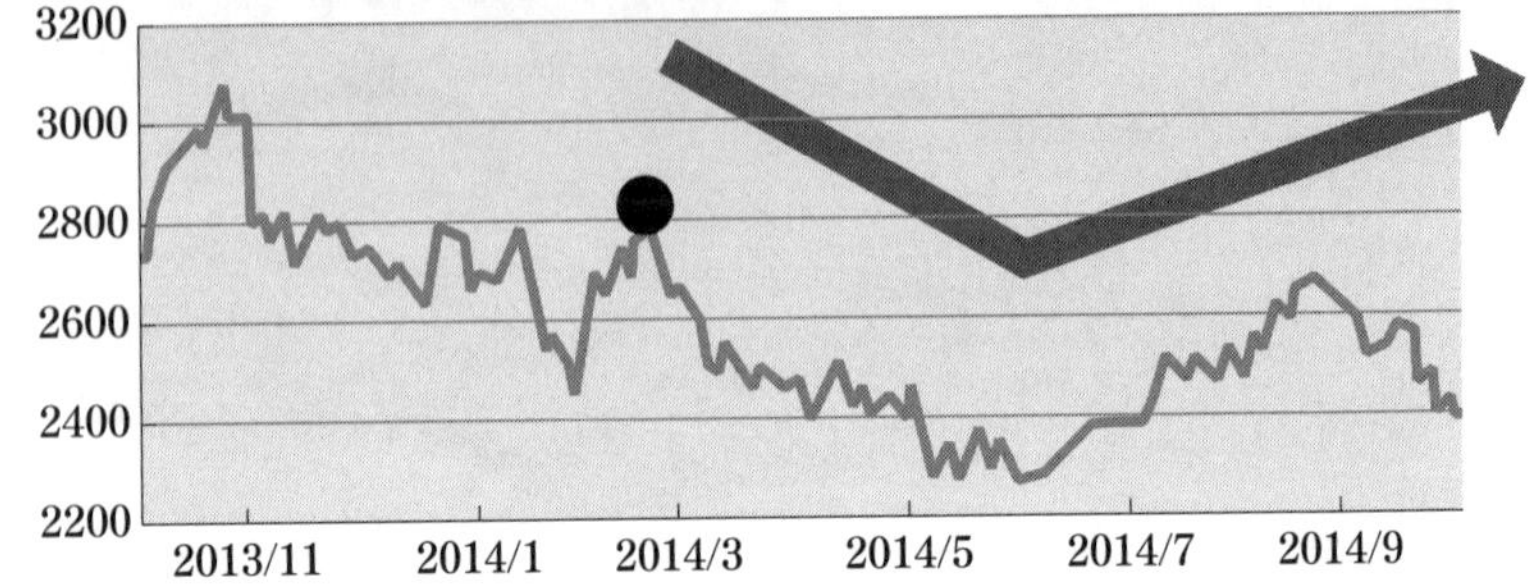

医療用漢方薬で国内シェア8割超。1893年、中将湯本舗津村順天堂を創立。1936年、株式会社津村順天堂を設立、婦人薬「中将湯」、浴用剤「バスクリン」等の製造販売を開始。1976年、医療用漢方製剤が健康保険に採用、薬価収載され発売した。1988年、現商号に変更。医師向けセミナーの参加者が増加傾向で、漢方薬処方は拡大の方向にある。2015年3月期は輸入原料生薬の価格上昇で営業減益の見込み。だが、販売費圧縮で減益幅は縮小。増配期待もある。

12 ＪＸ《ジェイエックス》ホールディングス 5020 現在の株価 491円

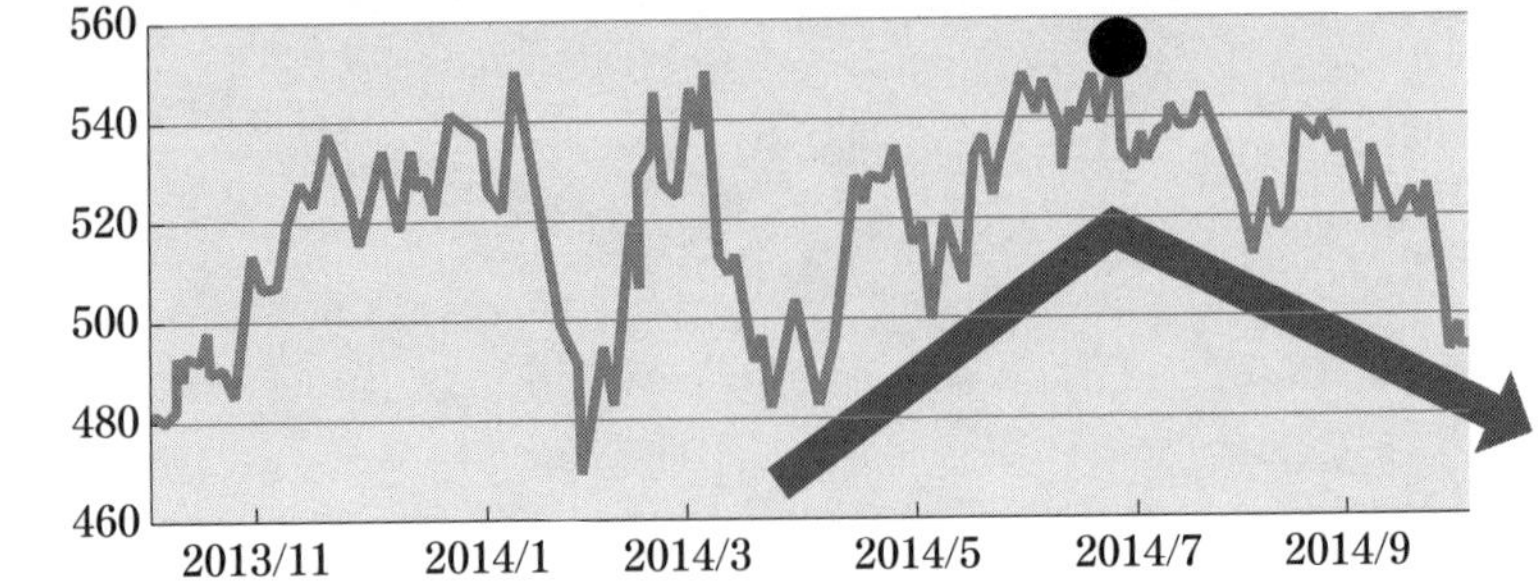

石油元売りのトップ。2010年、新日本石油と新日鉱ホールディングスが経営統合して発足した。エネルギー、石油・天然ガス開発、金属の3事業を中核とする。エネルギー事業では、石油製品と潤滑油の国内販売シェア、原油処理能力がいずれも首位。ＩＴ向け電子材料部材でも世界シェアトップの製品を多く抱える。ドバイ原油は想定1バレル105ドル。1ドル上昇で70億円の増益要因。2015年3月期の売上高12兆500億円、経常利益2450億円を見込む。

13 日本板硝子《いたがらす》 5202 現在の株価 108円

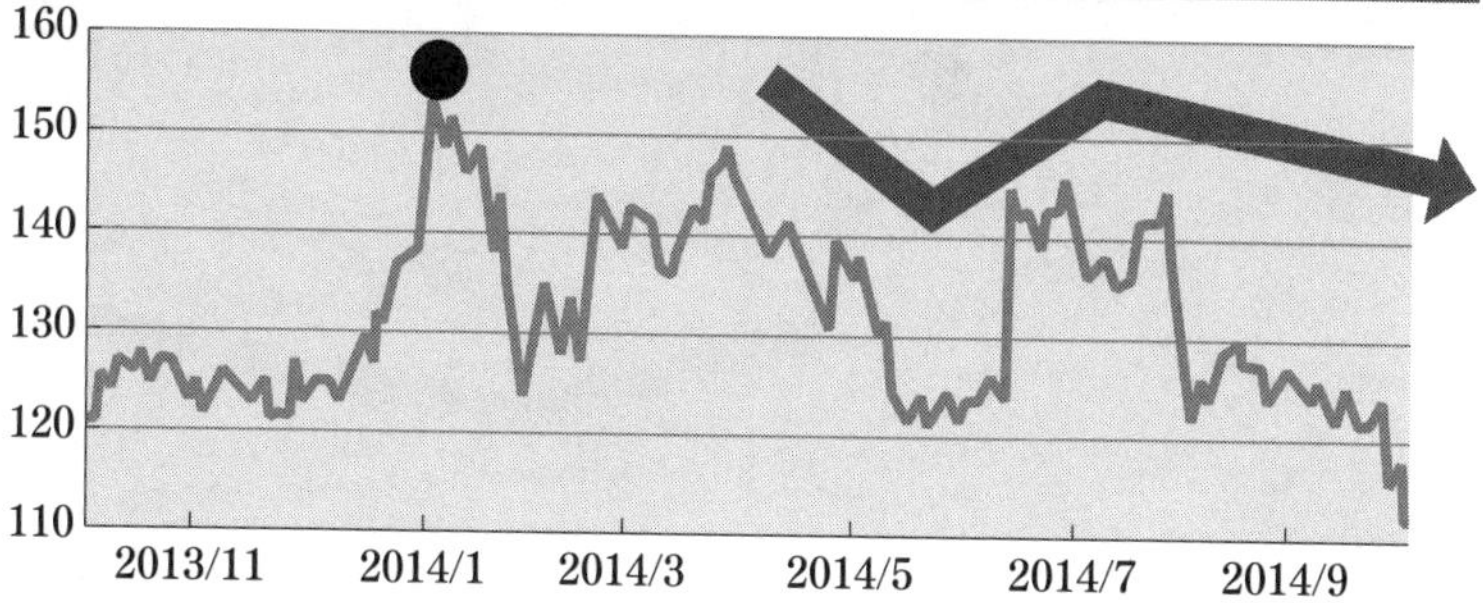

建設・自動車分野で使用される板ガラスの大手メーカー。1918年、日米板硝子を設立。1931年、現在の商号に変更。自動車メーカーの海外生産拡大に対応するため、2000年に英国ピルキントン社に資本参加、2006年に完全子会社化する。世界シェアは20%。旭硝子に次いで第2位。ピルキントン買収により有利子負債が急増した。板ガラス以外の事業売却などで負債圧縮を図る。海外売上高比率は74%。2015年3月期の売上高6310億円、営業利益170億円を見込む。

14 日本特殊陶業《とくしゅとうぎょう》 5334 現在の株価 2884円

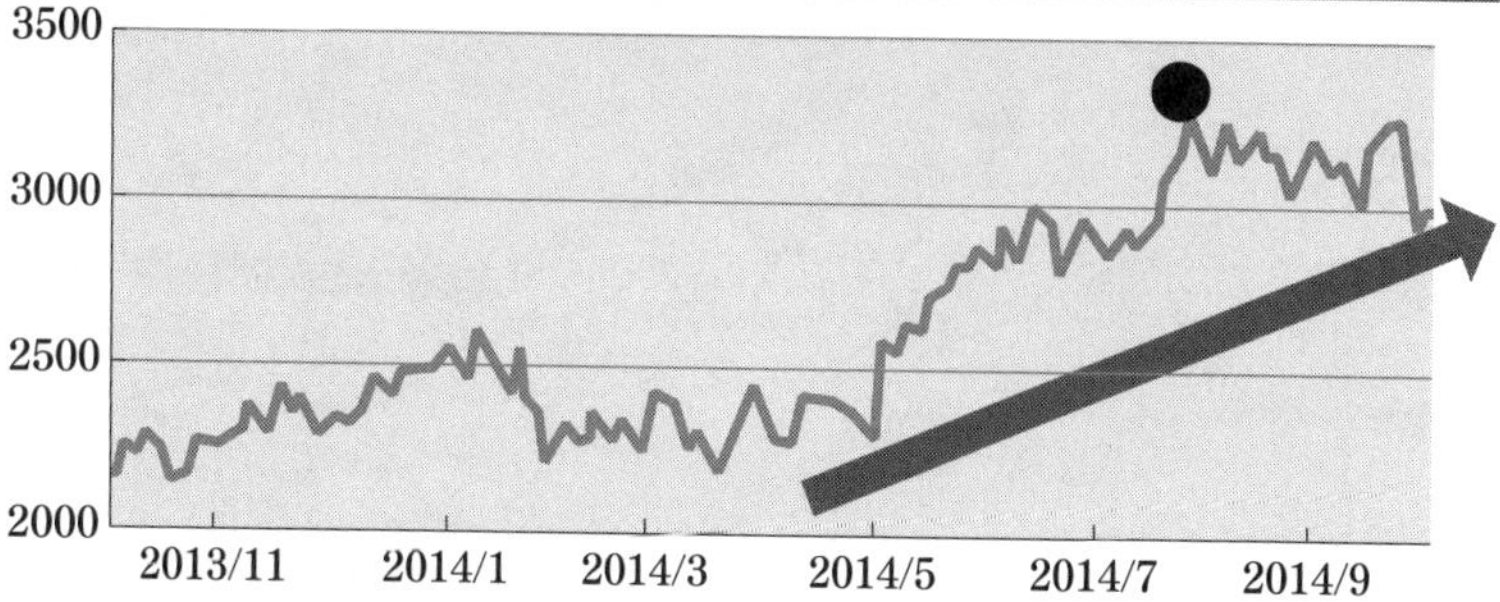

世界シェアトップのスパークプラグのメーカー。1936年、日本ガイシのスパークプラグ部門が分離して設立。プラグや自動車用各種センサーをはじめとする自動車部品の製造販売が主力事業。世界各地に拠点を展開し、世界中のほとんどの自動車・バイク、汎用エンジンメーカーに製品を供給している。自動車の排気ガス浄化システム用の制御装置である酸素センサーでも世界シェアトップ。海外売上高比率83%。2015年3月期の売上高3350億円、経常利益670億円を見込む。増配を期待。

15 ツガミ 6101 現在の株価 572円

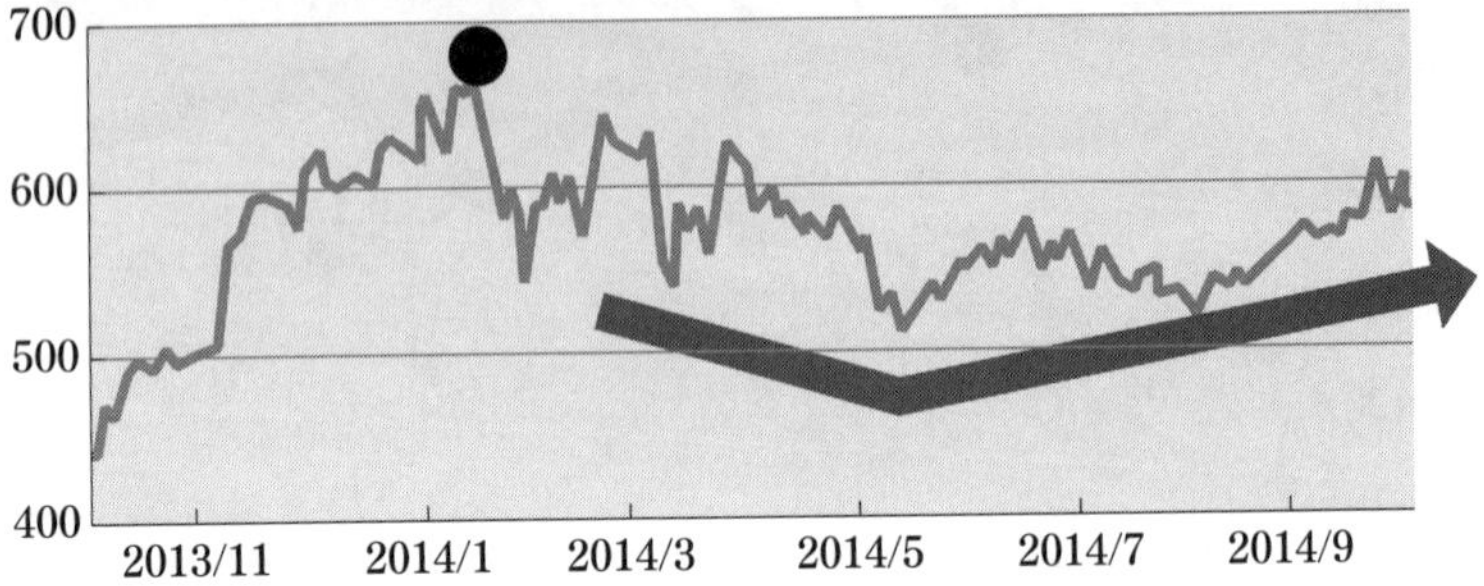

小型自動旋盤でトップ。1937年に津上製作所を設立。1982年、現在の社名に変更。精密技術に強みを持つ小型工作機械の総合メーカーで、自動旋盤のほか、研削盤、マシニングセンターなどの製造・販売・アフターサービスを手がける。主力の自動旋盤は現在、好採算のスマートフォン向け大型案件で想定外の伸びを示す。新興国向け新機種、欧米向け高級機の好調もあり、営業利益がV字回復。2015年3月期の売上高480億円、経常利益63億円を見込む。

16 千《ち》代《よ》田《だ》化《か》工《こう》建設 6366 現在の株価 1129円

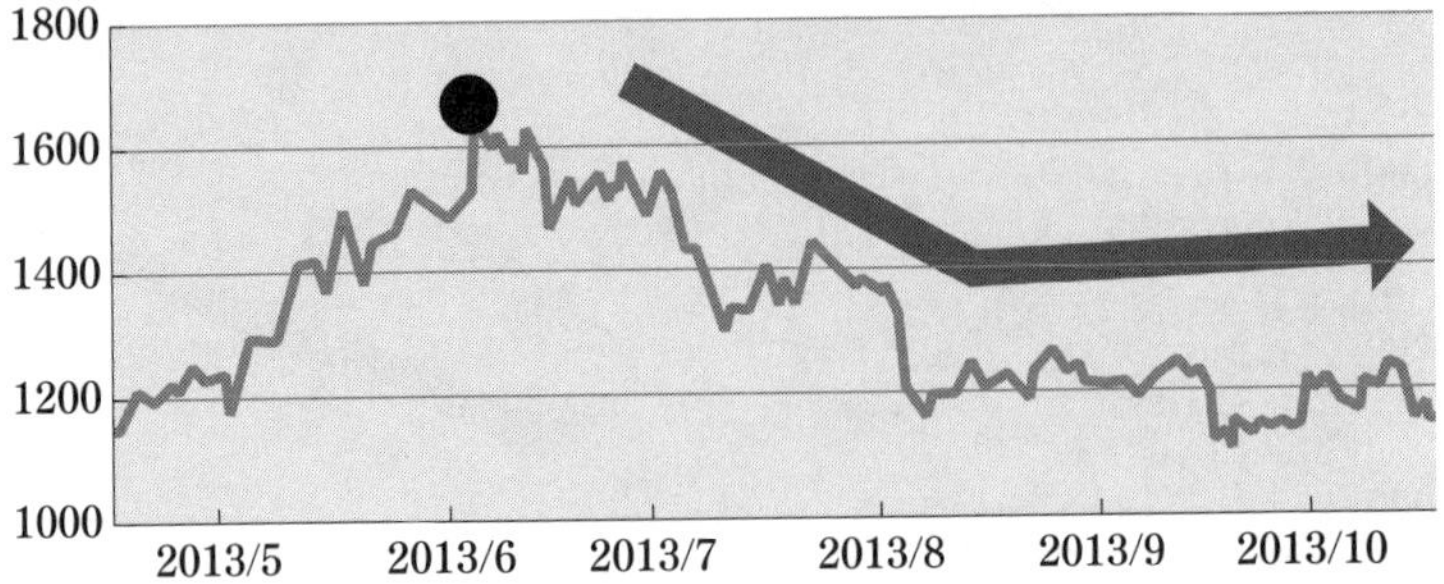

総合エンジニアリング大手。LNG（液化天然ガス）プラント分野で、日揮とともに世界最大手の一角。海外売上高比率が71.1%。1948年、三菱石油（現・JX日鉱日石エネルギー）の工事部門が独立して設立。LNGや石油化学などの分野で、設計、調達、建設を一貫して手がける。日揮などと共同で手がける豪イクシスLNGプラント、ベトナム製油所工事などが進捗している。2014年6月末の受注残は過去最高の1.5兆円。2015年3月期の売上高4650億円、経常利益245億円を見込む。

17 日立製作所 6501　現在の株価 801円

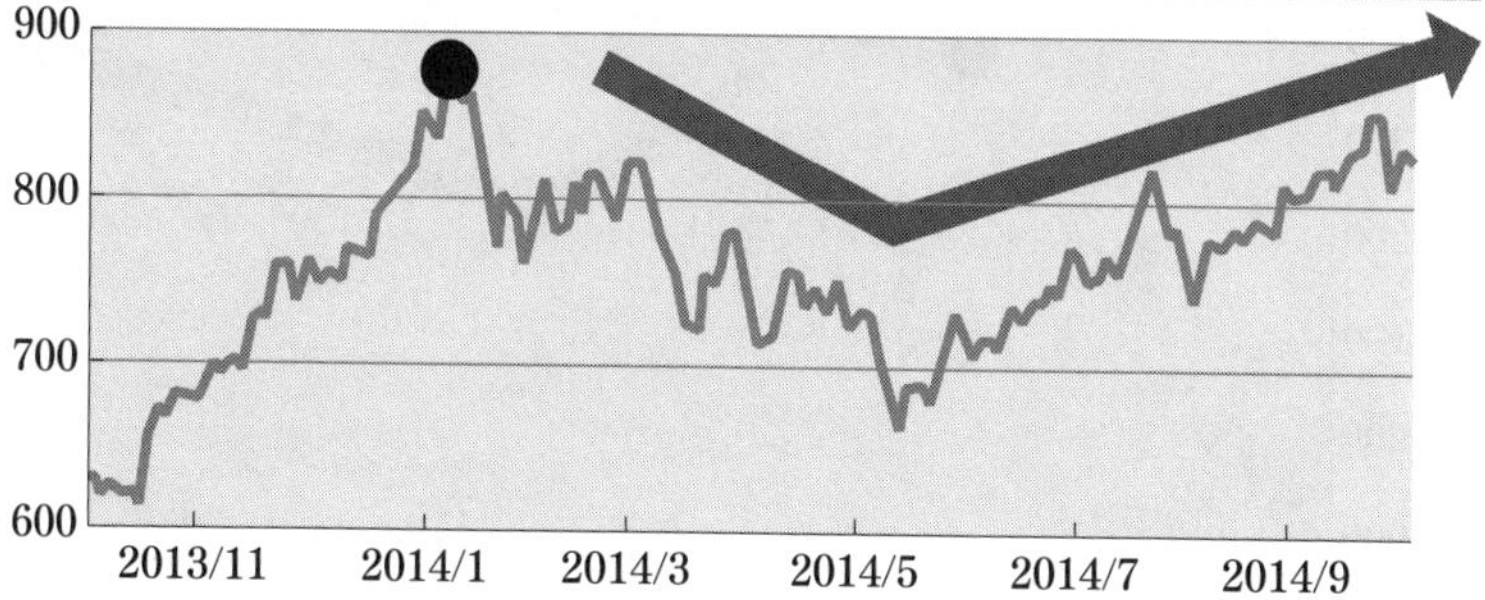

総合電機・重電のトップ。国内最大の産業エレクトロニクス企業。1910年、久原鉱業所の修理工場として発足。1920年、日立製作所として独立。現在は総合路線を見直し、インフラ系重視戦略に転換している。海外事業を重視し、現在の海外売上高比率は45％。英国にグローバルCEO職を設け欧州市場で鉄道事業を拡大中。リトアニア政府と原発建設に向け協議を開始。情報・通信や鉄道関連が好調で営業増益が続く。2015年3月期の売上高9兆4000億円、営業利益5600億円を見込む。

18 東芝 6502　現在の株価 473円

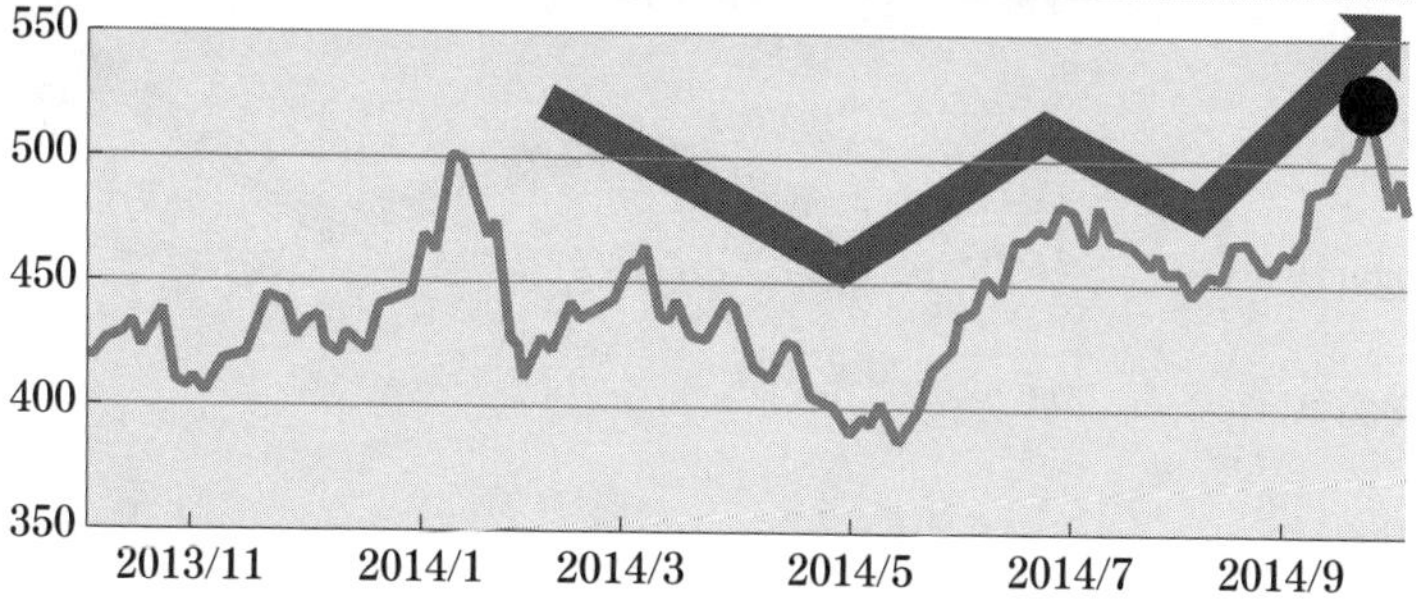

総合電機の大手。1939年、重電に強い芝浦製作所とエレクトロニクスに強い東京電気が合併して東京芝浦電気となり、1984年に現在の社名に変更した。半導体事業は自前の製造ラインによる成長を目指した。NAND型フラッシュメモリーがデータセンター向けに伸びる。テレビは生産・販売拠点を集約、PCは機種削減や法人向け強化で収益性を改善。電力、社会インフラ部門が堅調で営業増益が続く。2015年の売上高6兆7000億円、営業利益3300億円を見込む。

19 パナソニック 6752

現在の株価 1261円

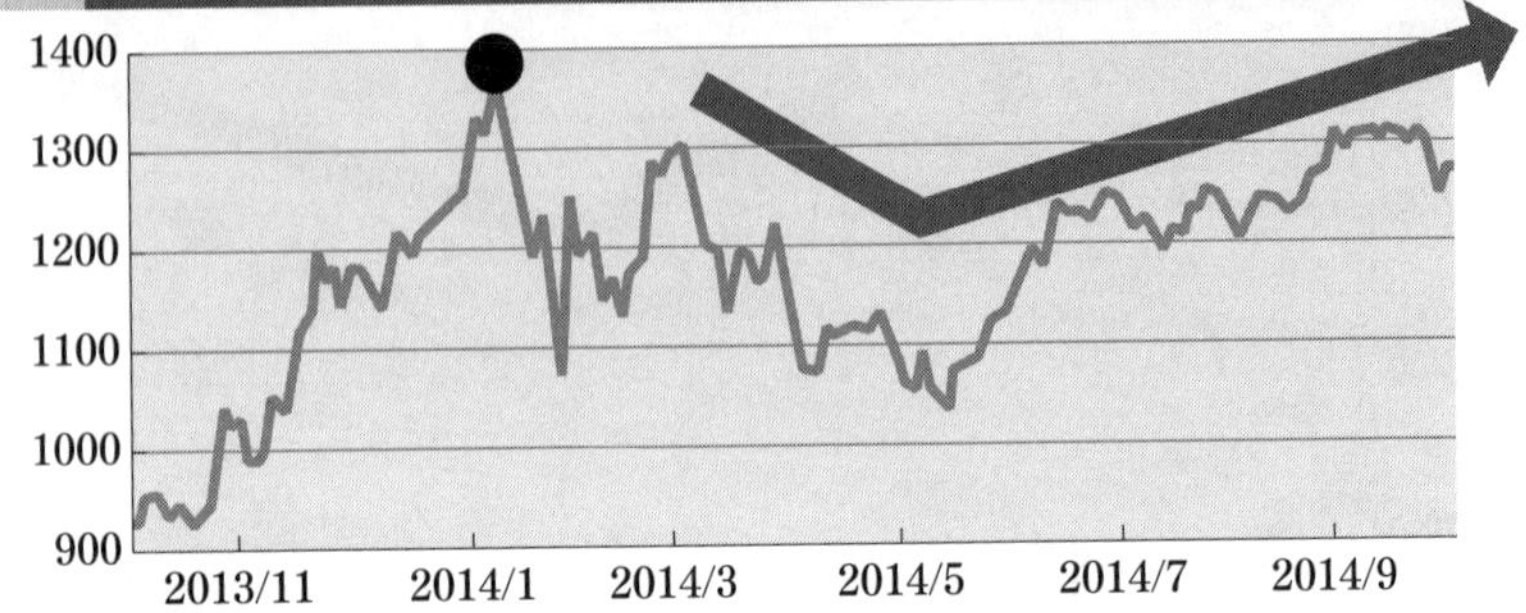

総合家電メーカー。映像・音響機器、白物家電、住設機器、住宅事業など幅広い事業を手がける。1918年、松下電気器具製作所として創業。2008年、現在の社名に変更。半導体などの電子部品、FA関連など企業向けのビジネスも展開する。海外売上高比率は50％。住宅関連は消費税増税が響くが、白物家電が想定以上に伸びる。テレビ、液晶パネル事業などが改善し、人件費圧縮効果もあり営業増益が続く。苦境を脱した。2015年3月期の売上高7兆7000億円、営業利益3300億円を見込む。

20 ファナック 6954

現在の株価 18830円

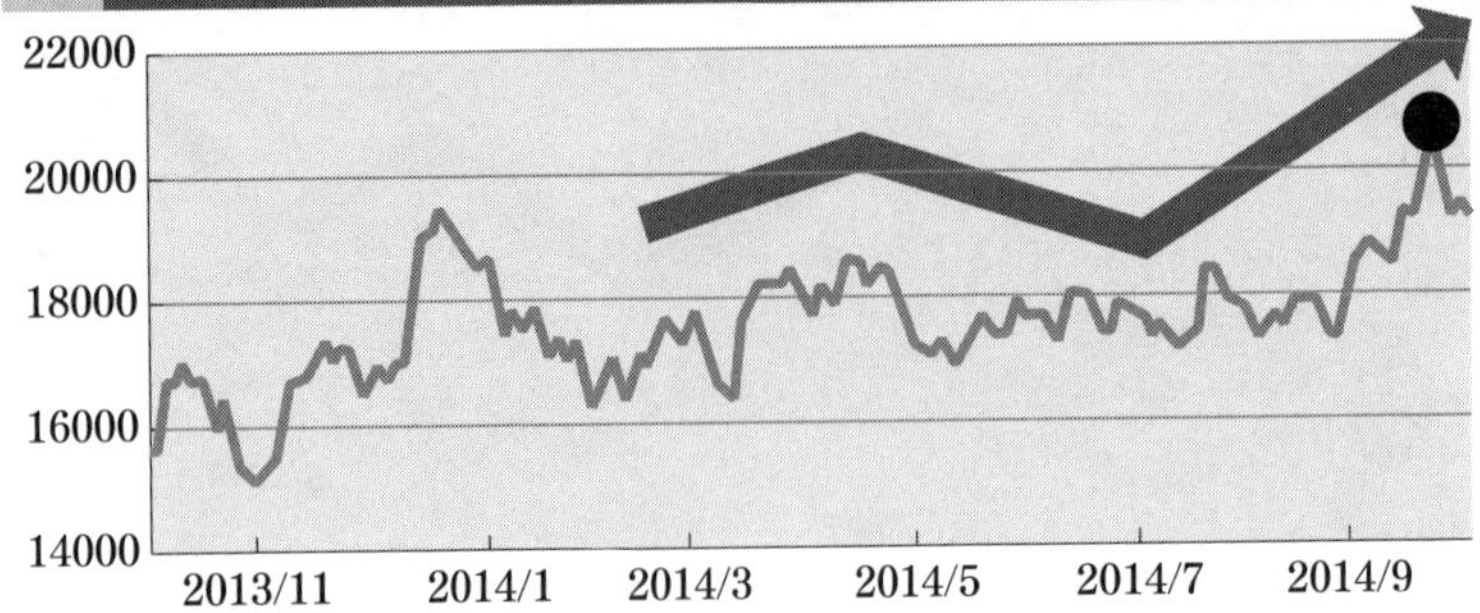

NC（数値制御）装置の世界トップメーカー。1972年、富士通から分離・独立し、富士通ファナックとして設立。1982年、現在の社名に変更。工作機械などに搭載されるCNC（コンピューター数値制御）装置で世界シェアトップ。CNCやサーボモーターといったFA部門を主軸に、産業用ロボットや射出成形機なども手がける。国内や中国の需要増加でNC装置が伸びる。ロボットも米国自動車大手の投資で好調。2015年3月期の売上高5420億円、経常利益2220億円を見込む。

21 トヨタ自動車 7203　現在の株価 6252円

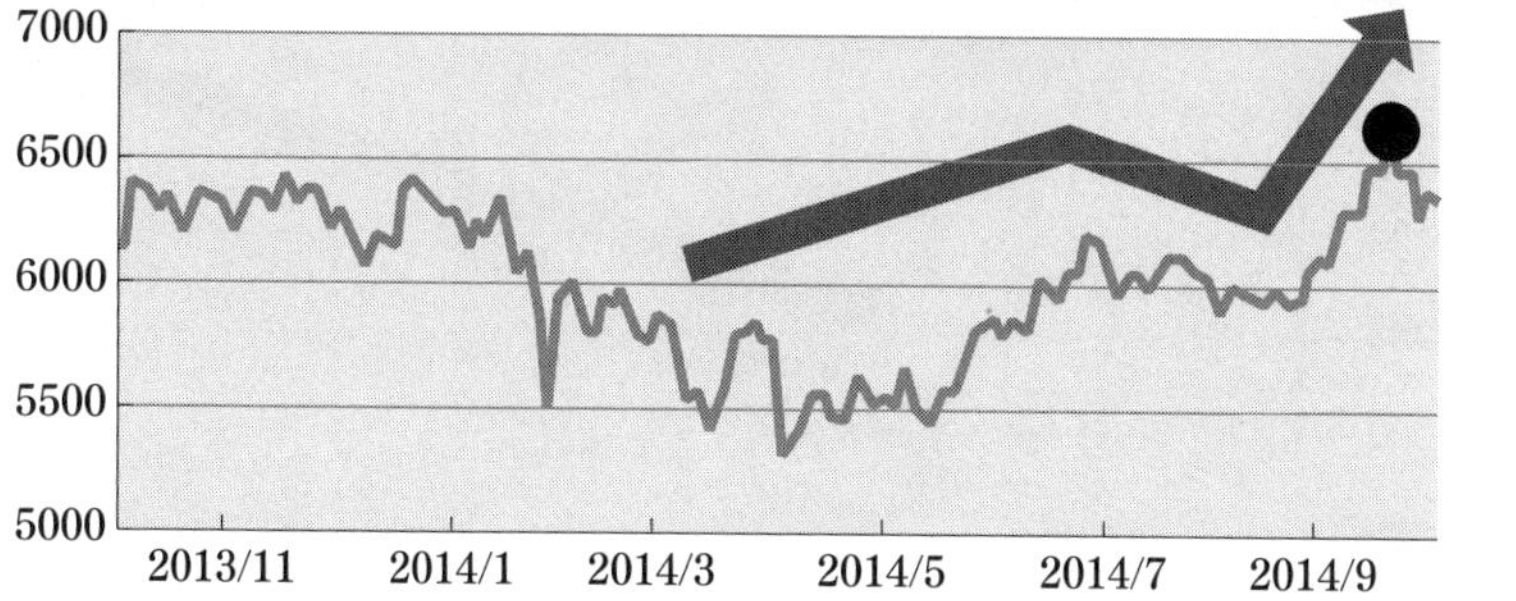

世界第1位の自動車メーカー。1937年、トヨタ自動車工業設立。1982年、トヨタ自動車販売と合併し、現在の社名に変更。全世界の販売台数（2013年）は998万台と、2年連続で世界第1位。軽自動車を手がけるダイハツ、商用車を手がける日野自動車を子会社に持ち、フルライン体制を敷く。北米、欧州は伸びているが、国内やタイが落ち込む。ただしハイブリッド車がまだまだ伸びる。2014年度内に燃料電池車を700万円台で販売開始。2015年3月期の売上高26兆円、営業利益2兆4000億円を見込む。

22 富士重工業 7270　現在の株価 3400円

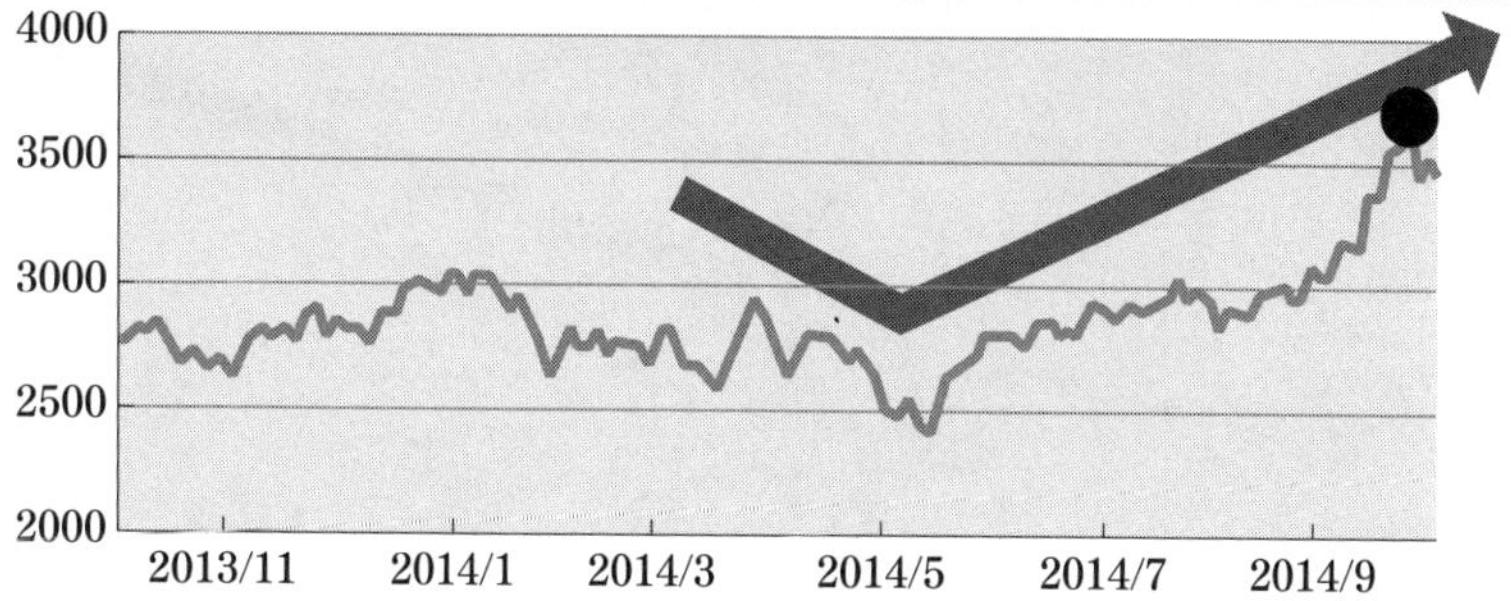

乗用車メーカー上場8社中、生産台数規模で第8位。1953年、航空機、航空機エンジンを製造していた中島飛行機を前身として設立。2012年3月期に軽自動車の生産から撤退し、「レガシィ」、「フォレスター」、「インプレッサ」などの水平対向エンジン車に注力している。海外売上高比率は72%。世界販売計画が91.6万台と過去最高に。主力の北米と国内は順調に増加、中国も伸びる。2015年3月期の売上高2兆7200億円、経常利益3300億円を見込む。

23 キヤノン 7751

現在の株価 3479円

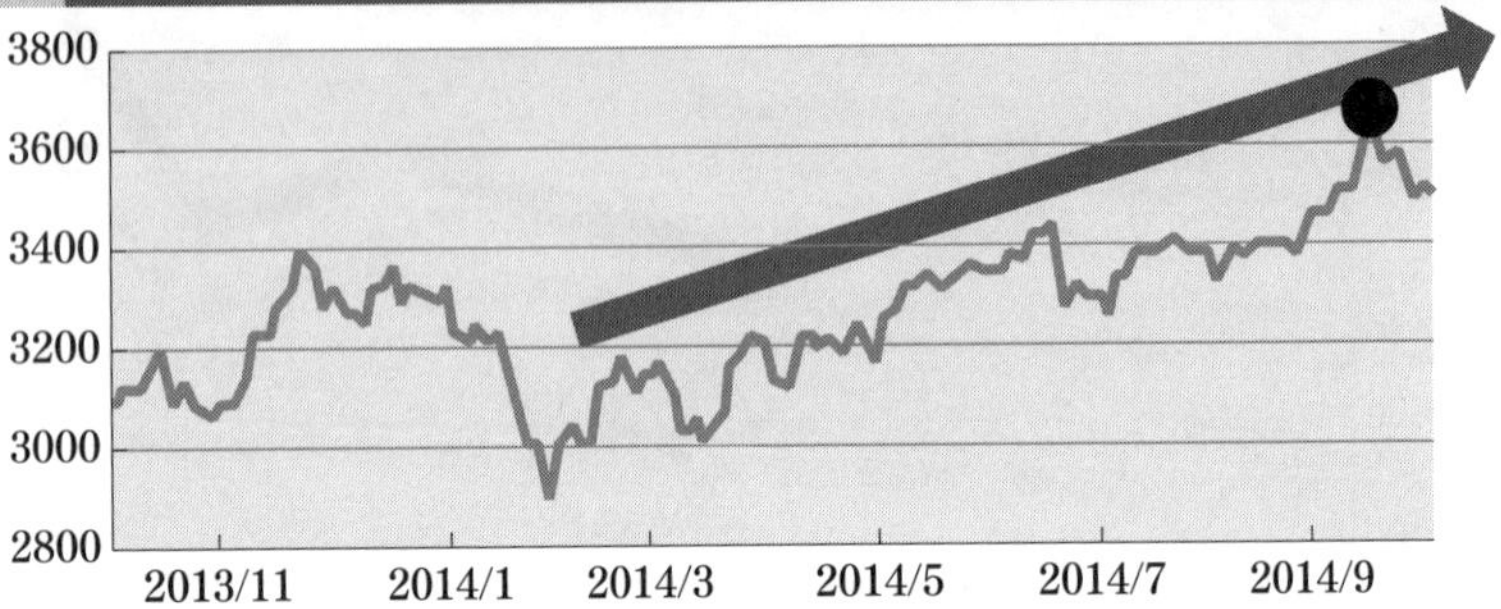

カメラ、事務機器の世界大手。1937年、精機光学工業を設立。「右手にカメラ、左手に事務機」をスローガンに業容を拡大した。オフィス、コンシューマー、産業機器分野において、開発、生産から販売、サービスにわたり事業を展開。海外売上高比率は81％。柱のデジカメはコンパクト型だけでなく一眼レフも数量が低下。ただし、高級デジカメ比率上昇や複写機カラー化で採算は改善。デンマークの監視カメラソフト会社で世界最大手を買収、自社ハードと連動し新規事業を開拓する。2014年12月期の売上高3兆7500億円、営業利益3850億円を見込む。

24 三井物産 8031

現在の株価 1646円

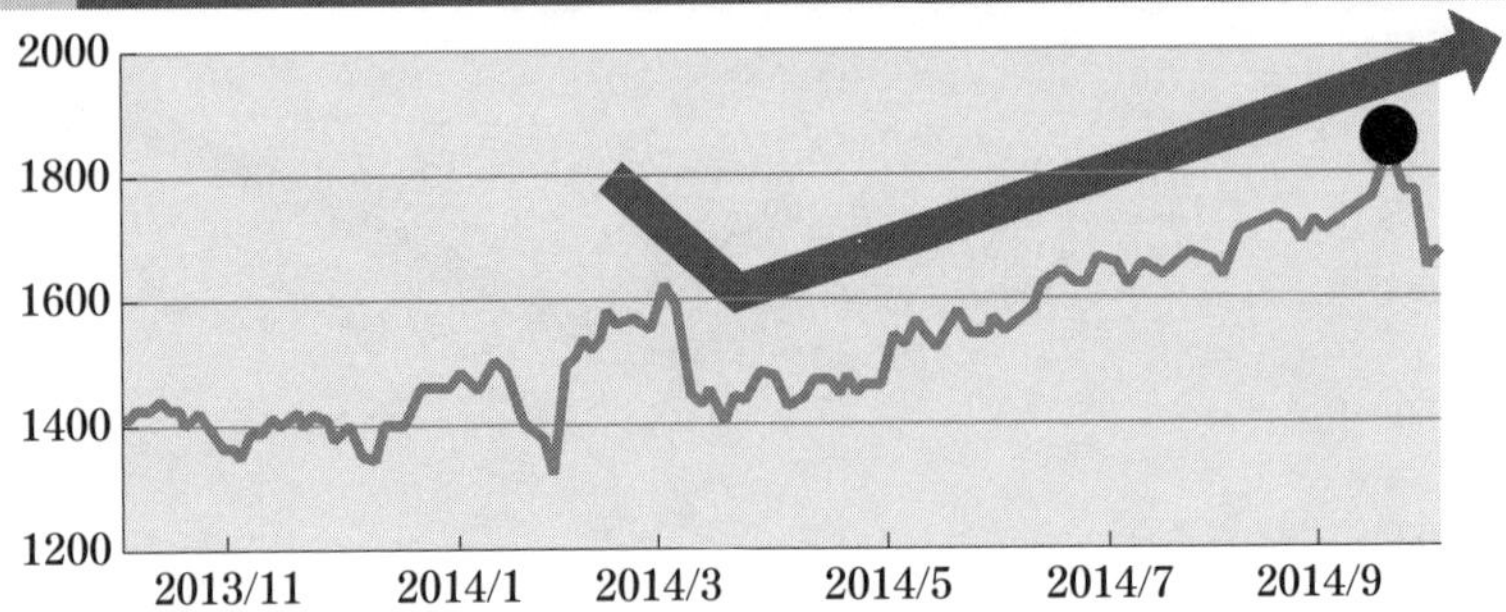

三菱商事と並ぶ総合商社大手。資源・エネルギーの生産権益に強く、鉄鉱石、原油・ガスで国内トップ。1876年、旧三井物産が貿易商社の先駆けとして誕生。1947年、連合軍の財閥解体指令により解散。1959年に旧グループ会社が大合同し、現商号に変更、再スタートした。主軸の資源で石炭市況悪化が打撃を受けた。海外の自動車販売、発電事業は好調。ITサービスを加速、三井情報を完全子会社化。2015年3月期は営業収益5兆7000億円、営業利益2700億円を見込む。

25 三井不動産 8801 現在の株価 3079円

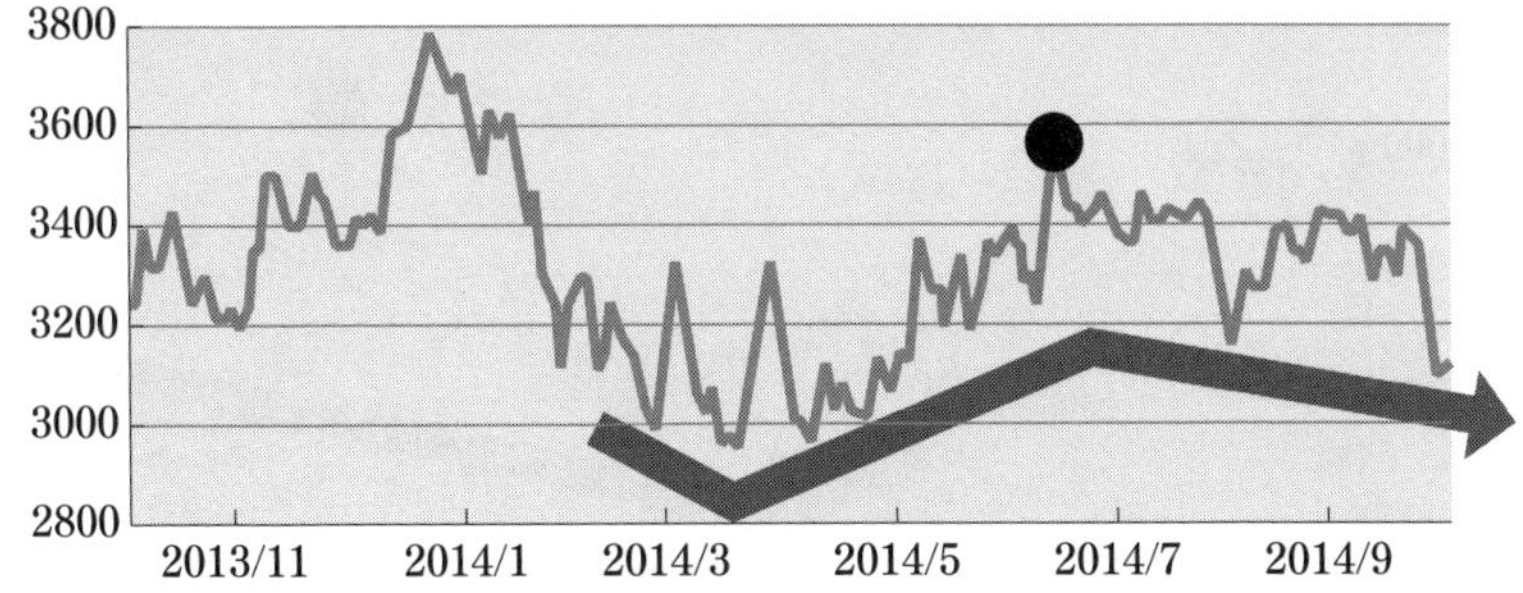

総合不動産デベロッパー最大手。1941年、三井合名会社の不動産部門を分離し設立。1968年に同社発注の高層オフィスビル「霞が関ビルディング」が完成、日本における高層建築の先駆けとなった。オフィスビル・商業施設などの賃貸事業、マンションを中心とする分譲事業が主力。マンション販売は販売価格上昇と販促費抑制で利幅が大きい。大型再開発「柏の葉スマートシティ」が先進開発として注目される。2015年3月期の売上高1兆5400億円、経常利益1560億円を見込む。

26 三菱地所 8802 現在の株価 2267円

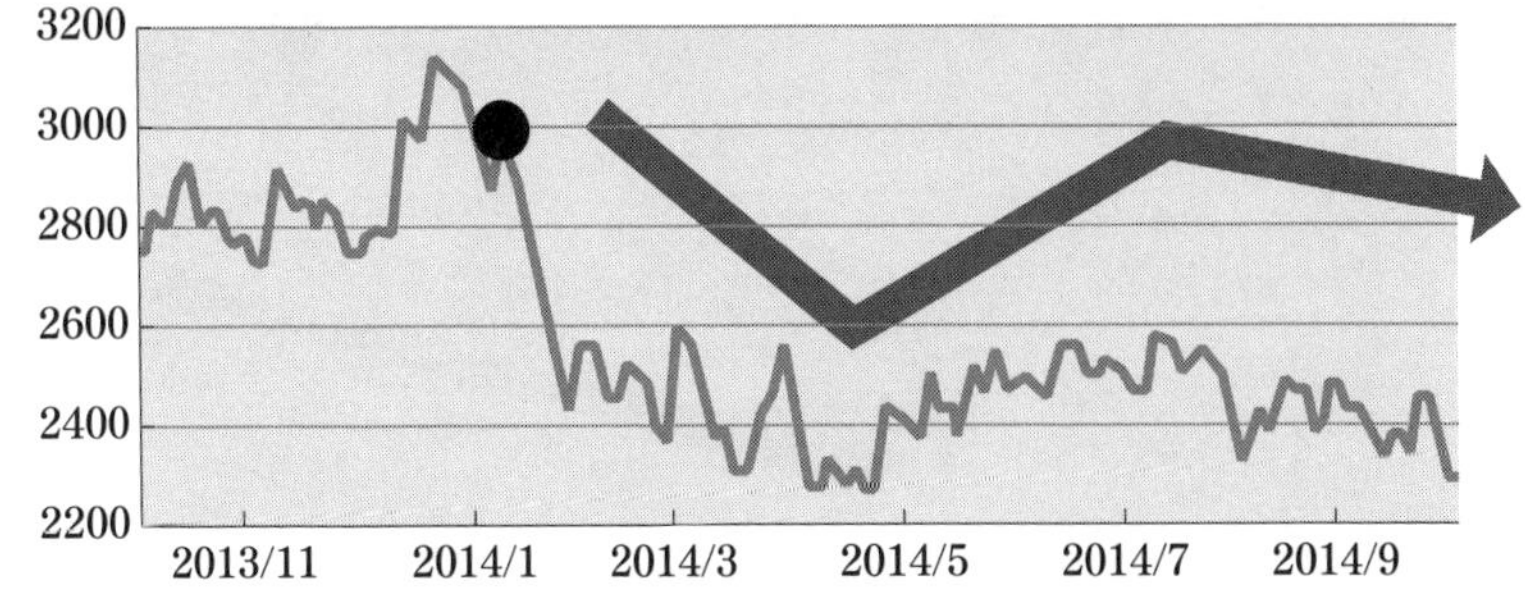

1937年、三菱合資会社の地所部が担当していた貸事務所経営部門を継承し設立された。東京丸の内を中心に賃貸を手がけるビル事業が主力。ほかに、マンション分譲を主体とする住宅事業、SPC（特別目的会社）などを活用した都市開発事業、海外事業などを幅広く展開。ビル事業はオフィス賃料、空室率とも改善。マンション販売は供給少なく後退。高値で仕入れた用地の商品化や建築費上昇が圧迫し、営業減益。2015年3月期の売上高1兆790億円、経常利益950億円を見込む。

27 東日本旅客鉄道（JR東日本） 9020 現在の株価 8132円

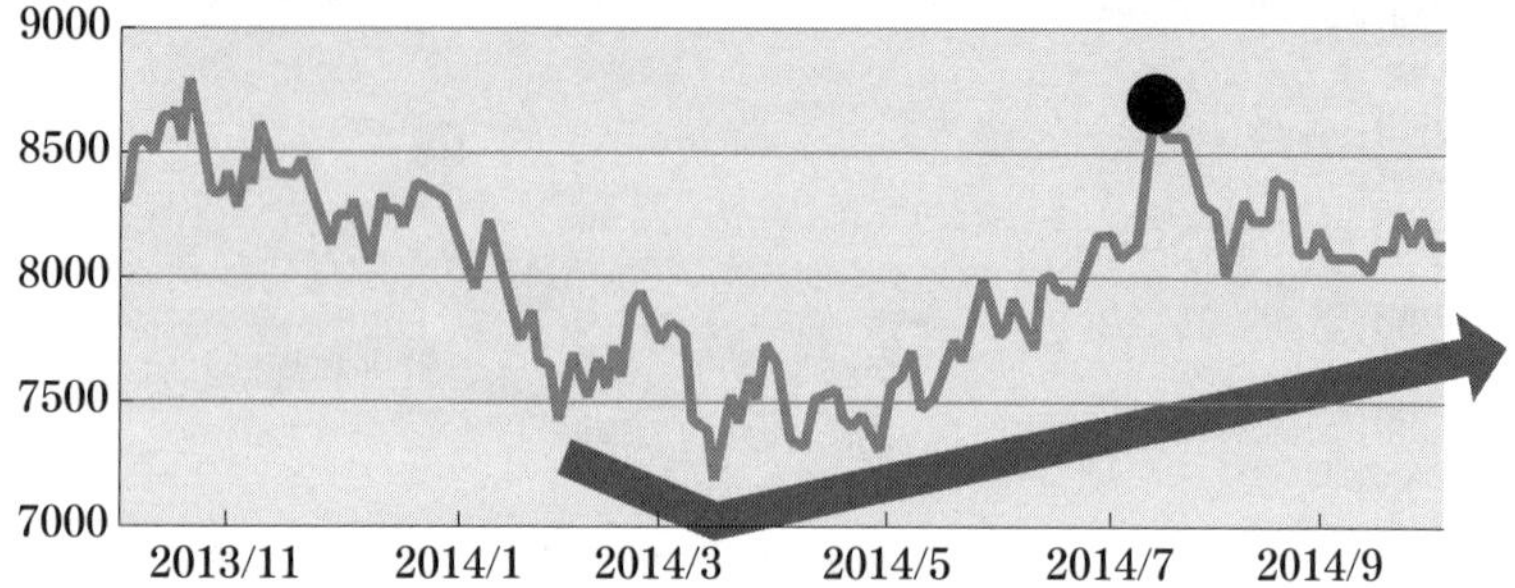

国内最大の鉄道会社。国鉄の分割・民営化に伴い、1987年に設立。少子高齢化社会の到来で輸送量の伸びが頭打ちになる懸念から、駅ナカビジネスや駅ビルなどの非運輸事業を積極展開。「Suica」により決済手数料などを得る電子マネービジネスを手がけ、乗車券としては改札機の簡素化や券売機の設置数減少などでコスト削減。羽田へのアクセス線構想はりんかい線と接続、ルート拡充を狙う。2015年3月期の売上高2兆7430億円、経常利益3430億円を見込み、最高益連続更新。

28 ANAホールディングス 9202 現在の株価 246円

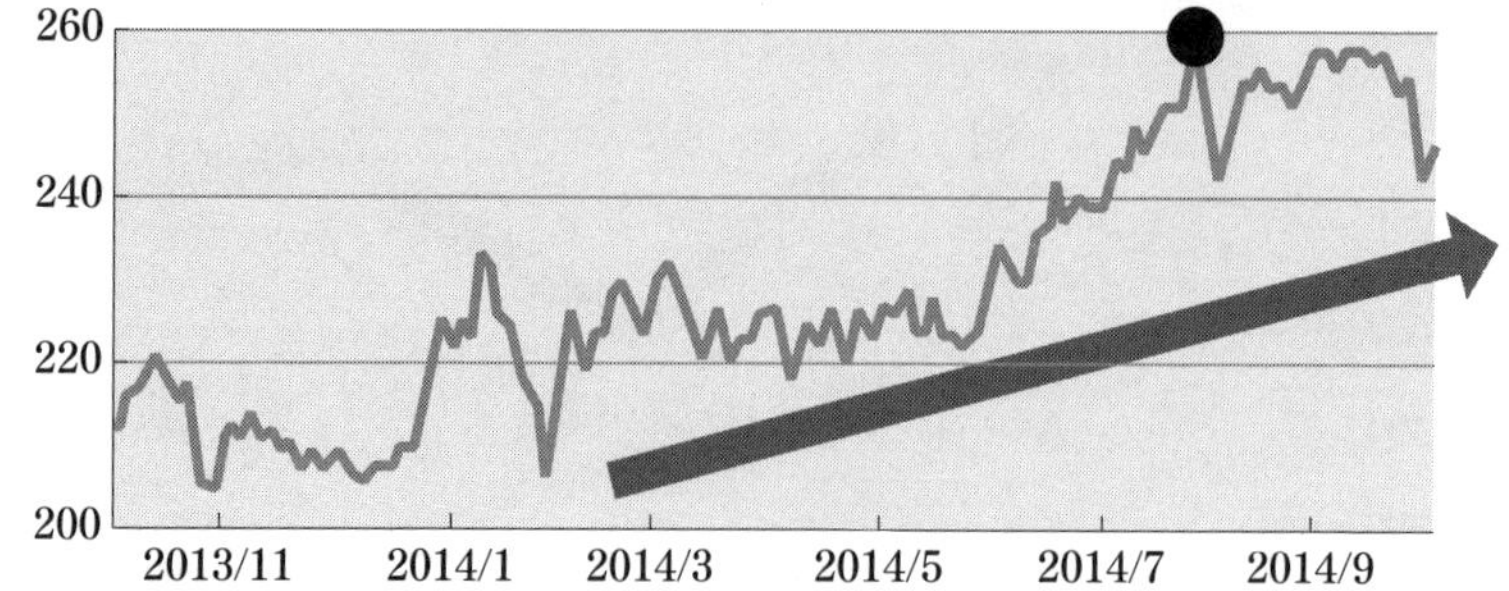

航空会社大手。国内線旅客は1位、国際線旅客は2位。1952年設立の日本ヘリコプター輸送が前身。2013年、持ち株会社制に移行し、「全日空」から現在の社名に変更。2017年3月期が最終年度の中期経営計画では、国際線旅客の強化を重点戦略に掲げる。LCC（格安航空）事業の強化や、大規模なコスト構造改革にも取り組む。国内線は値上げで運賃収入が増加、国際線は羽田発着便の大幅増で旅客・運賃収入が急増。2015年3月期の売上高1兆7200億円、経常利益650億円を見込む。

29 NTTデータ 9613 現在の株価 3940円

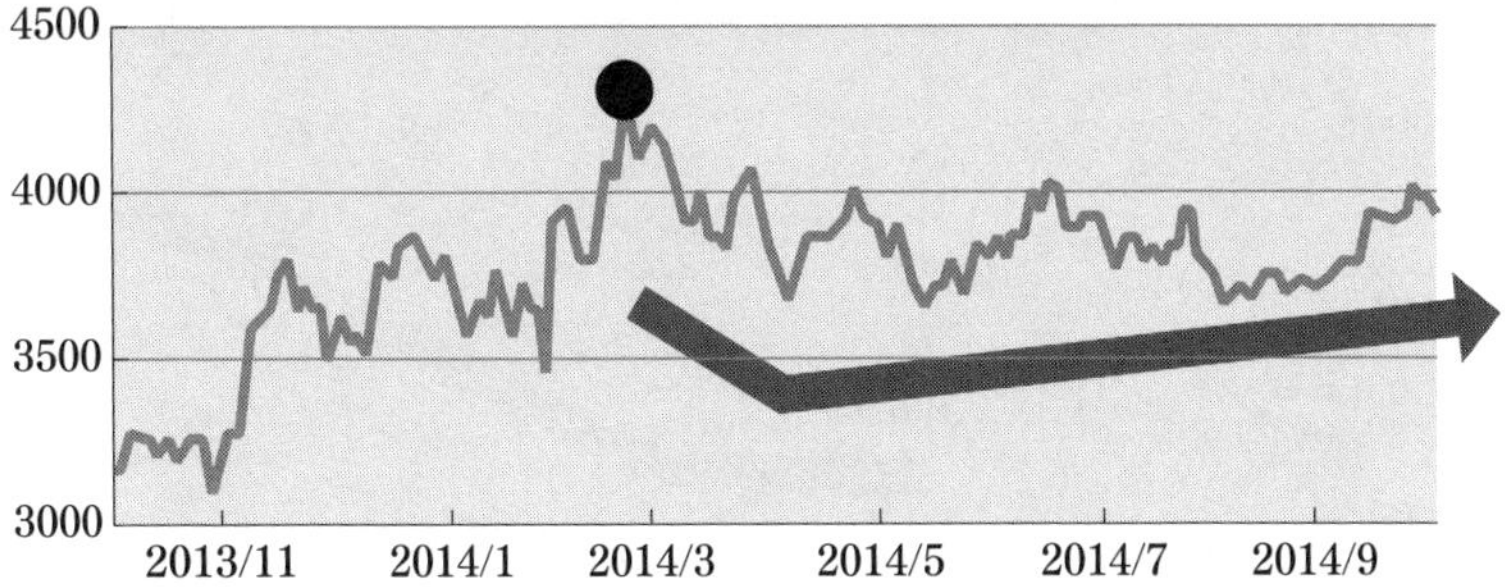

企業向け情報処理サービス専業トップ。インターネット（個人向け）の打撃を受けなかった。1967年に日本電信電話公社に設立されたデータ通信本部が前身。その後、民営化されたNTTから、1988年に資本金100億円で分離独立した。中央省庁のシステム運用、銀行の大規模システム開発、地銀や信販会社向けの共用利用システムの提供・運営などを得意とする。海外企業の買収でグローバルビジネスの拡大を推進中。2015年3月期の売上高1兆4600億円、経常利益750億円の増収増益を見込む。

30 出光興産 5019 現在の株価 2231円

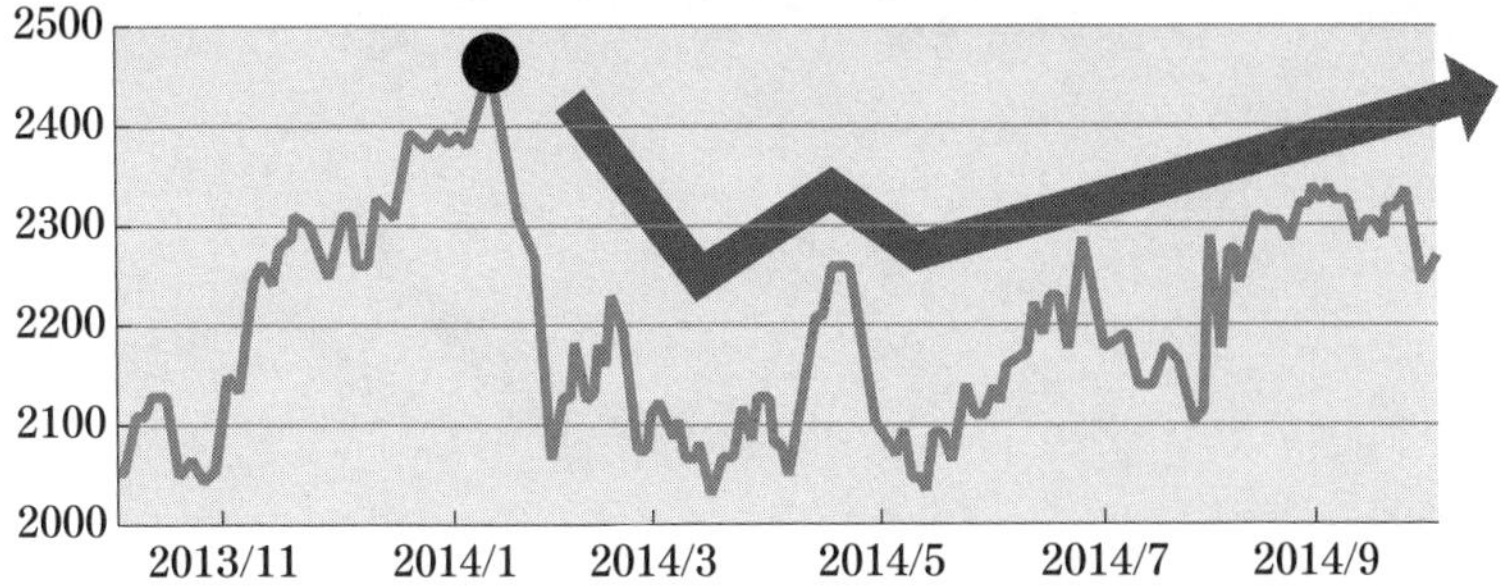

石油元売り大手。民族資本を誇りとする。1911年、福岡県で創業。千葉、北海道、愛知に製油所を所有し、石油製品を製造する。千葉と徳山では石油化学製品も生産。海外ではノルウェー領北海油田を中心に原油を開発。ほかにオーストラリアでの石炭事業などがある。2014年7月インドネシア石炭会社の株式を取得、アジアへ拡販。8月には合弁の北米LPG基地からシェールガス由来を含むブタン輸入を開始、石化の競争力強化を図る。2015年3月期の売上高5兆1400億円、経常利益760億円を見込む。今年1月1日に株式分割を実施した。

31 清水建設 1803　現在の株価 821円

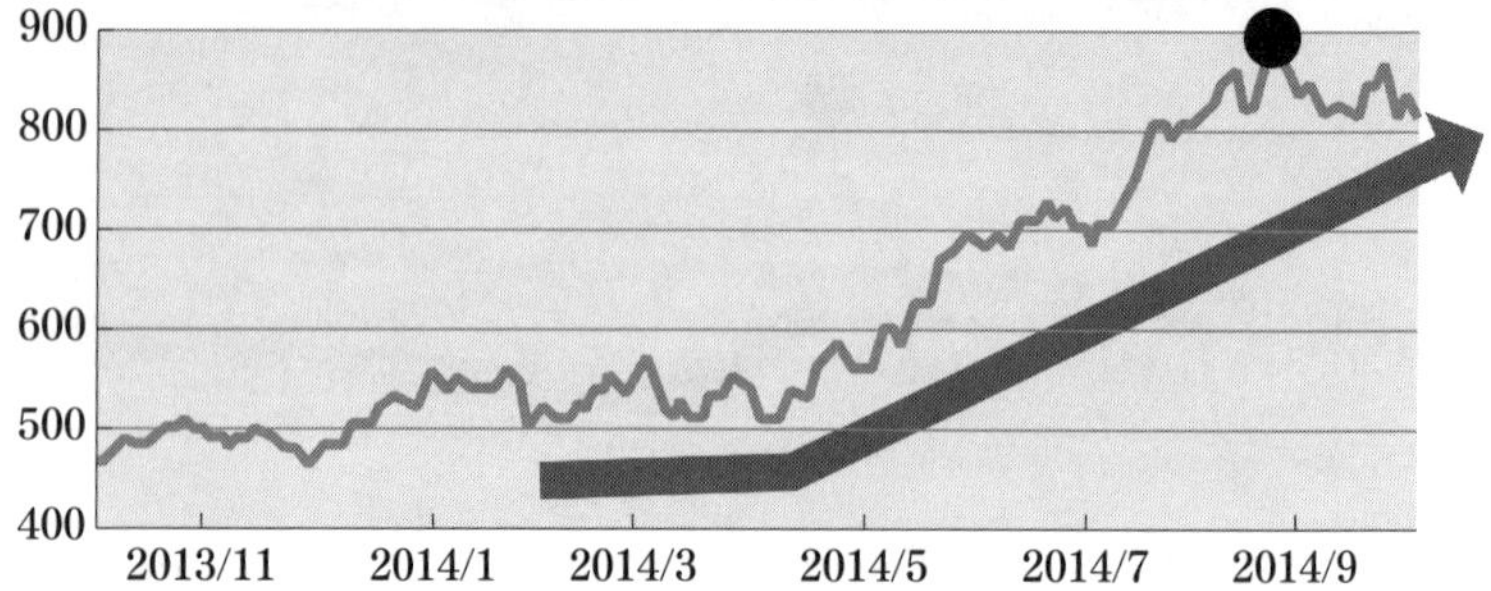

大手ゼネコンの一角である。江戸時代後期の1804年、清水喜助が江戸神田で大工を開業したのが発祥。幕末から明治期にかけて横浜に進出し、外国商館建築を通じて技術を習得した。1937年に株式会社清水組を設立。戦後、大倉財閥から独立し、1948年に清水建設に社名変更した。戦後復興とともに建築主体に事業を拡大、大手ゼネコンの地位を確立。首都圏の民間建築工事に強み。労務費上昇の中、効率化を推進、採算が大幅改善。2014年3月期の営業利益は前期比倍増、今期も大幅続伸を見込む。

32 大和ハウス工業 1925　現在の株価 1932円

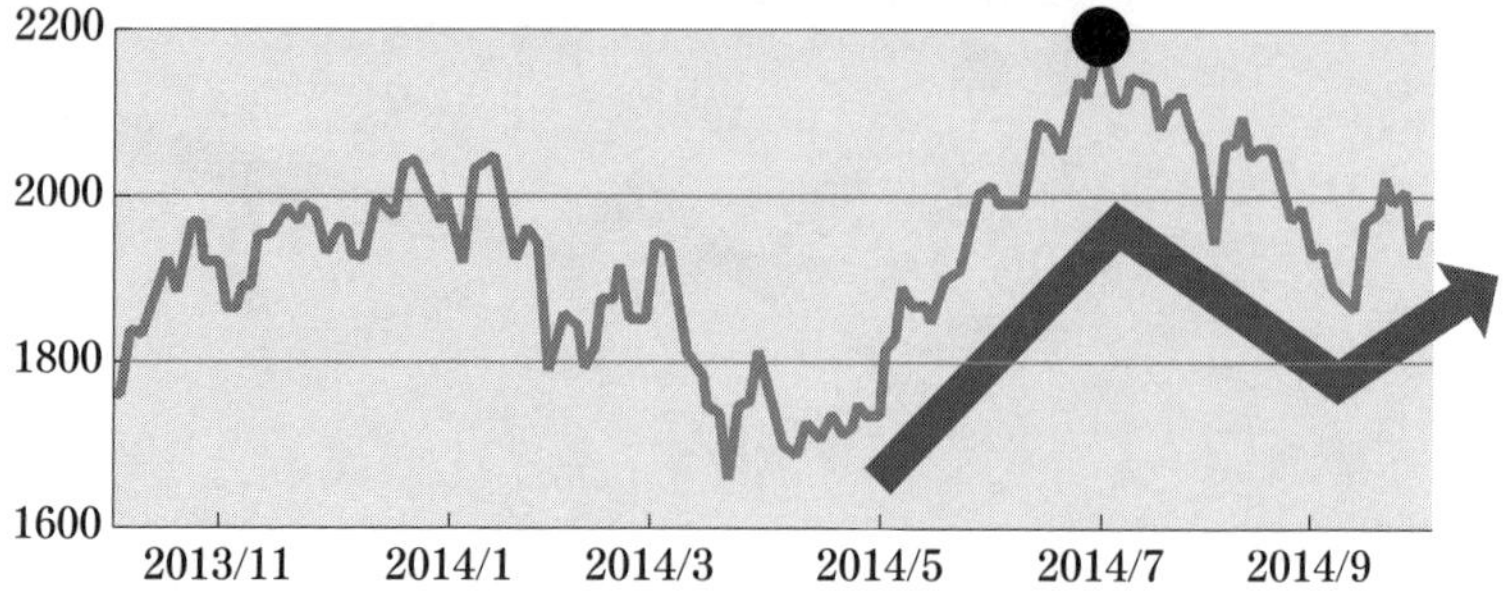

ハウスメーカー最大手。1959年に同社プレハブ住宅の原点となる「ミゼットハウス」を発売、3時間で組み立てられる簡便さと低価格でヒット。以来、鉄骨プレハブ住宅のパイオニアとして業界をリードしてきた。戸建て住宅から賃貸用集合住宅、マンションなどに拡大。スポーツ、物流、介護関連施設など幅広く手がける。果敢に外国にも進出。消費税増税前の駆け込みの反動で戸建ては後退だが、相続増税対策で賃貸住宅が好調。2015年3月期の営業利益は1720億円と連続最高益を見込む。

切りとり線

★読者のみなさまにお願い

この本をお読みになって、どんな感想をお持ちでしょうか。祥伝社のホームページから書評をお送りいただけたら、ありがたく存じます。今後の企画の参考にさせていただきます。また、次ページの原稿用紙を切り取り、左記編集部まで郵送していただいても結構です。

お寄せいただいた「100字書評」は、ご了解のうえ新聞・雑誌などを通じて紹介させていただくこともあります。採用の場合は、特製図書カードを差しあげます。

なお、ご記入いただいたお名前、ご住所、ご連絡先等は、書評紹介の事前了解、謝礼のお届け以外の目的で利用することはありません。また、それらの情報を6カ月を超えて保管することもありません。

〒101―8701(お手紙は郵便番号だけで届きます)
祥伝社　書籍出版部　編集長　岡部康彦
電話03(3265)1084
祥伝社ブックレビュー　http://www.shodensha.co.jp/bookreview/

◎本書の購買動機

＿＿＿新聞の広告を見て	＿＿＿誌の広告を見て	＿＿＿新聞の書評を見て	＿＿＿誌の書評を見て	書店で見かけて	知人のすすめで

◎今後、新刊情報等のパソコンメール配信を　　希望する　・　しない

◎Eメールアドレス　　※携帯電話のアドレスには対応しておりません

@

100字書評

官製相場の暴落が始まる

住所

名前

年齢

職業

官製相場《かんせいそうば》の暴落《ぼうらく》が始《はじ》まる
相場操縦しか脳がない米、欧、日 経済

平成26年11月10日　初版第1刷発行

著　者　副《そえ》 島《じま》 隆《たか》 彦《ひこ》

発行者　竹 内 和 芳

発行所　祥《しよう》 伝《でん》 社《しや》

〒101-8701
東京都千代田区神田神保町3-3
☎03(3265)2081(販売部)
☎03(3265)1084(編集部)
☎03(3265)3622(業務部)

印　刷　堀 内 印 刷

製　本　ナショナル製本

ISBN978-4-396-61509-3 C0033　Printed in Japan
祥伝社のホームページ・http://www.shodensha.co.jp/

副島隆彦の衝撃作

2013年刊

帝国の逆襲

金《きん》とドル　最後の戦い

日本は、またアメリカに巻き上げられる！
アメリカは世界を喰いものにして生き延びる

Empire Strikes Back, Again.

祥伝社